李存华 编著

Auditing

审计学

（第二版）

经济管理出版社
ECONOMY & MANAGEMENT PUBLISHING HOUSE

图书在版编目（CIP）数据

审计学/李存华编著 . —2 版 . —北京：经济管理出版社，2017. 2

ISBN 978-7-5096-4994-7

Ⅰ.①审… Ⅱ.①李… Ⅲ.①审计学—高等学校—教材 Ⅳ.①F239.0

中国版本图书馆 CIP 数据核字（2017）第 043576 号

组稿编辑：杜　菲

责任编辑：杜　菲

责任印制：黄章平

责任校对：超　凡

出版发行：经济管理出版社

　　　　　（北京市海淀区北蜂窝 8 号中雅大厦 A 座 11 层　100038）

网　　　址：www. E-mp. com. cn

电　　　话：(010) 51915602

印　　　刷：玉田县昊达印刷有限公司

经　　　销：新华书店

开　　　本：720mm×1000mm/16

印　　　张：19. 25

字　　　数：346 千字

版　　　次：2017 年 2 月第 1 版　2017 年 2 月第 1 次印刷

书　　　号：ISBN 978-7-5096-4994-7

定　　　价：68. 00 元

目 录

第一章　审计概论

学习目标

　　通过本章的学习，了解审计产生和发展的历程及其存在的动因；理解并掌握审计的概念、对象、职能和作用；理解独立性是审计的本质特征；结合当前经济与社会现状，对不同类型审计活动如何发展各自的职能作用有初步的认识。

导读案例

　　小张、小王和小李三个好朋友计划创业——加盟经营某一品牌西餐店。开业的资金由三个人平均缴付。小李具体负责西餐店的经营。他们商定，小李每月的工资为1000元，税后利润的10%作为小李经营该店面的业绩奖励，其余部分三人平均分配。年底，小李拿出会计报表告诉小张和小王，西餐厅的经营效果不理想，只能勉强维持收支平衡，因此，没有什么利润可供分配。但不久，小张的另一位朋友告诉他，他们合伙经营的西餐店生意十分火爆，应该大有赚头。小张感到很纳闷，该西餐店的经营状况究竟如何呢？他与小王商议了此事，小王说："我就职的公司每年都要聘请注册会计师来审计我们单位的财务状况和经营成果，为什么不请注册会计师来帮我们审计西餐店究竟有没有利润可供分配呢？"小张很困惑，什么是审计，审计能帮助解决这个难题吗？

第一节　审计的基本概念及分类

一、审计的概念

审计经过不断地完善和发展，至今已经形成一套比较完备的科学体系。审计是由专职机构或人员接受委托或授权，对被审计单位在一定时期的全部或一部分经济活动的有关资料，按照法规和一定的标准进行审核检查，收集和整理证据，以判明有关资料的合法性、公允性和经济活动的合规性和效益性，并出具审计报告的具有独立性的经济监督、评价、鉴证活动，其目的在于确定、解除被审计单位的受托经济责任和加强对被审计单位的管理、控制。

但最具代表性的美国会计学会（AAA）在其颁布《基本审计概念说明》的公告中，把审计概念描述为："为了确定关于经济行为及经济现象的结论和所制定的标准之间的一致程度，而对与这种结论有关的证据进行客观收集、评定，并将结果传达给利害关系人的有系统的过程。"

二、审计的类别

审计从不同的角度得出不同的分类。如按主体不同，分为政府审计、内部审计和注册会计师审计；按目的和内容不同，分为财务报表审计、经营审计和合规性审计。

1. 按主体不同，分为政府审计、内部审计和注册会计师审计

（1）政府审计，是指由国家审计机关代表国家所实施的审计。

1）政府审计的基本职能是监督。审计是独立于管理者之外，不参与具体的管理活动，不履行决策、计划、组织、指挥、协调职能，对财政、财务收支专司监督的例行行为。不论被审计单位有无问题，审计机关均应当履行其监督职能，进行例行审计。因此，监督是政府审计的基本职能。

2）政府审计的主体，即由谁来审计，按照我国《宪法》和《审计法》规定，各级审计机关和审计人员依法独立行使审计监督权，其他行政机关、社会团体、内部审计机构和社会审计组织都无权行使政府审计监督权。审计主体具体包括：政府审计机关，即审计署和县级以上人民政府设立的审计机关；审计

人员，即各级审计机关具体从事审计业务的人员；授权性主体，包括审计机关授权实施审计的审计特派员等。审计机关根据工作需要，可以在其审计管辖范围内派出审计特派员，审计特派员根据审计机关的授权，依法进行审计工作，也可以向一些管理、使用预算资金比较多的部门派出审计机构，负责审计所在部门及其下属单位的财政财务收支情况，审计机关还可以聘请具有与审计事项相关专业知识的人员参加审计工作。

3）政府审计的对象或客体，即哪些部门和单位必须接受审计。依据我国《宪法》和《审计法》规定，必须接受审计的部门和单位包括：国务院各部门、地方人民政府及其各部门；国有金融机构；国有企业和国有资产占控股地位或者主导地位的企业；国家事业组织；其他应当接受审计的部门和单位，以及上述部门和单位的有关人员。审计的内容是这些部门和单位的财政收支和财务收支。接受审计监督的财政收支，是指依照《中华人民共和国预算法》和国家其他有关规定，纳入预算管理的收入和支出，以及预算外资金的收入和支出。接受审计监督的财务收支，是指国有金融机构、企业事业单位以及国家规定应当接受审计监督的其他各种资金的收入和支出。财政、财务收支的划分不是截然对立的，在某些方面它们是重合或交叉的。

（2）内部审计，是由部门、单位内设的审计机构从内部对其财务收支的真实性、合法性和效益性进行的审计监督。内部审计具有不同于外部审计的特征，并在经济发展中发挥着独特的作用。

在社会主义市场经济条件下，内部审计具有双重任务：一方面要对部门、单位的经营活动进行监督，促使其合法合规；另一方面要对部门、单位的领导负责，促进经营管理状况的改善、经济效益的提高。

（3）注册会计师审计，是由经政府有关部门审核批准的注册会计师组成的会计师事务所进行的审计。在我国，会计师事务所是注册会计师的工作机构，注册会计师必须加入会计师事务所才能接受委托，办理业务。会计师事务所不附属于任何机构，自收自支、独立核算、自负盈亏、依法纳税，因此，在业务上具有较强的独立性、客观性和公正性，并且为社会所认可。

2. 按目的和内容不同，分为财务报表审计、经营审计和合规性审计

（1）财务报表审计，目标是注册会计师通过执行审计工作，对财务报表是否按照规定的标准编制发表审计意见。规定的标准通常是企业会计准则和相关会计制度。当然，对按照计税基础、收付实现制基础或监管机构的报告要求编制的财务报表，注册会计师进行审计也较普遍。财务报表通常包括资产负债

表、利润表、现金流量表、所有者权益（或股东权益）变动表以及财务报表附注。

（2）经营审计，是指注册会计师为了评价被审计单位经营活动的效果和效率，而对其经营程序和方法进行的评价。在经营审计结束后，注册会计师一般要向被审计单位管理层提出经营管理的建议，在经营审计中，审计对象不限于会计，还包括组织机构、计算机系统、生产方法、市场营销以及注册会计师能够胜任的领域。在某种意义上，经营审计更像是管理咨询。

（3）合规性审计，目的是确定被审计单位是否遵循了特定的程序、规则或条例。如确定会计人员是否遵循了财务主管规定的手续，检查工资率是否符合工资法规定的最低限额，或者审查与银行签订的合同，以确信被审计单位遵守了法定要求。合规性审计的结果通常报送被审计单位管理层或外部特定使用者。

第二节　注册会计师审计的起源与发展

一、西方注册会计师审计的起源与发展

注册会计师审计起源于意大利合伙企业制度，形成于英国股份制企业制度，发展和完善于美国发达的资本市场，是伴随着商品经济的发展而产生和发展起来的。

1. 注册会计师审计的起源

注册会计师审计起源于 16 世纪的意大利。当时地中海沿岸的商业城市已经比较繁荣，而威尼斯是地中海沿岸国家航海贸易最发达的地区，是东西方贸易的枢纽，商业经营规模不断扩大。由于单个的业主难以向企业投入巨额资金，为适应筹集所需大量资金的需要，合伙制企业应运而生。合伙经营方式不仅提出了会计主体的概念，促进了复式簿记在意大利的产生和发展，也产生了对注册会计师审计的最初需求。尽管当时合伙制企业的合伙人都是出资者，但是有的合伙人参与企业的经营管理，有的合伙人则不参与，所有权和经营权开始分离。那些参与企业经营管理的合伙人有责任向不参与企业经营管理的合伙人证明合伙契约得到了认真履行，利润的计算与分配是正确、合理的，以保障

全体合伙人的权利，进而保证合伙企业有足够的资金来源，使企业得以持续经营下去。在这种情况下，客观上需要独立的第三者对合伙企业进行监督、检查，人们开始聘请会计专家来担任查账和公证的工作。这样，在 16 世纪意大利的商业城市中出现了一批具有良好的会计知识、专门从事查账和公证工作的专业人员，他们所进行的查账与公证，可以说是注册会计师审计的起源。随着此类专业人员的增多，他们于 1581 年在威尼斯创立了威尼斯会计协会。其后，米兰等城市的职业会计师也成立了类似的组织。

2. 注册会计师审计的形成

注册会计师审计虽然起源于意大利，但它对后来注册会计师审计事业的发展影响不大。英国在创立和传播注册会计师审计职业的过程中发挥了重要作用。

18 世纪下半叶，英国的资本主义经济得到了迅速的发展，生产的社会化程度大大提高，企业的所有权和经营权进一步分离。企业主希望有外部的会计师来检查他们所雇佣的管理人员是否存在贪污、盗窃和其他舞弊行为，于是英国出现了第一批以查账为职业的独立会计师。他们受企业主委托，对企业会计账目进行逐笔检查，目的是查错防弊，检查结果也只向企业主报告。因为是否聘请独立会计师进行查账由企业主自行决定，所以此时的独立审计尚为任意审计。

股份有限公司的兴起，使公司的所有权和经营权进一步分离，绝大多数股东已完全脱离经营管理，他们出于自身利益，非常关心公司的经营成果，以便做出是否继续持有公司股票的决定。证券市场上潜在的投资人同样十分关心公司的经营情况，以便决定是否购买公司的股票。同时，由于金融资本对产业资本的逐渐渗透，增加了债权人的风险，他们也非常重视公司的生产经营情况，以便做出是否继续贷款或者是否索偿债务的决定，而公司财务状况和经营成果只有通过公司提供的财务报表来反映。因此，在客观上产生了由独立会计师对公司财务报表进行审计，以保证财务报表真实可靠的需求。值得一提的是，注册会计师审计产生的"催产剂"是 1721 年英国的"南海公司事件"。当时的"南海公司"以虚假的会计信息诱骗投资人上当，其股票价格一时扶摇直上。但好景不长，"南海公司"最终未能逃脱破产倒闭的厄运，使股东和债权人损失惨重。英国议会聘请会计师查尔斯·斯耐尔（Charles Snell）对"南海公司"进行审计。斯耐尔以"会计师"名义出具了"查账报告"，从而宣告了独立会计师——注册会计师的诞生。

　　为了监督公司管理层的经营管理活动，防止其徇私舞弊，保护投资者、债权人利益，避免"南海公司案"的重演，英国政府于 1844 年颁布了《公司法》，规定股份公司必须设监察人，负责审查公司账目。1845 年，又对《公司法》进行修订，规定股份公司的账目必须经董事以外的人员审计。于是，独立会计师业务得到迅速发展，独立会计师人数越来越多。此后，英国政府对一批精通会计业务、熟悉查账知识的独立会计师进行了资格确认。1853 年，爱丁堡创立了第一个注册会计师的专业团体——爱丁堡会计师协会。该协会的成立，标志着注册会计师职业的诞生。1862 年，英国《公司法》确定注册会计师为法定的破产清算人，奠定了注册会计师审计的法律地位。

　　从 1844 年到 20 世纪初，是注册会计师形成时期。在这一时期内，由于英国的法律规定了股份公司和银行必须聘请注册会计师审计，致使英国注册会计师审计得到了迅速发展，并对当时的欧洲、美国及日本等产生了重要影响。这一时期注册会计师审计的主要特点是：注册会计师审计的法律地位得到了法律确认；审计的目的是查错防弊，保护企业资产的安全和完整；审计的方法是对会计账目进行详细审计；审计报告使用人主要为企业股东等。

　　3. 注册会计师审计的发展

　　从 20 世纪初开始，全球经济发展重心逐步由欧洲转向美国，因此，美国的注册会计师审计得到了迅速发展，对注册会计师职业在全球的迅速发展发挥了重要作用。

　　在美国，"南北战争"结束后出现了一些民间会计组织，如纽约的会计学会。该学会在 1882 年刚成立时称为会计师和簿记师协会（The Institute of Accountants and Bookkeepers），为会计人员提供继续教育等服务。当时英国巨额资本开始流入美国，促进了美国经济的发展。为了保护广大投资者和债权人的利益，英国的注册会计师远涉重洋到美国开展审计业务；同时美国本身也很快形成了自己的注册会计师队伍。1887 年，美国公共会计师协会（The American Association of Public Accountants）成立，1916 年该协会改组为美国注册会计师协会，后来成为世界上最大的注册会计师职业团体。注册会计师审计逐步渗透到社会经济领域的不同层面。更重要的是，在 20 世纪初期，由于金融资本对产业资本更加广泛的渗透，企业同银行利益关系更加紧密，银行逐渐把企业资产负债表作为了解企业信用的主要依据，于是美国产生了帮助贷款人及其他债权人了解企业信用的资产负债表审计，即美国式注册会计师审计。审计方法也逐步从单纯的详细审计过渡到初期的抽样审计。这一时期，美国注册会计师审计的主要特点是：审计对象由会计账目扩大到资产负债表；审计的主要目的是通过资产负债表数据的检查，判断企业信用状况；审计方法从详细审计初步转向抽样审计；审计报告使用人除企业股东外，扩大到债权人。

1929～1933 年，资本主义世界经历了历史上最严重的经济危机，大批企业倒闭，投资者和债权人蒙受了巨大的经济损失。这在客观上促使企业利益相关者从只关心企业财务状况转变到更加关心企业盈利水平，产生了对企业利润表进行审计的客观要求。美国 1933 年《证券法》规定，在证券交易所上市的企业的财务报表必须接受注册会计师审计，向社会公众公布注册会计师出具的审计报告。因此，审计报告使用人也扩大到整个社会公众。在这一时期，注册会计师审计的主要特点是：审计对象转为以资产负债表和损益表为中心的全部财务报表及相关财务资料；审计的主要目的是对财务报表发表审计意见，以确定财务报表的真实可靠，查错防弊转为次要目的；审计范围已扩大到测试相关的内部控制，并以控制测试为基础进行抽样审计；审计报告使用人扩大到股东、债权人、证券交易机构、税务部门、金融机构及潜在投资者；审计准则开始拟定，审计工作向标准化、规范化过渡；注册会计师资格考试制度广泛推行，注册会计师专业素质普遍提高。

第二次世界大战以后，经济发达国家通过各种渠道推动本国的企业向海外拓展，跨国公司得到空前发展。国际资本的流动带动了注册会计师审计的跨国界发展，形成了一批国际会计师事务所。随着会计师事务所规模的扩大，形成了"八大"国际会计师事务所，20 世纪 80 年代末合并为"六大"，之后又合并成为"五大"。2001 年，美国出现了安然公司会计造假丑闻。安然公司在清盘时，不得不对其编造的财务报表进行修正，将近三年来的利润额削减 20%，约 5.86 亿美元。安然公司作为美国的能源巨头，在追求高速增长的狂热中，利用会计准则的不完善进行表外融资的游戏，并通过关联交易操纵利润。出具审计报告的安达信会计师事务所，因涉嫌舞弊和销毁证据受到美国司法部门的调查，之后宣布关闭，世界各地的安达信成员所也纷纷与其他国际会计师事务所合并。因此，时至今日，尚有"四大"国际会计师事务所，即普华永道（Pricewaterhouse Coopers）、永安（Ernst & Young）、毕马威（KPMG）、德勤（Deloitte Touche Tohmatsu）。与此同时，审计技术也在不断发展：抽样审计方法得到普遍运用，风险导向审计方法得到推广，计算机辅助审计技术得到广泛采用。

二、中国注册会计师审计的演进与发展

1. 中国注册会计师审计的演进

中国注册会计师审计的历史比西方国家要短得多。旧中国的注册会计师审计始于辛亥革命之后，当时一批爱国会计学者鉴于外国注册会计师包揽我国注册会计师业务的现实，为了维护民族利益与尊严，积极倡导创建中国的注册会计师职业。1918 年 9 月，北洋政府农商部颁布了我国第一部注册会计师法规——《会计师暂行章程》，并于同年批准著名会计学家谢霖先生为中国的第一位注册会计师，谢霖先生创办的中国第一家会计师事务所——"正则会计师事务所"也获准成立。此后，又逐步批准了一批注册会计师，建立了一批会计师事务所，包括潘序伦先生创办的"潘序伦会计师事务所"（后改称"立信会计师事务所"）等。1930 年，国民政府颁布了《会计师条例》，确立了会计师的法律地位，之后，上海、天津、广州等地也相继成立了多家会计师事务所。1925 年在上海成立了"全国会计师公会"。1933 年，成立了"全国会计师协会"。至 1947 年，全国已拥有注册会计师 2619 人，并建立了一批会计师事务所。但是，在半封建、半殖民地的旧中国，注册会计师职业未能得到很大的发展，注册会计师审计也未能充分发挥应有的作用。会计师事务所主要集中在上海、天津、广州等沿海城市，注册会计师业务主要是为企业设计会计制度、代理申报纳税、培训会计人才和提供会计咨询服务。

在新中国成立初期，注册会计师审计在经济恢复工作中发挥了积极作用。当时由于不法资本家囤积居奇、投机倒把、偷税漏税造成了极为险恶的财政状况，负责财经工作的陈云同志大胆聘用注册会计师，依法对工商企业查账，这在当时对平抑物价、保证国家税收、争取国家财政经济状况好转做出了突出贡献。但后来由于我国推行苏联高度集中的计划经济模式，注册会计师便悄然退出了经济舞台。

2. 中国注册会计师审计的发展

中共十一届三中全会以后，我国实行"对外开放、对内搞活"的方针，把工作重点转移到社会主义现代化建设上来，商品经济得到迅速发展，为注册会计师制度的恢复重建创造了客观条件。随着外商来华投资日益增多，1980 年 12 月 14 日财政部颁发了《中华人民共和国中外合资经营企业所得税实施细则》，规定外资企业财务报表要由注册会计师进行审计，这为恢复我国注册会计师制度提供了法律依据。1980 年 12 月 23 日，财政部发布《关于成立会

顾问处的暂行规定》，标志着我国注册会计师审计职业开始复苏。1981 年 1 月 1 日，"上海会计师事务所"宣告成立，成为新中国第一家由财政部批准独立承办注册会计师业务的会计师事务所。我国注册会计师制度恢复后，注册会计师的服务对象主要是"三资"企业。这一时期的涉外经济法规对注册会计师业务做了明确规定。1984 年 9 月 25 日，财政部印发《关于成立会计咨询机构问题的通知》，明确了注册会计师应该办理的业务。1985 年 1 月实施的《中华人民共和国会计法》规定："经国务院财政部门批准组成会计师事务所，可以按照国家有关规定承办查账业务。"1986 年 7 月 3 日，国务院颁发《中华人民共和国注册会计师条例》，同年 10 月起实施。1988 年 11 月 15 日，财政部领导下的中国注册会计师协会正式成立。1993 年 10 月 31 日，第八届全国人大常委会第四次会议审议通过了《中华人民共和国注册会计师法》（以下简称《注册会计师法》），自 1994 年 1 月 1 日起施行。在国家法律、法规的规范下，我国注册会计师行业得到了快速发展，截止到 2007 年 12 月 31 日，全国共有会计师事务所 6990 家，注册会计师 77000 人，为改革开放、国有企业转换经营机制和社会主义市场经济体制的建立及有序运行发挥了积极的作用。

1996 年 10 月 4 日，中国注册会计师协会加入亚太会计师联合会，并于 1997 年 4 月在亚太会计师联合会第四十八次理事会上当选为理事。1997 年 5 月 8 日，国际会计师联合会（IFAC）全票通过，接纳中国注册会计师协会为正式会员。按照国际会计师联合会章程的规定，中国注册会计师协会同时成为国际会计准则委员会的正式会员。目前，中国注册会计师协会已与 50 多个国家和地区的会计师团体建立了友好关系。

第二章　注册会计师和会计师事务所

学习目标

通过本章的学习，了解什么是注册会计师以及其执业范围；掌握会计师事务所的组织形式；了解中国注册会计师执业准则的结构及主要内容。

导读案例

现在，越来越多证券投资者在阅读上市公司会计报表时，注重注册会计师对财务报表的评价。因为，投资者认为：注册会计师是经济警察，警察说的话，应该没有问题。事实是否如此呢？

注册会计师，英文全称为 Certified Public Accountant，简称 CPA。根据注册会计师在经济社会中所起的作用，西方国家又把他们俗称为"Watch Dog"，直译过来，就是看门狗。在中国，有人将其称为"经济警察"。经济警察维护经济秩序，名称既好听又形象。不幸的是，近年来不论是沪深证券市场也好，还是外国证券市场也好，都出现了会计师事务所的丑闻。先是在中国传出了虚假财务报表或虚假验资的老三大案件，即所谓的深圳原野、北京长城及海南中水。接着又传出了一串虚构欺诈的上市公司财务报表案：红光、琼民源、东方锅炉、银广夏、蓝田股份，且在会计报表造假程度上一个比一个严重、金额一个比一个大。无独有偶，素以强硬出名的美国注册会计师行业中，也遭遇到了比中国注册会计师行业更尴尬的境遇。全球 500 强排名第 7 位的安然公司，爆出虚构关联企业 5.86 亿美元利润的会计丑闻，股票市值一下子从 684 亿美元跌到 4 亿美元。对此，人们不禁感到迷惘。经济警察呢？他们上哪儿去了？

第一节　会计师事务所

一、会计师事务所的组织形式

不同国家民间审计组织的名称各不相同，除叫会计公司、会计师事务所外，德国称经济审计公司，日本称审计法人，泰国称审计会计事务所。我国民间审计组织是指会计师事务所。

会计师事务所是国家批准成立的依法独立承办注册会计师业务的单位，实行自收自支、独立核算、依法纳税，它是注册会计师的工作机构。

（1）独资会计师事务所，由具有注册会计师执业资格的个人独立开业，并承担无限责任。它的优点是，对执业人员的数量需求不多，容易设立，执业灵活，能够在代理记账、代理纳税等方面很好地满足小型企业对注册会计师服务业务的需求，虽承担无限责任，但实际发生风险的程度相对较低。缺点是无力承担大型业务，缺乏发展后劲。

（2）普通合伙制会计师事务所，是指由两位或两位以上注册会计师组成的合伙组织。合伙人以各自的财产对事务所的债务承担无限连带责任。它的优点是，在风险牵制和共同利益的驱动下，促使事务所提高执业质量，扩大业务规模，提高控制风险的能力。缺点是建立一个跨地区、跨国界的大型会计师事务所要经历一个漫长的过程。同时，任何一个合伙人执业中的失误或舞弊行为，都可能给整个会计师事务所带来灭顶之灾，使之一夜之间土崩瓦解。

（3）有限责任会计师事务所，由注册会计师认购会计师事务所股份，并以其所认购股份对事务所承担有限责任。会计师事务所以其全部资产对其债务承担有限责任。它的优点是，可以迅速聚集一批注册会计师，建立规模型大所，承办大型业务。缺点是降低了风险责任对执业行为的高度制约，弱化了注册会计师的个人责任。

（4）有限责任合伙会计师事务所，是指事务所以全部资产对其债务承担责任，各合伙人只对个人执业行为承担无限责任。无过失的合伙人对于其他合伙人的过失或不当执业行为以自己在事务所的财产为限承担责任，不承担无限责任，除非该合伙人参与了过失或不当执业行为。它的最大特点在于，既融合了普通合伙制和有限责任的优点，又摒弃了它们的不足。这种组织形式是为顺应经济发展对注册会计师行业的要求于 20 世纪 90 年代初期兴起的。到 1995 年底，原"六大"国际会计公司在美国的执业机构已完成了向有限责任合伙制的转型，有限责任合伙会计师事务所已成为当今注册会计师职业界组织形式发展的一大趋势。

二、我国会计师事务所设立的条件

按照国际惯例，会计师事务所的执业登记都由注册会计师行业主管机构统一负责。会计师事务所必须经过行业主管机关或注册会计师协会的批准登记并由注册会计师协会予以公告。独资会计师事务所和普通合伙会计师事务所经过这个程序即可开业，申请成立有限责任会计师事务所一般还应当进行公司登记。根据我国《注册会计师法》的规定，我国注册会计师允许设立有限责任会计师事务所和合伙会计师事务所两种形式。

（1）申请设立有限责任会计师事务所，应当具备以下条件：①5 名以上的股东；②一定数量的专职从业人员；③不少于人民币 30 万元的注册资本；④股东共同制定的章程；⑤会计师事务所的名称；⑥固定的办公场所。

（2）会计师事务所合伙人或者股东，应当具备下列条件：①持有注册会计师证书；②在会计师事务所执业；③成为合伙人或者股东前 3 年内没有因为执业行为受到行政处罚；④取得注册会计师证书后最近连续 5 年在会计师事务所从事法定审计业务的经历，其中在境内会计师事务所的经历不少于 3 年；⑤成为股东或合伙人 1 年内没有因采取隐瞒或提供虚假材料、欺骗、贿赂等不正当手段申请设立会计师事务所而被省级财政部门做出不予受理、不予批准或者撤销会计师事务所的规定。

三、注册会计师的业务范围

根据财政部于 2006 年 2 月 15 日发布，2010 年修订的《中国注册会计师执业准则》的规定，注册会计师的业务范围包括审计业务、审阅业务、其他鉴证业务和相关服务。

1. 审计业务

（1）审查企业财务报表，出具审计报告。财务报表审计业务是指注册会计师依法接受委托，通过执行审计工作对财务报表发表审计意见。为了有效制止和防范利用财务报表弄虚作假，提高财务报表质量，国家依法实行企业年度财务报表审计制度。随着我国社会主义市场经济体制的确立和发展，政府逐渐将一些管理职能移交给社会中介机构，国务院于 2000 年公布，自 2001 年 1 月 1 日起施行的《企业财务会计报告条例》，要求国有企业、国有控股的或占主导地位的企业应当至少每年 1 次向本企业的员工代表大会公布财务会计报告，并重点说明注册会计师审计的情况。我国《公司法》要求各类公司依法接受注册会计师的审计。注册会计师通过对企业财务报表的审计，实施对企业的监管，提高会计信息的质量，为维护会计秩序，保证会计信息质量做出了应有的贡献。

（2）验证企业资本，出具验资报告。我国实行注册资本实收制度。根据《公司法》、《公司登记管理条例》等法律、法规的规定，公司及其他企业在设立审批时，必须提交注册会计师出具的验资报告。验资是指注册会计师依法接受委托，对被审验单位注册资本的实收情况或注册资本及实收资本的变更情况进行审验，并出具验资报告。验资业务是注册会计师业务的重要组成部分。验资报告具有法定证明效力，注册会计师及其所在会计师事务所对其出具的验资报告承担相应的法律责任。

（3）办理企业合并、分立、清算事宜中的审计业务，出具有关报告。企业在合并、分立或终止清算时，应当分别编制合并、分立财务报表以及清算财务报表。为了帮助财务报表使用人增强对这些报表的信赖程度，企业需要委托注册会计师对其编报的财务报表进行审计。注册会计师在对财务报表审计时，同样应当检查形成财务报表的所有会计资料及其反映的经济业务，并关注企业合并、分立及清算过程中出现的特定事项。办理企业合并、分立及清算事宜中的审计业务后出具的相应审计报告同样具有法定证明效力。

（4）办理法律、行政法规规定的其他审计业务，出具相应的审计报告。在实际工作中，注册会计师还可以根据国家法律、行政法规的规定接受委托，对特殊目的业务进行审计。

2. 审阅业务

审阅业务是指注册会计师执行历史财务信息审阅业务，如财务报表审阅等。

财务报表审阅是指注册会计师在实施审阅程序的基础上，说明是否注意到某些事项，使其相信财务报表没有按照适用的会计准则和相关会计制度的规定编制，未能在所有重大方面公允反映被审阅单位的财务状况、经营成果和现金流量。相对于审计而言，审阅程序简单，保证程度有限，成本也较低。

3. 其他鉴证业务

其他鉴证业务是指除历史财务信息审计和审阅业务之外的鉴证业务。由于其他鉴证业务的鉴证对象不是历史财务信息，所以注册会计师实施的其他鉴证业务和历史财务信息审计和审阅业务相比是特殊的鉴证业务。其他鉴证业务通常包括内部控制鉴证、预测性财务信息审核、系统鉴证等。这些鉴证业务同样可以增强使用者对鉴证对象信息的信任程度。

4. 相关服务

相关服务是指注册会计师执行除鉴证业务外的其他相关服务业务。包括对财务信息执行商定程序、代编财务信息、税务服务、管理咨询等。

第二节 注册会计师职业道德

中国注册会计师协会会员职业道德守则是用来规范中国注册会计师协会会员职业道德行为，提高职业道德水准，维护社会公众利益的准则。中国注册会计师协会会员包括注册会计师和非执业会员。注册会计师，是指取得注册会计师证书并在会计师事务所执业的人员，有时也指其所在的会计师事务所。非执业会员是指不在会计师事务所执业的人员，通常在工业、商业、教育部门，监管机构或职业团体从事专业工作。

中国注册会计师协会会员职业道德守则规定了职业道德基本原则和职业道德概念框架。职业道德基本原则包括诚信、独立、客观和公正、专业胜任能力和应有的关注、保密以及良好职业行为。职业道德概念框架是指解决职业道德问题的思路和方法，用以指导注册会计师：识别对职业道德基本原则的不利影响；评价不利影响的严重程度；必要时采取防范措施消除不利影响或将其降至可接受水平。这里主要介绍协会会员中注册会计师的职业道德规范。注册会计师在执业过程中，应当遵守职业道德基本原则，并能运用职业道德概念框架解决职业道德问题，更好地为社会公众服务。

一、注册会计师职业道德的基本原则

1. 诚信

诚信，是指诚实、守信。也就是说，一个人言行与内心思想一致，不虚假；能够履行与别人的约定而取得对方的信任。诚信原则要求会员应当在所有的职业关系和商业关系中保持正直和诚实，秉公处事、实事求是。

会员如果认为业务报告、申报资料或其他信息存在下列问题，则不得与这些有问题的信息发生牵连：

（1）含有严重虚假或误导性的陈述。

（2）含有缺乏充分根据的陈述或信息。

（3）存在遗漏或含糊其辞的信息。

注册会计师如果注意到已与有问题的信息发生牵连，应当采取措施消除牵连。在鉴证业务中，如果注册会计师依据执业准则出具了恰当的非标准业务报告，不被视为违反上述要求。

2. 独立

独立性，是指不受外来力量控制、支配，按照一定之规行事。独立性原则通常是对注册会计师而非执业会员提出的要求。在执行鉴证业务时，注册会计师必须保持独立性。在市场经济条件下，投资者主要依赖财务报表判断投资风险，在投资机会中做出选择。如果注册会计师与客户存在经济利益、关联关系，或屈从于外界压力，就很难取信于社会公众。

注册会计师执行鉴证业务时，应当从实质上和形式上保持独立性，不得因任何利害关系影响其客观性。实质上的独立性是一种内心状态，使注册会计师在提出结论时不受损害职业判断的因素影响，诚信行事，遵循客观和公正原则，保持职业怀疑态度。形式上的独立性是一种外在表现，使一个理性且掌握充分信息的第三方在权衡所有相关事实和情况后，认为会计师事务所或审计项目组成员没有损害诚信原则、客观和公正原则或职业怀疑态度。

会计师事务所在承办鉴证业务时，应当从整体层面和具体业务层面采取措施，以保持会计师事务所和项目组的独立性。

3. 客观和公证

客观，是指按照事物的本来面目去考察，不添加个人的偏见。公正，是指公平，正直，不偏袒。客观和公正原则要求注册会计师应当公正处事、实事求是，不得由于偏见、利益冲突或他人的不当影响而损害自己的职业判断。如果某一情形或关系导致偏见或者对职业判断产生不当影响，注册会计师不应提供相关专业服务。

4. 专业胜任能力和应有关注

专业胜任能力和应有的关注原则要求会员通过教育、培训和执业实践获取和保持专业胜任能力。会员应当持续了解并掌握当前法律、技术和实务的发展变化，将专业知识和技能始终保持在应有的水平，确保为客户提供具有专业水准的服务。

会员作为专业人士，在许多方面都要履行相应的责任，保持和提高专业胜任能力就是其中的重要内容。专业胜任能力是指会员具有专业知识、技能和经验，能够经济、有效地完成客户委托的业务。会员如果不能保持和提高专业胜任能力，就难以完成客户委托的业务。事实上，如果会员在缺乏足够的知识、技能和经验的情况下提供专业服务，就构成了一种欺诈。一个合格的会员，不仅要充分认识自己的能力，对自己充满信心，更重要的是，必须清醒地认识到自己在专业胜任能力方面存在的不足。如果会员不能认识到这一点，承接了难以胜任的业务，就可能给客户乃至社会公众带来危害。

注册会计师在应用专业知识和技能时，会员应当合理运用职业判断。专业胜任能力可分为两个独立阶段：①专业胜任能力的获取；②专业胜任能力的保持。会员应当持续了解和掌握相关的专业技术和业务的发展，以保持专业胜任能力。持续职业发展能够使会员发展和保持专业胜任能力，使其能够胜任特定业务环境中的工作。

应有的关注，要求会员遵守执业准则和职业道德规范的要求，勤勉尽责，认真、全面、及时地完成工作任务。在审计过程中，会员应当保持职业怀疑态度，运用专业知识、技能和经验，获取和评价审计证据。同时，会员应当采取措施以确保在其授权下的工作人员得到适当的培训和督导。在适当情况下，会员应当使客户、工作单位和专业服务的其他使用者了解专业服务的固有局限性。

5. 保密

会员能否与客户维持正常的关系，有赖于双方能否自愿而又充分地进行沟通和交流，不掩盖任何重要的事实和情况。只有这样，会员才能有效地完成工作。会员与客户的沟通，必须建立在为客户信息保密的基础上。这里所说的客户信息，通常是指涉密信息。一旦涉密信息被泄露或被利用，往往会给客户造成损失。因此，许多国家规定，在公众领域执业的注册会计师，在没有取得客户同意的情况下，不能泄露任何客户的涉密信息。

保密原则要求会员应当对在职业活动中获知的涉密信息予以保密，不得有下列行为：①未经客户授权或法律法规允许，向会计师事务所以外的第三方披露其所获知的涉密信息；②利用所获知的涉密信息为自己或第三方谋取利益。

会员在社会交往中应当履行保密义务。会员应当警惕无意泄密的可能性，特别是警惕无意中向近亲属或关系密切的人员泄密的可能性。近亲属是指配偶、父母、子女、兄弟姐妹、祖父母、外祖父母、孙子女、外孙子女。

另外，会员应当对拟接受的客户或拟受雇的工作单位向其披露的涉密信息保密。在终止与客户或工作单位的关系之后，会员仍然应当对在职业关系和商业关系中获知的信息保密。如果变更工作单位或获得新客户，会员可以利用以前的经验，但不应利用或披露任何由于职业关系和商业关系获得的涉密信息。会员应当明确在会计师事务所内部保密的必要性，采取有效措施，确保其下级员工以及为其提供建议和帮助的人员遵循保密义务。

会员在下列情况下可以披露涉密信息：①法律法规允许披露，并且取得客户或工作单位的授权；②根据法律法规的要求，为法律诉讼、仲裁准备文件或提供证据，以及向有关监管机构报告发现的违法行为；③法律法规允许的情况下，在法律诉讼、仲裁中维护自己的合法权益；④接受注册会计师协会或监管机构的执业质量检查，答复其询问和调查；⑤法律法规、执业准则和职业道德规范规定的其他情形。

二、可能对遵循职业道德基本原则产生不利影响的因素及防范措施

1. 产生不利影响的因素

注册会计师对职业道德基本原则的遵循可能受到多种因素的不利影响。不利影响的性质和严重程度因注册会计师提供服务类型的不同而不同。可能对职业道德基本原则产生不利影响的因素包括自身利益、自我评价、过度推介、密切关系和外在压力。

（1）自身利益导致的不利影响。如果经济利益或其他利益对会员的职业判断或行为产生不当影响，将产生自身利益导致的不利影响。

（2）自我评价导致的不利影响。如果会员对其（或者其所在会计师事务所或工作单位的其他人员）以前的判断或服务结果做出不恰当的评价，并且将据此形成的判断作为当前服务的组成部分，将产生自我评价导致的不利影响。

（3）过度推介导致的不利影响。如果会员过度推介客户或工作单位的某种立场或意见，使其客观性受到损害，将产生过度推介导致的不利影响。

（4）密切关系导致的不利影响。如果会员与客户或工作单位存在长期或亲密的关系，而过于倾向其利益，或认可其工作，将产生密切关系导致的不利影响。

（5）外在压力导致的不利影响。如果会员受到实际的压力或感受到压力（包括对会员实施不当影响的意图）而无法客观行事，将产生外在压力导致的不利影响。

2. 防范措施

防范措施是指可以消除不利影响或将其降至可接受水平的行动或其他措施。应对不利影响的防范措施包括下列两类：

（1）法律法规和职业规范规定的防范措施。主要包括：

1）取得会员资格必需的教育、培训和经验要求。

2）持续的职业发展要求。

3）公司治理方面的规定。

4）执业准则和职业道德规范的规定。

5）监管机构或注册会计师协会的监控和惩戒程序。

6）由依法授权的第三方对会员编制的业务报告、申报资料或其他信息进行外部复核。

（2）某些防范措施可以增加识别或制止不道德行为发生的可能性。由行业、法律法规、监管机构以及工作单位规定的这类防范措施包括：

1）由所在的工作单位、行业以及监管机构建立有效的公开投诉系统，使同行、工作单位以及社会公众能够注意到不专业或不道德的行为。

2）明确规定会员有义务报告违反职业道德守则的行为或情形。

第三节 注册会计师执业准则

一、注册会计师执业准则体系

中国注册会计师执业准则体系受注册会计师职业道德守则统御，包括注册会计师业务准则和会计师事务所质量控制准则，如图2-1所示。注册会计师业务准则包括鉴证业务准则和相关服务准则，如图2-2所示。

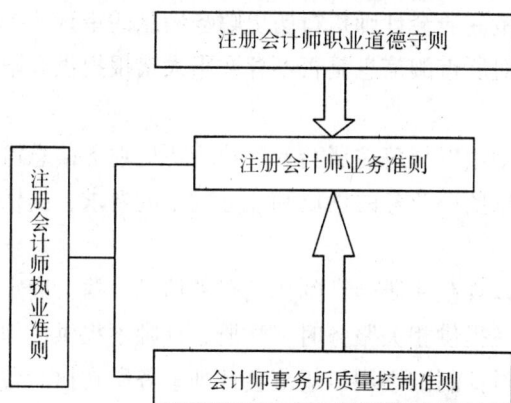

图2-1 注册会计师执业准则体系

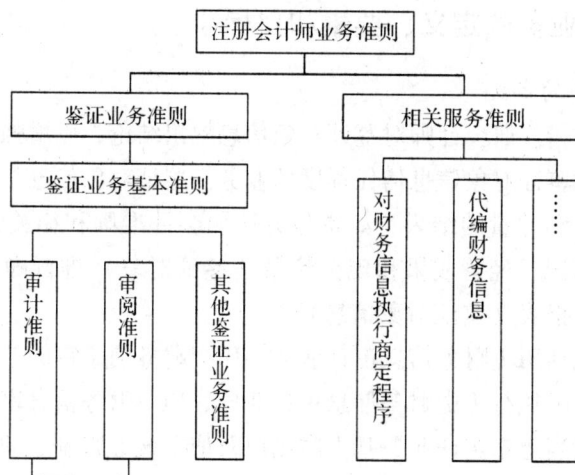

图2-2 注册会计师业务准则体系

鉴证业务准则由鉴证业务基本准则统领,按照鉴证业务提供的保证程度和鉴证对象的不同,分为中国注册会计师审计准则、中国注册会计师审阅准则和中国注册会计师其他鉴证业务准则(以下分别简称审计准则、审阅准则和其他鉴证业务准则)。其中,审计准则是整个执业准则体系的核心。

审计准则用以规范注册会计师执行历史财务信息的审计业务。在提供审计服务时,注册会计师对所审计信息是否不存在重大错报提供合理保证,并以积极方式提出结论。

审阅准则用以规范注册会计师执行历史财务信息的审计业务。在提供审阅服务时，注册会计师对所审阅信息是否不存在重大错报提供有限保证，并以消极方式提出结论。

其他鉴证业务准则用以规范注册会计师执行历史财务信息审计或审阅以外的其他鉴证业务，根据鉴证业务的性质和业务约定的要求，提供有限保证或合理保证。

相关服务准则用以规范注册会计师代编财务信息、执行商定程序、提供管理咨询等其他服务。在提供相关服务时，注册会计师不提供任何程度的保证。

会计师事务所质量控制准则用以规范会计师事务所在执行各类业务时应当遵守的质量控制政策和程序，是对会计师事务所质量控制提出的制度要求。

本章重点介绍鉴证业务基本准则和质量控制准则。

二、鉴证业务的定义、要素和目标

1. 鉴证业务的定义

鉴证业务是指注册会计师对鉴证对象信息提出结论，以增强除责任方之外的预期使用者对鉴证对象信息信任程度的业务。鉴证对象信息是按照标准对鉴证对象进行评价和计量的结果。如责任方按照会计准则和相关会计制度（标准）对其财务状况、经营成果和现金流量（鉴证对象）进行确认、计量和列报而形成的财务报表（鉴证对象信息）。

鉴证业务包括历史财务信息审计业务、历史财务信息审阅业务和其他鉴证业务。注册会计师执行历史财务信息审计业务、历史财务信息审阅业务和其他鉴证业务时，应当遵守鉴证业务基本准则以及依据该准则制定的审计准则、审阅准则和其他鉴证业务准则。

2. 鉴证业务要素

鉴证业务要素，是指鉴证业务的三方关系、鉴证对象、标准、证据和鉴证报告。

（1）三方关系。三方关系分别是注册会计师、责任方和预期使用者。注册会计师对由责任方负责的鉴证对象或鉴证对象信息提出结论，以增强除责任方之外的预期使用者对鉴证对象信息的信任程度。

（2）鉴证对象。鉴证对象具有多种不同的表现形式，如财务或非财务的业绩或状况、物理特征、系统与过程、行为等。不同的鉴证对象具有不同的特征。

（3）标准。标准即用来对鉴证对象进行评价或计量的基准，当涉及列报时，还包括列报的基准。

（4）证据。获取充分、适当的证据是注册会计师提出鉴证结论的基础。

（5）鉴证报告。注册会计师应当针对鉴证对象信息（或鉴证对象）在所有重大方面是否符合适当的标准，以书面报告的形式发表能够提供一定保证程度的结论。

3. 基于责任方认定的业务和直接报告业务

鉴证业务分为基于责任方认定的业务和直接报告业务。在基于责任方认定的业务中，责任方对鉴证对象进行评价或计量，鉴证对象信息以责任方认定的形式为预期使用者获取。如在财务报表审计中，被审计单位管理层（责任方）对财务状况、经营成果和现金流量（鉴证对象）进行确认、计量和列报（评价或计量）而形成的财务报表（鉴证对象信息）即为责任方的认定，该财务报表可为预期使用者获取，注册会计师针对财务报表出具审计报告。这种业务属于基于责任方认定的业务。

在直接报告业务中，注册会计师直接对鉴证对象进行评价或计量，或者从责任方获取对鉴证对象评价或计量的认定，而该认定无法为预期使用者获取，预期使用者只能通过阅读鉴证报告获取鉴证对象信息。如在内部控制鉴证业务中，注册会计师可能无法从管理层（责任方）获取其对内部控制有效性的评价报告（责任方认定），或虽然注册会计师能够获取该报告，但预期使用者无法获取该报告，注册会计师直接对内部控制的有效性（鉴证对象）进行评价并出具鉴证报告，预期使用者只能通过阅读该鉴证报告获得内部控制有效性的信息（鉴证对象信息）。这种业务属于直接报告业务。

基于责任方认定的业务和直接报告业务的区别主要表现在以下四个方面：

（1）预期使用者获取鉴证对象信息的方式不同。在基于责任方认定的业务中，预期使用者可以直接获取鉴证对象信息（责任方认定），而不一定要通过阅读鉴证报告。

在直接报告业务中，可能不存在责任方认定，即便存在，该认定也无法为预期使用者所获取。预期使用者只能通过阅读鉴证报告获取有关的鉴证对象信息。

（2）注册会计师提出结论的对象不同。在基于责任方认定的业务中，注册会计师提出结论的对象可能是责任方认定，也可能是鉴证对象。此类业务的逻辑顺序是：首先，责任方按照标准对鉴证对象进行评价和计量，形成责任方认定，注册会计师获取该认定；其次，注册会计师根据适当的标准对鉴证对象再次进行评价和计量，并将结果与责任方认定进行比较；最后，注册会计师针对责任方认定提出鉴证结论，或直接针对鉴证对象提出结论。

在直接报告业务中，无论责任认定是否存在、注册会计师能否获取该认定，注册会计师在鉴证报告中都将直接对鉴证对象提出结论。

（3）责任方的责任不同。在基于责任方认定的业务中，由于责任方已经将既定标准应用于鉴证对象，形成了鉴证对象信息（即责任方认定）。因此，责任方应当对鉴证对象信息负责。责任方可能同时也要对鉴证对象负责。如在财务报表审计中，被审计单位管理层既要对财务报表（鉴证对象信息）负责，也要对财务状况、经营成果和现金流量（鉴证对象）负责。

在直接报告业务中，无论注册会计师是否获取了责任方认定，鉴证报告中都不体现责任方的认定，责任方仅需对鉴证对象负责。

（4）鉴证报告的内容和格式不同。在基于责任方认定的业务中，鉴证报告的引言段通常会提供责任方认定的相关信息，进而说明其所执行的鉴证程序并提出鉴证结论。

在直接报告业务中，注册会计师直接说明鉴证对象、执行的鉴证程序并提出鉴证结论。

4. 鉴证业务的目标

鉴证业务的保证程度分为合理保证和有限保证。合理保证的保证水平要高于有限保证的保证水平。

合理保证的鉴证业务的目标是注册会计师将鉴证业务风险降至该业务环境下可接受的低水平，以此作为以积极方式提出结论的基础。如在历史财务信息审计中，要求注册会计师将审计风险降至该业务环境下可接受的低水平，对审计后的历史财务信息提供高水平保证（合理保证），在审计报告中对历史财务信息采用积极方式提出结论。这种业务属于合理保证的鉴证业务。

有限保证的鉴证业务的目标是注册会计师将鉴证业务风险降至该业务环境下可接受的水平，以此作为以消极方式提出结论的基础。如在历史财务信息审阅中，要求注册会计师将审阅风险降至该业务环境下可接受的水平（高于历史财务信息审计中可接受的低水平），对审阅后的历史财务信息提供低于高水平的保证（有限保证），在审阅报告中对历史财务信息采用消极方式提出结论。这种业务属于有限保证的鉴证业务。

三、质量控制制度的目标和要素

1. 质量控制制度的目标

会计师事务所应当根据会计师事务所质量控制准则，制定质量控制制度，以合理保证业务质量。质量控制制度的目标主要在以下两个方面提出合理保证：

（1）会计师事务所及其人员遵守职业准则和适用的法律法规的规定。

（2）会计师事务所和项目合伙人出具适合具体情况的报告。

项目合伙人，是指会计师事务所中负责某项业务及其执行，并代表会计师事务所在出具的报告上签字的合伙人。

2. 质量控制制度的要素

会计师事务所的质量控制制度应当包括针对下列要素而制定的政策和程序：

（1）对业务质量承担的领导责任。

（2）相关职业道德要求。

（3）客户关系和具体业务的接受与保持。

（4）人力资源。

（5）业务执行。

（6）监控。

会计师事务所应当将质量控制政策和程序形成书面文件，并传达到全体人员。在记录和传达时，应清楚地描述质量控制政策和程序及其拟实现的目标，包括用适当信息指明每个人都负有各自的质量责任，并被期望遵守这些政策和程序。

第四节　注册会计师的法律责任

一、注册会计师法律责任的表现形式

1. 诉讼爆炸

近十年来，企业经营失败或者因管理层舞弊造成破产倒闭的事件剧增，投资者和贷款人蒙受重大损失，因而指控注册会计师未能及时揭示或报告这些问题，并要求其赔偿有关的损失。迫于社会的压力，许多国家的法院判决逐渐倾向于增加注册会计师在这些方面的法律责任。

注册会计师法律责任不断扩大，履行责任的对象随之拓宽，这些都使注册会计师很容易被指控为民事侵权，"诉讼爆炸"（Litigation Explosion）也由此产生。在目前的法律环境下，注册会计师职业引人关注的一个问题是，指控会计师事务所和注册会计师执业不当的诉讼案件和赔偿金额日益增多。20 世纪 90 年代美国专家估计，由于法律诉讼和赔偿金额的激增，美国会计师事务所诉讼的直接费用支出占其审计收入的 20%。诉讼赔偿不仅是大型会计师事务所面临的问题，也是中下会计师事务所提供鉴证服务应当考虑的问题。

2. 保险危机

伴随诉讼迅速增长的趋势，出现了另外一种现象：职业过失保险赔付急剧增长，而保险赔付的增加又不可避免地导致保险费用的攀升。如在美国，在对执业不当的审判中，凡涉及大额赔付的，陪审团裁决的基础就是认为赔偿金额通常由保险公司而非被告承担。陪审团的裁决表明他们已先入为主地认为被告都事先投了保。很明显，在陪审团眼中，保险金额的支付就像天上掉下来的馅饼。

早期的司法制度倾向于限定注册会计师对第三方的法律责任，但自 20 世纪 70 年代末以来，不少法官已放弃上述判例原则，转而规定注册会计师对已知的第三方使用者或财务报表的特定用途必须承担法律责任。当注册会计师涉及民事侵权的案件时，诉讼带来的直接后果就是赔偿金额的持续上涨。这又导致注册会计师由于支付高额保险费用而引发所提供服务价格的持续上涨。

二、注册会计师法律责任的成因

合约、习惯法（已有法律判决案例的积累）以及成文法律，都要求注册会计师承担法律责任。进一步说，法律责任是与违反合约条款、民事侵权（由于违背法律责任而侵害他人合法权益的民事过失）或犯罪联系在一起的，对于客户和非客户而言，这些责任是不言而喻的。由于非合约方不能凭借合约来要求经济利益，因此，非合约方（非客户）通常被排除在与合约方利益相关的部分之外。

法律责任的出现，经常是因为注册会计师在执业时没有保持应有的职业谨慎，并因此导致了对其他人权利的损害。应有的职业谨慎，指的是注册会计师应当具备足够的专业知识和业务能力，按照执业准则的要求执业。在执业谨慎方面出现问题就构成了过失。在习惯法下，注册会计师有责任履行对客户承担法律责任。如果因过失或违约而没有提供服务，或在工作中未能恪守应有的职业谨慎，则要对客户承担法律责任。此外，依据习惯法，在某些情况下，注册会计师可能要对客户以外的其他人承担责任，如对"已预见"将依赖财务报表的有限第三者承担责任。如在美国，1933 年《证券法》和 1934 年《证券交易法》包含的一些条款，都可以作为起诉注册会计师的依据。在极少的情况下，注册会计师可能还承担刑事责任。

从目前看，注册会计师涉及法律诉讼的数量和金额都呈上升趋势，除了法律因素外，还有以下原因：

（1）财务报表使用者对注册会计师的责任日趋了解。

（2）政府监管部门保护投资者的意识日益加强，监管措施日益完善，处罚力度日益增大。

（3）由于审计环境发生很大变化，企业规模扩大，业务全球化以及企业经营的错综复杂性，使会计业务更加复杂，审计风险变大。

（4）"深口袋"理论的盛行。社会日益赞同受害的一方向有能力提供赔偿的一方提起诉讼，而不论错在哪一方。

（5）注册会计师败诉的案例日益增多。民事法庭在审理起诉会计师事务所的案件中，会计师事务所败诉的案例日益增多。这便促使律师以或有收费为基础提供法律服务，无论是否有道理，都将会计师事务所作为起诉的对象。

（6）许多会计师事务所宁愿在庭外和解法律问题，以避免高昂的法律费用和公开的负面影响，而不愿通过司法程序来解决这些问题。

（7）法庭在理解专业性事项方面存在困难。

三、对注册会计师法律责任的认定

1. 违约

违约，是指合同的一方或多方未能履行合同条款规定的义务。当违约给他人造成损失时，注册会计师应负违约责任。如会计师事务所在商定的期间内未能提交纳税申报表，或违反了与被审计单位订立的保密协议等。

2. 过失

过失，是指在一定条件下，没有保持应有的职业谨慎。评价注册会计师的过失，是以其他合格注册会计师在相同条件下可做到的谨慎为标准的。当过失给他人造成损失时，注册会计师应负过失责任。过失按程度不同分为普通过失和重大过失。

普通过失，也称一般过失，通常是指没有保持职业上应有的职业谨慎；对注册会计师而言则是指没有完全遵循专业准则的要求。如未按待定审计项目获取充分、适当的审计证据就出具审计报告的情况，可视为一般过失。

重大过失是指连起码的职业谨慎都没有保持。对注册会计师而言，则是指根本没有遵循专业准则或没有按专业准则的基本要求执行审计。

3. 欺诈

欺诈又称舞弊，是以欺骗或坑害他人为目的的一种故意的错误行为。作案具有不良动机是欺诈的重要特征，也是欺诈与普通过失和重大过失的主要区别之一。对于注册会计师而言，欺诈就是为了达到欺骗他人的目的，明知委托单位的财务报表有重大错报，却加以虚伪的陈述，出具无保留意见的审计报告。

与欺诈相关的另一个概念是"推定欺诈"，又称"涉嫌欺诈"，是指虽无故意欺诈或坑害他人的动机，但却存在极端或异常的过失。推定欺诈和重大过失这两个概念的界限往往很难界定，在美国，许多法院曾经将注册会计师的重大过失解释为推定欺诈，特别是近年来有些法院放宽了"欺诈"一词的范围，使推定欺诈和欺诈在法律上成为等效的概念。这样，具有重大过失的注册会计师的法律责任就进一步加大了。

四、注册会计师承担法律责任的种类

注册会计师因违约、过失或欺诈给被审计单位或其他利害关系人造成损失的，按照有关法律规定，可能被判承担行政责任、民事责任或刑事责任。这三种责任可单处，也可并处。行政责任，对注册会计师而言，包括警告、暂停执业、吊销注册会计师证书；对会计师事务所而言，包括警告、没收违法所得、罚款、暂停执业、撤销等。民事责任主要是指赔偿受害人损失。刑事责任是指触犯刑法所必须承担的法律后果，其种类包括罚金、有期徒刑以及其他限制人身自由的刑罚等。

五、中国注册会计师的法律责任

1. 民事责任

(1)《民法通则》的规定。1987 年 1 月 1 日施行的《民法通则》第 106 条规定："公民、法人违反合同或者不履行其他义务的，应当承担民事责任。

公民、法人由于过错侵害国家的、集体的财产，侵害他人财产、人身的，应当承担民事责任。没有过错，但法律规定应当承担民事责任的，应当承担民事责任。"

（2）《注册会计师法》的规定。1994 年 1 月 1 日实施的《注册会计师法》在第六章"法律责任"中规定了注册会计师的行政、刑事和民事责任。其中，关于民事责任的条款是第 42 条："会计师事务所违反本法规定，给委托人、其他利害关系人造成损失的，应当依法承担赔偿责任。"

（3）《证券法》的规定。2005 年 10 月 27 日新修订的《证券法》第 173 条规定："证券服务机构为证券的发行、上市、交易等证券业务活动制作、出具审计报告、资产评估报告、财务顾问报告、资信评级报告或者法律意见书等文件，应当勤勉尽责，对所依据的文件资料内容的真实性、准确性、完整性进行核查和验证。其制作、出具的文件有虚假记载、误导性陈述或者重大遗漏，给他人造成损失的，应当与发行人、上市公司承担连带赔偿责任，但是能够证明自己没有过错的除外。"

（4）《公司法》的规定。2005 年 10 月 27 日新修订的《公司法》第 208 条第 3 款规定："承担资产评估、验资或者验证的机构因出具的评估结果、验资或者验证证明不实，给公司债权人造成损失的，除能够证明自己没有过错的外，在其评估或者证明不实的金额范围内承担赔偿责任。"

2. 行政责任

（1）《注册会计师法》的规定。《注册会计师法》第 39 条第 1 款规定："会计师事务所违反本法第 20 条、第 21 条规定的，由省级以上人民政府财政部门给予警告，没收违法所得，可以并处违法所得 1 倍以上 5 倍以下的罚款；情节严重的，并可以由省级以上人民政府财政部门暂停其经营业务或者予以撤销。"

《注册会计师法》第 39 条第 2 款规定："注册会计师违反本法第 20 条、第 21 条规定的，由省级以上人民政府财政部门给予警告，情节严重的，可以由省级以上人民政府财政部门暂停其执行业务或者吊销注册会计师证书。"

（2）《证券法》的规定。《证券法》第 201 条规定："为股票的发行、上市、交易出具审计报告、资产评估报告或者法律意见书等文件的证券服务机构和人员，违反本法第 45 条的规定买卖股票的，责令依法处理非法持有的股票，没收违法所得，并处以买卖股票等值以下的罚款。"

第 207 条规定："违反本法第 78 条第 2 款的规定，在证券交易活动中作出虚假陈述或者信息误导的，责令改正，处以 3 万元以上 20 万元以下的罚款；属于国家工作人员的，还应当依法给予行政处分。"

第 223 条规定："证券服务机构未勤勉尽责，所制作、出具的文件有虚假记载、误导性陈述或者重大遗漏的，责令改正，没收业务收入，暂停或者撤销证券服务业务许可，并处以业务收入 1 倍以上 5 倍以下的罚款。对直接负责的主管人员和其他直接责任人员给予警告，撤销证券从业资格，并处以 3 万元以上 10 万元以下的罚款。"

第 225 条规定："上市公司、证券公司、证券交易所、证券登记结算机构、证券服务机构，未按照有关规定保存有关文件和资料的，责令改正，给予警告，并处以 3 万元以上 30 万元以下的罚款；隐匿、伪造、篡改或者毁损有关文件和资料的，给予警告，并处以 30 万元以上 60 万元以下的罚款。"

（3）《公司法》的规定。《公司法》第 208 条第 1 款规定："承担资产评估、验资或者验证的机构提供虚假材料的，由公司登记机关没收违法所得，处以违法所得 1 倍以上 5 倍以下的罚款，并可以由有关主管部门依法责令该机构停业、吊销直接责任人员的资格证书，吊销营业执照。"

第 208 条第 1 款规定："承担资产评估、验资或者验证的机构因过失提供有重大遗漏的报告的，由公司登记机关责令改正，情节较严重的，处以所得收入 1 倍以上 5 倍以下的罚款，并可以由有关主管部门依法责令该机构停业、吊销直接责任人员的资格证书，吊销营业执照。"

（4）《违反注册会计师法处罚暂行办法》的规定。为加强注册会计师行业的监督管理，促进注册会计师事业的健康发展，维护社会公共利益和当事人的合法权益，1998 年财政部根据《注册会计师法》和《行政处罚法》，制定发布《违反注册会计师法处罚暂行办法》（以下简称《办法》）。《办法》第 4 条规定："对注册会计师的处罚种类包括：（1）警告；（2）没收违法所得；（3）罚款；（4）暂停执业部分或全部业务，暂停执业的最长期限为 12 个月；（5）吊销有关执业许可证；（6）吊销注册会计师证书。"

第 5 条规定："对事务所的处罚种类包括：（1）警告；（2）没收违法所得；（3）罚款；（4）暂停执行部分或全部业务，暂停执行的最长期限为 12 个月；（5）吊销有关执行许可证；（6）撤销事务所。"

《办法》除细化规定了注册会计师和事务所违反《注册会计师法》应当承担的行政责任的种类外，还具体规定了对违反《注册会计师法》的注册会计师和事务所实施行政处罚的主体、条件、程序，以及注册会计师和事务所减轻、免除行政责任的情形和救济途径等。

3. 刑事责任

（1）《注册会计师法》的规定。《注册会计师法》第 39 条第 3 款规定："会计师事务所、注册会计师违反本法第 20 条、第 21 条的规定，故意出具虚假的审计报告、验资报告，构成犯罪的，依法追究刑事责任。"

（2）《证券法》的规定。《证券法》第 231 条规定："违反本法规定，构成犯罪的，依法追究刑事责任。"

（3）《公司法》的规定。《公司法》第 216 条规定："违反本法规定，构成犯罪的，依法追究刑事责任。"

（4）《刑法》的规定。《刑法》第 229 条第 1 款规定："承担资产评估、验资、验证、会计、审计、法律服务等职责的中介组织的人员故意提供虚假证明文件，情况严重的，处 5 年以下有期徒刑或者拘役，并处罚金。"

第 229 条第 2 款规定："前款规定的人员，索取他人财物或者非法收受他人财物，犯前款罪的，处 5 年以上 10 年以下有期徒刑，并处罚金。"

第 229 条第 3 款规定："第 1 款规定的人员，严重不负责任，出具的证明文件有重大失实，造成严重后果的，处 3 年以下有期徒刑或者拘役，并处或者单处罚金。"

第 231 条规定："单位犯有本节第 221 条至第 230 条规定之罪的，对单位判处罚金，并对其直接负责的主管人员和其他直接责任人员，依照本节各该条的规定处罚。"

（5）《违反注册会计师法处罚暂行办法》的规定。《违反注册会计师法处罚暂行办法》第 31 条规定："注册会计师和事务所的违法行为构成犯罪的，应当移交司法机关，依法追究刑事责任。"

第三章 审计目标

学习目标

　　通过本章的学习，掌握认定的含义及其分类；理解由各个认定推出的不同的具体审计目标；理解总体审计策略和具体审计计划的内容；理解计划编制的流程。

导读案例

　　东方电子于1997年1月21日在深交所挂牌上市，公开发行1030万股A股，发行价7.88元/股。此后股价一路上行，4年间累计飙升60倍以上。在股本高速扩张的基础上，连续3年实现业绩翻番，一度被评为中国最优秀的上市公司。东方电子的会计舞弊行为主要发生在其1997年上市后至2001年年报披露期间，山东烟台乾聚会计师事务所（原山东省烟台市会计师事务所）审计失败的重要一点就是审计工作未达到审计目标。事实上，自1997年上市以后，东方电子便开始疯狂炒作资本二级市场。5年间，东方电子先后利用卖出本公司一部分个人原始股所套现的资金和投入公司资金6.8亿元用来买卖本公司股票，总计违法交易金额高达51亿余元。同时，他们利用炒股收益来粉饰会计报表。5年内，先后将炒股收益中的15.95亿元（后证监会核查为10.39亿元税后收益）通过虚开销售发票、伪造销售合同等手段，计入"主营业务收入"。

　　如此重大的会计舞弊和非法行为，乾聚会计师事务所竟丝毫未发现，还出具了无保留意见。就所涉及的金额及性质，乾聚会计师事务所应出具保留意见甚至否定意见的审计报告。因此，从审计结果看，对东方电子1997～2000年的审计是不成功的。

第一节 审计总目标与具体目标

一、审计总目标的演变

审计目标是在一定历史环境下，人们通过审计实践活动所期望达到的最终结果，它包括财务报表审计的总目标以及各类交易、账户余额、列报相关的具体审计目标两个层次。

注册会计师审计的发展主要经历了详细审计、资产负债表审计和财务报表审计三个阶段。审计总目标也随之有所变化。

在详细审计阶段，注册会计师审计通过对被审计单位一定时期内会计记录的逐一审查，判定有无错误和舞弊行为。查错防弊是此阶段的审计目标。

在资产负债表审计阶段，注册会计师审计通过对被审计单位一定时期内资产负债表所有项目余额的真实性、可靠性进行审查，判断其财务状况和偿债能力。在此阶段，审计目标是对历史财务信息进行鉴证，查错防弊这一目标依然存在，但已退居第二位，审计的功能从防护性发展为公证性。

在财务报表审计阶段，注册会计师判定被审计单位一定时期内的财务报表是否公允地反映其财务状况、经营成果和现金流量，并在出具审计报告的同时，提出改进经营管理的意见。在此阶段，审计目标不再限于查错防弊和历史财务信息公证，而是向管理领域有所深入和发展。此阶段审计工作已比较有规律，且形成了一套较完整的理论和方法。

尽管审计总目标发生了变化，注册会计师的重要职责之一却始终是对被审计单位财务报表进行审计。财务报表审计是与审计相关业务的基础，其他性质的业务从某种意义上讲都是财务报表审计的延伸和发展。

二、我国财务报表审计的总目标

1. 总体目标

执行财务报表审计工作时，注册会计师的总体目标：一是对财务报表整体是否不存在由于舞弊或错误导致的重大错报获取合理保证，使注册会计师能够对财务报表是否在所有重大方面按照适用的财务报告编制基础编制发表审计意见；二是按照审计准则的规定，根据审计结果对财务报表出具审计报告，并与管理层和治理层沟通。

2. 评价财务报表的合法性

在评价财务报表是否按照适用的财务报告编制基础编制时，注册会计师应当考虑下列内容：

（1）选择和运用的会计政策是否符合适用的财务报告编制基础，并适合于被审计单位的具体情况。

（2）管理层做出的会计估计是否合理。

（3）财务报表反映的信息是否具有相关性、可靠性、可比性和可理解性。

（4）财务报表是否做出充分披露，使财务报表使用者能够理解重大交易和事项对被审计单位财务状况、经营成果和现金流量的影响。

3. 评价财务报表的公允性

在评价财务报表是否做出公允反映时，注册会计师应当考虑下列内容：

（1）经管理层调整后的财务报表是否与注册会计师对被审计单位及其环境的了解一致。

（2）财务报表的列报、结构和内容是否合理。

（3）财务报表是否真实地反映了交易和事项的经济实质。

三、被审计单位管理层的认定

认定，是指管理层在财务报表中做出的明确或隐含的表达，注册会计师将其用于考虑可能发生的不同类型的潜在错报。认定与审计目标密切相关，注册会计师的基本职责就是确定被审计单位管理层对其财务报表的认定是否恰当。注册会计师了解了认定，就很容易确定每个项目的具体审计目标。通过考虑可能发生的不同类型的潜在错报，注册会计师运用认定评估风险，并据此设计审计程序以应对评估的风险。

保证财务报表公允反映被审计单位的财务状况和经营情况等是管理层的责任。当管理层声明财务报表已按照适用的财务报告编制基础进行编制，在所有重大方面做出公允反映时，就意味着管理层对财务报表各组成要素的确认、计量、列报以及相关的披露做出了认定。管理层在财务报表上的认定有些是明确表达的，有些则是隐含表达的。如管理层在资产负债表中列报存货及其金额，意味着做出下列明确的认定：①记录的存货是存在的；②存货以恰当的金额包括在财务报表中，与之相关的计价或分摊调整已恰当记录。同时，管理层也做出下列隐含的认定：①所有应当记录的存货均已记录；②记录的存货都由被审计单位拥有。

管理层对财务报表各组成要素均做出了认定，注册会计师的审计工作就是要确定管理层的认定是否恰当。

1. 与各类交易和事项相关的认定

注册会计师对所审计期间的各类交易和事项运用的认定通常分为下列类别：

（1）发生：记录的交易和事项已发生且与被审计单位有关。

（2）完整性：所有应当记录的交易和事项均已记录。

（3）准确性：与交易和事项有关的金额及其他数据已恰当记录。

（4）截止：交易和事项已记录于正确的会计期间。

（5）分类：交易和事项已记录于恰当的账户。

2. 与期末账户余额相关的认定

注册会计师对期末账户余额运用的认定通常分为下列类别：

（1）存在：记录的资产、负债和所有者权益是存在的。

（2）权利和义务：记录的资产由被审计单位拥有或控制，记录的负债是被审计单位应当履行的偿还义务。

（3）完整性：所有应当记录的资产、负债和所有者权益均已记录。

（4）计价和分摊：资产、负债和所有者权益以恰当的金额包括在财务报表中，与之相关的计价或分摊调整已恰当记录。

3. 与列报相关的认定

各类交易和账户余额的认定正确只为列报正确打下了必要的基础，财务报表还可能因被审计单位误解有关列报的规定或舞弊等而产生错报。另外，还可能因被审计单位没有遵守一些专门的披露要求而导致财务报表错报。因此，即使注册会计师审计了各类交易和账户余额的认定，实现了各类交易和账户余额的具体审计目标，也不意味着获取了足以对财务报表发表审计意见的充分、适当的审计证据。因此，注册会计师还应当对各类交易、账户余额及相关事项在财务报表中列报的正确性实施审计。

基于此，注册会计师对列报和披露运用的认定通常分为下列类别：

（1）发生以及权利和义务：披露的交易、事项和其他情况已发生，且与被审计单位有关。

（2）完整性：所有应当包括在财务报表中的披露均已包括。

（3）分类和可理解性：财务信息已被恰当地列报和描述，且披露内容表述清楚。

（4）准确性和计价：财务信息和其他信息已公允披露，且金额恰当。

注册会计师可以按照上述分类运用认定，也可按其他方式表述认定，但应涵盖上述所有方面。如注册会计师可以选择将有关交易和事项的认定与有关账户余额的认定综合运用。又如当发生和完整性认定包含了对交易是否记录于正确会计期间的恰当考虑时，就可能不存在与交易和事项截止相关的单独认定。

四、具体审计目标

注册会计师了解了认定，就很容易确定每个项目的具体审计目标，并以此作为评估重大错报风险以及设计和实施进一步审计程序的基础。

1. 与各类交易和事项相关的审计目标

（1）发生：由发生认定推导的审计目标是已记录的交易是真实的。如果没有发生销售交易，但在销售日记账中记录了一笔销售，则违反了该目标。

发生认定所要解决的问题是管理层是否把那些不曾发生的项目记入财务报表，它主要与财务报表组成要素的高估有关。

（2）完整性：由完整性认定推导的审计目标是已发生的交易确实已经记录。如果发生了销售交易，但没有在销售日记账和总账中记录，则违反了该目标。

发生和完整性两者强调的是相反的关注点。发生目标针对潜在的高估，而完整性目标则针对漏记交易（低估）。

（3）准确性：由准确性认定推导出的审计目标是已记录的交易是按正确金额反映的。如果在销售交易中，发出商品的数量与账单上的数量不符，或是开账单时使用了错误的销售价格，或是账单中的乘积或加总有误，或是在销售日记账中记录了错误的金额，则违反了该目标。

准确性与发生、完整性之间存在区别。若已记录的销售交易是不应当记录的（如发出的商品是寄销商品），则即使发票金额是准确计算的，仍违反了发生目标。而若已入账的销售交易是对正确发出商品的记录，但金额计算错误，则违反了准确性目标，但没有违反发生目标。在完整性与准确性之间也存在同样的关系。

（4）截止：由截止认定推导出的审计目标是接近于资产负债表日的交易记录于恰当的期间。如果本期交易推到下期，或下期交易提到本期，均违反了截止目标。

（5）分类：由分类认定推导出的审计目标是被审计单位记录的交易经过适当分类。如果将现销记录为赊销，将出售经营性固定资产所得的收入记录为营业收入，则导致交易分类的错误，违反了分类的目标。

2. 与期末账户余额相关的审计目标

（1）存在：由存在认定推导的审计目标是记录的金额确实存在。如果不存在某顾客的应收账款，在应收账款试算平衡表中却列入了对该顾客的应收账款，则违反了存在性目标。

（2）权利和义务：由权利和义务认定推导的审计目标是资产归属于被审计单位，负债属于被审计单位的义务。如将他人寄售商品记入被审计单位的存货中，违反了权利的目标；将不属于被审计单位的债务记入账内，违反了义务目标。

（3）完整性：由完整性认定推导的审计目标是已存在的金额均已记录。如果存在某顾客的应收账款，在应收账款试算平衡表中却没有列入对该顾客的应收账款，则违反了完整性目标。

（4）计价和分摊：资产、负债和所有者权益以恰当的金额包括在财务报表中，与之相关的计价或分摊调整已恰当记录。

3. 与列报相关的审计目标

各类交易和账户余额的认定正确只是为列报正确打下了必要的基础，财务报表还可能因被审计单位误解有关列报的规定或舞弊等而产生错报。另外，还可能因被审计单位没有遵守一些专门的披露要求而导致财务报表错报。因此，即使注册会计师审计了各类交易和账户余额的认定，实现了各类交易和账户余额的具体审计目标，也不意味着获取了足以对财务报表发表审计意见的充分、适当的审计证据。因此，注册会计师还应当对各类交易、账户余额及相关事项在财务报表中列报的正确性实施审计。

（1）发生及权利和义务：将没有发生的交易、事项，或与被审计单位无关的交易和事项包括在财务报表中，则违反该目标。如复核董事会会议记录中是否记载了固定资产抵押等事项，询问管理层固定资产是否被抵押，即是对列报的权利认定的运用。如果抵押固定资产则需要在财务报表中列报，说明其权利受到限制。

（2）完整性：如果应当披露的事项没有包括在财务报表中，则违反该目标。如检查关联方和关联交易，以验证其在财务报表中是否得到充分披露，即是对列报的完整性认定的运用。

（3）分类和可理解性：财务信息已被恰当地列报和描述，且披露内容表述清楚。如检查存货的主要类别是否已披露，是否将一年内到期的长期负债列为流动负债，即是对列报的分类和可理解性认定的运用。

（4）准确性和计价：财务信息和其他信息已公允披露，且金额恰当。如检查财务报表附注是否分别对原材料、在产品和产成品等存货成本核算方法作了恰当说明，即是对列报的准确性和计价认定的运用。

第二节　审计过程与审计目标的实现

审计方法从早期的账项基础审计，演变到今天的风险导向审计。风险导向审计模式要求注册会计师在审计过程中，以重大错报风险的识别、评估和应对作为工作主线。相应地，审计过程大致可分为以下几个阶段。

一、接受业务委托

会计师事务所应当按照执业准则的规定，谨慎决策是否接受或保持某客户关系和具体审计业务。在接受委托前，注册会计师应当初步了解审计业务环境，包括业务约定事项、审计对象特征、使用的标准、预期使用者的需求、责任方及其环境的相关特征，以及可能对审计业务产生重大影响的事项、交易、条件和惯例等其他事项。

只有在了解后认为符合专业胜任能力、独立性和应有的关注等职业道德要求，并且拟承接的业务具备审计业务特征时，注册会计师才能将其作为审计业务予以承接。如果审计业务的工作范围受到重大限制，或者委托人试图将注册会计师的名字和审计对象不适当地联系在一起，则该项业务可能不具有合理的目的。接受业务委托阶段的主要工作包括：了解和评价审计对象的可审性；决策是否考虑接受委托；商定业务约定条款；签订审计业务约定书等。

二、计划审计工作

计划审计工作十分重要，计划不周不仅会导致盲目实施审计程序，无法获得充分、适当的审计证据以将审计风险降至可接受的低水平，影响审计目标的实现，而且还会浪费有限的审计资源，增加不必要的审计成本，影响审计工作的效率。因此，对于任何一项审计业务，注册会计师在执行具体审计程序之前，都必须根据具体情况制定科学、合理的计划，使审计业务以有效的方式得到执行。一般来说，计划审计工作主要包括：在本期审计业务开始时开展的初步业务活动；制定总体审计策略；制定具体审计计划等。计划审计工作不是审计业务的一个孤立阶段，而是一个持续的、不断修正的过程，贯穿于整个审计业务的始终。

三、实施风险评估程序

审计准则规定，注册会计师必须实施风险评估程序，以此作为评估财务报表层次和认定层次重大错报风险的基础。所谓风险评估程序，是指注册会计师实施的了解被审计单位及其环境并识别和评估财务报表重大错报风险的程序。风险评估程序是必要程序，了解被审计单位及其环境特别是为注册会计师在许多关键环节做出职业判断提供了重要基础。了解被审计单位及其环境是一个连续和动态地收集、更新与分析信息的过程，贯穿于整个审计过程的始终。注册会计师应当运用职业判断确定需要了解被审计单位及其环境的程度。一般来说，实施风险评估程序的主要工作包括：了解被审计单位及其环境；识别和评估财务报表层次以及各类交易、账户余额、列报认定层次的重大错报风险，包括确定需要特别考虑的重大错报风险（即特别风险）以及仅通过实质性程序无法应对的重大错报风险等。

四、实施控制测试和实质性程序

注册会计师实施风险评估程序本身并不足以为发表审计意见提供充分、适当的审计证据，注册会计师还应当实施进一步审计程序，包括实施控制测试（必要时或决定测试时）和实质性程序。因此，注册会计师评估财务报表重大错报风险后，应当运用职业判断，针对评估的财务报表层次重大错报风险确定总体应对措施，并针对评估的认定层次重大错报风险设计和实施进一步审计程序，以将审计风险降至可接受的低水平。

五、完成审计工作和编制审计报告

注册会计师在完成财务报表所有循环的进一步审计程序后，还应当按照有关审计准则的规定做好审计完成阶段的工作，并根据所获取的各种证据，合理运用专业判断，形成适当的审计意见。本阶段主要工作有：审计期初余额、比较数据、期后事项和或有事项；考虑持续经营问题和获取管理层声明；汇总审计差异，并提请被审计单位调整或披露；复核审计工作底稿和财务报表；与管理层和治理层沟通；评价审计证据，形成审计意见；编制审计报告等。

第四章 审计证据与审计工作底稿

学习目标

通过本章的学习，掌握审计证据的基本概念、特征、种类；掌握审计证据取得的方法与整理、保管需要注意的事项；掌握审计工作底稿的概念、作用及其种类；掌握审计工作底稿的基本内容与编制方法。

导读案例

1981年格特曼事务所审计道提斯食品有限公司时，负责该业务的高级审计人员发现存货审计工作底稿中存货登记表与计算机打印出来的年末余额不一致，于是通知该事务所的审计部经理韦森追查此事，但是韦森没有留意此事，致使道提斯食品有限公司对外提供的存货报告虚假，格特曼事务所也因此被告上了法庭。

这个审计案例说明，审计人员要编制完整的工作底稿是很重要的。认真对待每一个发现的问题线索、每一份审计工作底稿，才能在今后可能的法律诉讼与纠纷中留有余地，确保发挥审计客观公正的作用。

第一节 审计证据

审计凭证据"说话"。收集和评价审计证据是注册会计师得出审计结论、支撑审计意见的基础。注册会计师应当获取充分、适当的审计证据，以得出合理的审计结论，作为形成审计意见的基础。

一、审计证据的含义

审计证据是指注册会计师为了得出审计结论、形成审计意见而使用的所有信息，包括财务报表依据的会计记录中含有的信息和其他信息。

依据会计记录编制财务报表是被审计单位管理层的责任，注册会计师应当测试会计记录以获取审计证据。财务报表依据的会计记录一般包括对初始分录的记录和支持性记录，如支票、电子资金转账记录、发票、合同、总账、明细账、记账凭证和未在记账凭证中反映的对财务报表的其他调整，以及支持成本分配、计算、调节和披露的手工计算表和电子数据表。上述会计记录是编制财务报表的基础，构成注册会计师执行财务报表审计业务所需获取的审计证据的重要部分。

会计记录中含有的信息本身并不足以提供充分的审计证据作为对财务报表发表审计意见的基础，注册会计师还应当获取用作审计证据的其他信息。可用作审计证据的其他信息包括：注册会计师从被审计单位内部或外部获取的会计记录以外的信息，如被审计单位会议记录、内部控制手册、询证函的回函、分析师的报告、与竞争者的比较数据等；通过询问、观察和检查等审计程序获取的信息，如通过检查存货获取存货存在性的证据等；自身编制或获取的可以通过合理推断得出结论的信息，如注册会计师编制的各种计算表、分析表等。

财务报表依据的会计记录中包含的信息和其他信息共同构成了审计证据，两者缺一不可。如果没有前者，审计工作将无法进行；如果没有后者，可能无法识别重大错报风险。只有将两者结合在一起，才能将审计风险降至可接受的低水平，为注册会计师发表审计意见提供合理基础。

二、审计证据的特性

注册会计师应当保持职业怀疑态度，运用职业判断，评价审计证据的充分性和适当性。

1. 审计证据的充分性

审计证据的充分性是对审计证据数量的衡量，主要与注册会计师确定的样本量有关。如对某个审计项目实施某一选定的审计程序，从 200 个样本中获得的证据要比从 100 个样本中获得的证据更充分。

注册会计师需要获取的审计证据的数量受错报风险的影响。错报风险越大，需要的审计证据可能越多。具体来说，在可接受的审计风险水平一定的情况下，重大错报风险越大，注册会计师就应实施越多的测试工作，将检查风险降至可接受水平，以将审计风险控制在可接受的低水平范围内。

如注册会计师对某电脑公司进行审计，经过分析认为，受被审计单位行业性质的影响，存货陈旧的可能性相当高，存货计价的错报可能性就比较大。为此，注册会计师在审计中就要选取更多的存货样本进行测试，以确定存货陈旧的程度，从而确认存货的价值是否被高估。

2. 审计证据的适当性

（1）审计证据的适当性的含义。审计证据的适当性是对审计证据质量的衡量，即审计证据在支持各类交易、账户余额、列报（包括披露，下同）的相关认定或发现其中存在错报方面具有相关性和可靠性。相关性和可靠性是审计证据适当性的核心内容，只有相关且可靠的审计证据才是高质量的。

（2）审计证据的相关性。审计证据要有证明力，必须与注册会计师的审计目标相关。如注册会计师在审计过程中怀疑被审计单位发出存货却没有给顾客开票，需要确认销售是否完整。注册会计师应当从发货单中选取样本，追查与每张发货单相应的销售发票副本，以确定是否每张发货单均已开具发票。如果注册会计师从销售发票副本中选取样本，并追查至与每张发票相应的发货单，由此所获得的证据与完整性目标就不相关。

审计证据是否相关必须结合具体审计目标来考虑。在确定审计证据的相关性时，注册会计师应当考虑：

1）特定的审计程序可能只为某些认定提供相关的审计证据，而与其他认定无关。如检查期后应收账款收回的记录和文件，可以提供有关存在和计价的审计证据，但是不一定与期末截止是否适当相关。

2）针对同一项认定可以从不同来源获取审计证据或获取不同性质的审计证据。如注册会计师可以分析应收账款的账龄和应收账款的期后收款情况，以获取与坏账准备计价有关的审计证据。

3）只与特定认定相关的审计证据并不能替代与其他认定相关的审计证据。如有关存货实物存在的审计证据并不能够替代与存货计价相关的审计证据。

（3）审计证据的可靠性。审计证据的可靠性是指审计证据的可信程度。如注册会计师亲自检查存货所获得的证据，就比被审计单位管理层提供给注册会计师的存货数据更可靠。

审计证据的可靠性受其来源和性质的影响，并取决于获取审计证据的具体环境。注册会计师在判断审计证据的可靠性时，通常会考虑下列原则：

1）从外部独立来源获取的审计证据比从其他来源获取的审计证据更可靠。从外部独立来源获取的审计证据由完全独立于被审计单位以外的机构或人士编制并提供，未经被审计单位有关职员之手，从而减少了伪造、更改凭证或业务记录的可能性，因而其证明力最强。此类证据如银行询证函回函、应收账款询证函回函、保险公司等机构出具的证明等。相反，从其他来源获取的审计证据，由于证据提供者与被审计单位存在经济或行政关系等原因，其可靠性应受到质疑。此类证据如被审计单位内部的会计记录、会议记录等。

2）内部控制有效时内部生成的审计证据比内部控制薄弱时内部生成的审计证据更可靠。如果被审计单位有着健全的内部控制且在日常管理中得到一贯地执行，会计记录的可信赖程度将会增加。如果被审计单位的内部控制薄弱，甚至不存在任何内部控制，被审计单位内部凭证记录的可靠性就大为降低。如果与销售业务相关的内部控制有效，注册会计师就能从销售发票和发货单中取得比内部控制不健全时更加可靠的审计证据。

3）直接获取的审计证据比间接获取或推论得出的审计证据更可靠。如注册会计师观察某项控制的运行得到的证据比询问被审计单位某项内部控制的运行得到的证据更可靠。间接获取的证据有被涂改及伪造的可能性，降低了可信赖程度。推论得出的审计证据，其主观性较强，人为因素较多，可信赖程度也受到影响。

4）以文件、记录形式（无论是纸质、电子或其他介质）存在的审计证据比口头形式的审计证据更可靠。如会议的同步书面记录比对讨论事项事后的口头表述更可靠。口头证据本身并不足以证明事实的真相，仅仅提供一些重要线索，为进一步调查确认所用。如注册会计师在对应收账款进行账龄分析后，可以向应收账款负责人询问逾期应收账款收回的可能性。如果该负责人的意见与注册会计师自行估计的坏账损失基本一致，则这一口头证据就可成为证实注册会计师对有关坏账损失的判断的重要证据。但在一般情况下，口头证据往往需要得到其他相应证据的支持。

5）从原件获取的审计证据比从传真件或复印件获取的审计证据更可靠。注册会计师可审查原件是否有被涂改或伪造的迹象，排除伪证，提高证据的可信赖程度。而传真件或复印件容易是变造或伪造的结果，可靠性较低。

注册会计师在按照上述原则评价审计证据的可靠性时，还应当注意可能出现的重要例外情况。如审计证据虽是从独立的外部来源获得，但如果该证据是由不知情者或不具备资格者提供，审计证据也可能是不可靠的。同样，如果注册会计师不具备评价证据的专业能力，那么即使是直接获取的证据，也可能不可靠。

（4）充分性和适当性之间的关系。充分性和适当性是审计证据的两个重要特征，两者缺一不可，只有充分且适当的审计证据才是有证明力的。

注册会计师需要获取的审计证据的数量也受审计证据质量的影响。审计证据质量越高，需要的审计证据数量可能越少。也就是说，审计证据的适当性会影响审计证据的充分性。如被审计单位内部控制健全时生成的审计证据更可靠，注册会计师只需获取适量的审计证据，就可以为发表审计意见提供合理的基础。

需要注意的是，尽管审计证据的充分性和适当性相关，但如果审计证据的质量存在缺陷，那么注册会计师仅靠获取更多的审计证据可能无法弥补其质量上的缺陷。如注册会计师应当获取与销售收入完整性相关的证据，实际获取到的却是有关销售收入真实性的证据，审计证据与完整性目标不相关，即使获取的证据再多，也证明不了收入的完整性。同样地，如果注册会计师获取的证据不可靠，那么证据数量再多也难以起到证明作用。

三、获取审计证据的审计程序

在审计过程中，注册会计师可根据需要单独或综合运用上述程序，以获取充分、适当的审计证据。

1. 检查记录或文件

检查记录或文件是指注册会计师对被审计单位内部或外部生成的，以纸质、电子或其他介质形式存在的记录或文件进行审查。

检查记录或文件的目的是对财务报表所包含或应包含的信息进行验证。如被审计单位通常对每一笔销售交易都保留一份顾客订单、一张发货单和一份销售发票副本。这些凭证对于注册会计师验证被审计单位记录的销售交易的正确性是有用的证据。

检查记录或文件可提供可靠程度不同的审计证据，审计证据的可靠性取决于记录或文件的来源和性质。外部记录或文件通常被认为比内部记录或文件可靠，因为外部凭证经被审计单位的客户出具，又经被审计单位认可，表明交易双方对凭证上记录的信息和条款达成一致意见。另外，某些外部凭证编制过程非常谨慎，通常由律师或其他有资格的专家进行复核，因而具有较高的可靠性，如土地使用权证、保险单、契约和合同等文件。

2. 检查有形资产

检查有形资产是指注册会计师对资产实物进行审查。检查有形资产程序主要适用于存货和现金，也适用于有价证券、应收票据和固定资产等。

检查有形资产可为其存在性提供可靠的审计证据，但不一定能够为权利和义务或计价认定提供可靠的审计证据。检查存货项目前，可先对客户实施的存货盘点进行观察。

3. 观察

观察是指注册会计师察看相关人员正在从事的活动或执行的程序。如对客户执行的存货盘点或控制活动进行观察。

观察提供的审计证据仅限于观察发生的时点，并且在相关人员已知被观察时，相关人员从事活动或执行程序可能与日常的做法不同，从而影响注册会计师对真实情况的了解。因此，注册会计师有必要获取其他类型的佐证证据。

4. 询问

询问是指注册会计师以书面或口头方式，向被审计单位内部或外部的知情人员获取财务信息和非财务信息，并对答复进行评价的过程。

知情人员对询问的答复可能为注册会计师提供尚未获悉的信息或佐证证据，也可能提供与已获悉信息存在重大差异的信息，注册会计师应当根据询问结果考虑修改审计程序或实施追加的审计程序。询问本身不足以发现认定层次存在的重大错报，也不足以测试内部控制运行的有效性，注册会计师还应当实施其他审计程序以获取充分、适当的审计证据。

5. 函证

函证是指注册会计师为了获取影响财务报表或相关披露认定的项目的信息，通过直接来自第三方的对有关信息和现存状况的声明，获取和评价审计证据的过程。如对应收账款余额或银行存款的函证。

通过函证获取的证据可靠性较高，因此，函证是受到高度重视且经常被使用的一种重要程序。

6. 重新计算

重新计算是指注册会计师以人工方式或使用计算机辅助审计技术，对记录或文件中的数据计算的准确性进行核对。重新计算通常包括计算销售发票和存货的总金额，加总日记账和明细账，检查折旧费用和预付费用的计算，检查应纳税额的计算等。

7. 重新执行

重新执行是指注册会计师以人工方式或使用计算机辅助审计技术，重新独立执行作为被审计单位内部控制组成部分的程序或控制。如注册会计师利用被审计单位的银行存款日记账和银行对账单，重新编制银行存款余额调节表，并与被审计单位编制的银行存款余额调节表进行比较。

8. 分析程序

分析程序是指注册会计师通过研究不同财务数据之间以及财务数据与非财务数据之间的内在关系，对财务信息做出评价。分析程序还包括调查识别出的、与其他相关信息不一致或与预期数据严重偏离的波动和关系。

上述审计程序单独或组合起来，可用作风险评估程序、控制测试和实质性程序。

第二节　审计工作底稿

一、审计工作底稿的含义和编制目的

1. 审计工作底稿的含义

审计工作底稿，是指注册会计师对制定的审计计划、实施的审计程序、获取的相关审计证据，以及得出的审计结论做出的记录。审计工作底稿是审计证据的载体，是注册会计师在审计过程中形成的审计工作记录和获取的资料。它形成于审计过程，也反映整个审计过程。

2. 审计工作底稿的编制目的

注册会计师应当及时编制审计工作底稿，以实现下列目的：

（1）提供充分、适当的记录，作为审计报告的基础。审计工作底稿是注册会计师形成审计结论，发表审计意见的直接依据。及时编制审计工作底稿有助于提高审计工作的质量，便于在出具审计报告之前，对取得的审计证据和得出的审计结论进行有效复核和评价。

（2）提供证据，证明其按照中国注册会计师审计准则的规定执行了审计工作。在会计师事务所因执业质量而涉及诉讼或有关监管机构进行执业质量检查时，审计工作底稿能够提供证据，证明会计师事务所是否按照审计准则的规定执行了审计工作。

二、审计工作底稿的内容

审计工作底稿通常包括总体审计策略、具体审计计划、分析表、问题备忘录、重大事项概要、询证函回函、管理层声明书、核对表、有关重大事项的往来信件（包括电子邮件），以及对被审计单位文件记录的摘要或复印件等。此外，审计工作底稿通常还包括业务约定书、管理建议书、项目组内部或项目组与被审计单位举行的会议记录、与其他人士（如其他注册会计师、律师、专家等）的沟通文件及错报汇总表等。

一般情况下，分析表主要是指对被审计单位财务信息执行分析程序的记录。如记录对被审计单位本年各月收入与上一年度的同期数据进行比较的情况，记录对差异的分析等。

问题备忘录一般是指对某一事项或问题的概要汇总记录。在问题备忘录中，注册会计师通常记录该事项或问题的基本情况、执行的审计程序或具体审计步骤，以及得出的审计结论。如有关存货监盘审计程序或审计过程中发现问题的备忘录。

核对表一般是指会计师事务所内部使用的、为便于核对某些特定审计工作或程序的完成情况的表格，如特定项目（如财务报表列报）审计程序核对表、审计工作完成情况核对表等。它通常以列举的方式列出审计过程中注册会计师应当进行的审计工作或程序以及特别需要提醒注意的问题，并在适当情况下索引至其他审计工作底稿，便于注册会计师核对是否已按照审计准则的规定进行审计。

三、编制审计工作底稿的总体要求

注册会计师编制的审计工作底稿，应当使未曾接触该项审计工作的有经验的专业人士清楚地了解：①按照审计准则的规定实施的审计程序的性质、时间和范围；②实施审计程序的结果和获取的审计证据；③就重大事项得出的结论。

有经验的专业人士，是指对下列方面有合理了解的人士：①审计过程；②相关法律法规和审计准则的规定；③被审计单位所处的经营环境；④与被审计单位所处行业相关的会计和审计问题。

四、审计工作底稿的格式、内容和范围

1. 确定审计工作底稿的格式、内容和范围时应考虑的因素

在确定审计工作底稿的格式、内容和范围时，注册会计师应当考虑下列因素：

（1）实施审计程序的性质。通常，不同的审计程序会使注册会计师获取不同性质的审计证据，由此注册会计师可能会编制不同格式、内容和范围的审计工作底稿。如注册会计师编制的有关函证程序的审计工作底稿（包括询证函及回函、有关不符事项的分析等）和存货监盘程序的审计工作底稿（包括盘点表、注册会计师对存货的测试记录等）在内容、格式及范围方面是不同的。

（2）已识别的重大错报风险。识别和评估的重大风险水平的不同可能导致注册会计师实施的审计程序和获取的审计证据不尽相同。如果注册会计师识别出应收账款存在较高的重大错报风险，而其他应收款的重大错报风险较低，则注册会计师可能对应收账款实施较多的审计程序并获取较多的审计证据，因而对测试应收账款的记录会比针对测试其他应收款记录的内容多且范围广。

（3）在执行审计工作和评价审计结果时需要做出判断的范围。审计程序的选择和实施及审计结果的评价通常需要不同程度的职业判断。如运用非统计抽样的方法选取样本进行应收账款函证程序时，注册会计师可能基于应收账款账龄、以前的审计经验及是否为关联方欠款等因素，考虑哪些应收账款存在较高的重大错报风险，并运用职业判断在总体中选取样本，并对做出职业判断时的考虑事项进行适当的记录。因此，在做出职业判断时所考虑的因素及范围可能使注册会计师做出不同的内容和范围的记录。

（4）已获取审计证据的重要程度。注册会计师通过执行多项审计程序可能会获取不同的审计证据，有些审计证据的相关性和可靠性较高，有些质量则较差，注册会计师可能区分不同的审计证据进行有选择性的记录，因此，审计证据的重要程度也会影响审计工作底稿的格式、内容和范围。

（5）已识别的例外事项的性质和范围。有时注册会计师在执行审计程序时会发现例外事项，由此可能导致审计工作底稿在格式、内容和范围方面的不同。如某个函证的回函表明存在不符事项，如果在实施恰当的追查后发现该例外事项并未构成错报，注册会计师可能只在审计工作底稿中解释发生该例外事项的原因及影响。反之，如果该例外事项构成错报，注册会计师可能需要执行

额外的审计程序并获取更多的审计证据，由此编制的审计工作底稿在内容和范围方面可能有很大不同。

（6）当从已执行审计工作或获取审计证据的记录中不易确定结论或结论的基础时，记录结论或结论基础的必要性。在某些情况下，特别是在涉及复杂的事项时，注册会计师仅将已执行的审计工作或获取的审计证据记录下来，并不容易使其他有经验的注册会计师通过合理的分析，得出审计结论或结论的基础。此时注册会计师应当考虑是否需要进一步说明并记录得出结论的基础（即得出结论的过程）及该事项的结论。

（7）使用的审计方法和工具。所使用的审计方法和工具可能影响审计工作底稿的格式、内容和范围。如果使用计算机辅助审计技术对应收账款的账龄进行重新计算时，通常可以针对总体进行测试，而采用人工方式重新计算时，则可能会针对样本进行测试，由此形成的审计工作底稿会在格式、内容和范围方面有所不同。

考虑以上因素有助于注册会计师确定审计工作底稿的格式、内容和范围是否恰当。注册会计师在考虑以上因素时需注意，根据不同情况确定审计工作底稿的格式、内容和范围均是为达到编制审计工作底稿的目的，特别是提供证据的目的。例如，细节测试和实质性分析程序的审计工作底稿所记录的审计程序有所不同，但两类审计工作底稿都应当充分、适当地反映注册会计师执行的审计程序。

2. 审计工作底稿的要素

通常，审计工作底稿包括下列全部或部分要素：被审计单位名称；审计项目名称；审计项目时点或期间；审计过程记录；审计结论；审计标识及其说明；索引号及编号；编制者姓名及编制日期；复核者姓名及复核日期；其他应说明事项。

3. 审计过程记录

在记录审计过程时，应当特别注意以下几个方面：

（1）特定项目或事项的识别特征。在记录实施审计程序的性质、时间和范围时，注册会计师应当记录测试的特定项目或事项的识别特征。记录特定项目或事项的识别特征可以实现多种目的。如便于对例外事项或不符事项进行检查，以及对测试的项目或事项进行复核。

识别特征是指被测试的项目或事项表现出的征象或标志。识别特征因审计程序的性质和所测试的项目或事项不同而不同。对某一个具体项目或事项而言，其识别特征通常具有唯一性，这种特性可以使其他人员根据识别特征在总体中识别该项目或事项并重新执行该测试。为帮助理解，以下列举部分审计程序中所测试的样本的识别特征：

如在对被审计单位生成的订购单进行细节测试时，注册会计师可能以订购单的日期或编号作为测试订购单的识别特征。需要注意的是，在以日期或编号作为识别特征时，注册会计师需要同时考虑被审计单位对订购单编号的方式，若被审计单位按年对订购单依次编号，则识别特征是××年的××号；若被审计单位仅以序列号进行编号，则可以直接将该号码作为识别特征。

对于需要选取或复核既定总体内一定金额以下的所有项目的审计程序，注册会计师可能会以实施审计程序的范围作为识别特征，如总账中一定金额以上的所有会计分录。

对于需要系统化抽样的审计程序，注册会计师可能会通过记录样本的来源、抽样的起点及抽样间隔来识别已选取的样本，若被审计单位对发运单顺序编号，测试的发运单的识别特征可以是，对 4 月 1 日至 9 月 30 日的发运台账，从第 12345 号发运单开始每隔 125 号系统抽取发运单。

对于需要询问被审计单位中特定人员的审计程序，注册会计师可能会以询问的时间、被询问人的姓名及职位作为识别特征。

对于观察程序，注册会计师可能会以观察的对象或观察过程、观察的地点和时间作为识别特征。

（2）重大事项。注册会计师应当根据具体情况判断某一事项是否属于重大事项。重大事项通常包括：

1）引起特别风险的事项。如被审计单位所在行业出现罕见的大萧条等。

2）实施审计程序的结果，该结果表明财务信息可能存在重大错报，或需要修正以前对重大错报风险的评估和针对这些风险拟采取的应对措施。

3）导致注册会计师难以实施必要审计程序的情形。如在审计过程中无法实施函证，相应的科目又是重要的，没有满意的替代程序。

4）导致出具非标准审计报告的事项。注册会计师应当及时记录与管理层、治理层和其他人员对重大事项的讨论，包括讨论的内容、时间、地点和参加人员。

有关重大事项的记录可能分散在审计工作底稿的不同部分。将这些分散在审计工作底稿中的有关重大事项的记录汇总在重大事项概要中，不仅可以帮助注册会计师集中考虑重大事项对审计工作的影响，还便于审计工作的复核人员全面、快速地了解重大事项，从而提高复核工作的效率。对于大型、复杂的审计项目，重大事项概要的作用尤为重要。

重大事项概要包括审计过程中识别的重大事项及其如何得到解决，或对其他支持性审计工作底稿的交叉索引。

（3）针对重大事项如何处理矛盾或不一致的情况。如果识别出的信息与针对某重大事项得出的最终结论相矛盾或不一致，注册会计师应当记录形成最终结论时如何处理该矛盾或不一致的情况。

上述情况包括但不限于注册会计师针对该信息执行的审计程序、项目组成员对某事项的职业判断不同而向专业技术部门的咨询情况，以及项目组成员和被咨询人员不同意见（如项目组与专业技术部门的不同意见）的解决情况。

记录如何处理识别出的信息与针对重大事项得出的结论相矛盾或不一致的情况是非常必要的，它有助于注册会计师关注这些矛盾或不一致，并对此执行必要的审计程序以恰当地解决这些矛盾或不一致。

但是，对如何解决这些矛盾或不一致的记录要求并不意味着注册会计师需要保留不正确的或被取代的资料。如某些信息初步显示与针对某重大事项得出的最终结论相矛盾或不一致，注册会计师发现这些信息是错误的或不完整的，并且初步显示的矛盾或不一致可以通过获取正确或完整的信息得到满意的解决，则注册会计师无须保留这些错误或不完整的信息。此外，对于职业判断的差异，若初步的判断意见是基于不完整的资料或数据，则注册会计师也无须保留这些初步的判断意见。

4. 审计结论

注册会计师恰当地记录审计结论非常重要，注册会计师需要根据所实施的审计程序及获取的审计证据得出结论，并以此作为对财务报表形成审计意见的基础。在记录审计结论时需注意，在审计工作底稿中记录的审计程序和审计证据是否足以支持所得出的审计结论。

5. 审计标识及其说明

审计工作底稿中可使用各种审计标识，但应说明其含义，并保持前后一致。以下是注册会计师在审计工作底稿中列明标识并说明其含义的例子，供参考。在实务中，注册会计师也可以依据实际情况运用更多的审计标识。

∧：纵加核对。

＜：横加核对。

B：与上年结转数核对一致。

T：与原始凭证核对一致。

G：与总分类账核对一致。

S：与明细账核对一致。

T/B：与试算平衡表核对一致。

C：已发询证函。

C＼：已收回询证函。

6. 索引号及编号

通常，审计工作底稿需要注明索引号及顺序编号，相关审计工作底稿之间需要保持清晰的钩稽关系。在实务中，注册会计师可以按照所记录的审计工作的内容层次进行编号。如固定资产汇总表的编号为 C1，按类别列示的固定资产明细表的编号为 C1-1，以及列示单个固定资产原值及累计折旧的明细表编号，包括房屋建筑物（编号为 C1-1-1）、机器设备（编号为 C1-1-2）、运输工具（编号为 C1-1-3）及其他设备（编号为 C1-1-4）。相互引用时，需要在审计工作底稿中交叉注明索引号。

以下是不同审计工作底稿之间相互索引的例子，供参考。

例如，固定资产的原值、累计折旧及净值的总额应分别与固定资产明细表的数字互相钩稽。下面是从固定资产汇总表工作底稿（见表4-1）及固定资产明细表工作底稿（见表4-2）中节选的部分，以作相互索引的示范。

表4-1　固定资产汇总表（工作底稿索引号：C1）（节选）

工作底稿索引号	固定资产	20×2 年 12 月 31 日	20×1 年 12 月 31 日
C1-1	原值	×××	×××
C1-1	累计折旧	×××	×××
	净值	×××T/B∧	×××B∧

表4-2　固定资产明细表（工作底稿索引号：C1-1）（节选）

工作底稿索引号	固定资产	期初余额	本期增加	本期减少	期末余额
	原　值				
C1-1-1	1. 房屋建筑物	×××		×××	×××S
C1-1-2	2. 机器设备	×××	×××		×××S
C1-1-3	3. 运输工具	×××			×××S

续表

工作底稿索引号	固定资产	期初余额	本期增加	本期减少	期末余额
C1-1-4	4. 其他设备	×××			×××S
	小　计	×××B∧	×××∧	×××∧	×××<C1∧
	累计折旧				
C1-1-1	1. 房屋建筑物	×××			×××S
C1-1-2	2. 机器设备	×××	×××		×××S
C1-1-3	3. 运输工具	×××			×××S
C1-1-4	4. 其他设备	×××			×××S
	小　计	×××B∧	×××∧	×××∧	×××<C1∧
	净　值	×××B∧			×××C1∧

7. 编制人员和复核人员及日期

在记录实施审计程序的性质、时间和范围时，注册会计师应当记录：

（1）审计工作的执行人员及完成该项审计工作的日期。

（2）审计工作的复核人员及复核的日期和范围。

在需要项目质量控制复核的情况下，还需要注明项目质量控制复核人员及复核的日期。

通常，需要在每一张审计工作底稿上注明执行审计工作的人员和复核人员、完成该项审计工作的日期以及完成复核的日期。

五、审计工作底稿的归档

1. 审计工作底稿归档的性质

在出具审计报告前，注册会计师应完成所有必要的审计程序，取得充分、适当的审计证据并得出适当的审计结论。由此，在审计报告日后将审计工作底稿归整为最终审计档案是一项事务性的工作，不涉及实施新的审计程序或得出新的结论。

如果在归档期间对审计工作底稿做出的变动属于事务性的，注册会计师可以做出变动，主要包括：①删除或废弃被取代的审计工作底稿；②对审计工作底稿进行分类、整理和交叉索引；③对审计档案归整工作的完成核对表签字认可；④记录在审计报告日前获取的、与审计项目组相关成员进行讨论并取得一致意见的审计证据。

审计工作底稿通常不包括已被取代的审计工作底稿的草稿或财务报表的草稿、对不全面或初步思考的记录、存在印刷错误或其他错误而作废的文本，以及重复的文件记录等。由于这些草稿、错误的文本或重复的文件记录不直接构成审计结论和审计意见的支持性证据，因此，注册会计师通常无须保留这些记录，在审计工作底稿归档时予以清理。

归整审计档案时，有些会计师事务所将审计档案分为永久性档案和当期档案。这一分类主要是基于具体实务中对审计档案使用的时间。

（1）永久性档案，是指那些记录内容相对稳定，具有长期使用价值，并对以后审计工作具有重要影响和直接作用的审计档案。如被审计单位的组织结构、批准证书、营业执照、章程、重要资产的所有权或使用权的证明文件复印件等。若永久性档案中的某些内容已发生变化，注册会计师应当及时予以更新。为保持资料的完整性以便满足日后查阅历史资料的需要，永久性档案中被替换下的资料一般也需保留。如被审计单位因增加注册资本而变更了营业执照等法律文件，被替换的旧营业执照等文件。可以汇总在一起，与其他有效的资料分开，作为单独部分归整在永久性档案中。

（2）当期档案，是指那些记录内容经常变化，主要供当期和下期审计使用的审计档案。如总体审计策略和具体审计计划。

2. 审计工作底稿归档的期限

注册会计师应当按照会计师事务所质量控制政策和程序的规定，及时将审计工作底稿归整为最终审计档案。审计工作底稿的归档期限为审计报告日后60天内。如果注册会计师未能完成审计业务，审计工作底稿的归档期限为审计业务中止后的60天内。

如果针对客户的同一财务信息执行不同的委托业务，出具两个或多个不同的报告，会计师事务所应当将其视为不同的业务，根据会计师事务所内部制定的政策和程序，在规定的归档期限内分别将审计工作底稿归整为最终审计档案。

3. 审计工作底稿归档后的变动

（1）需要变动审计工作底稿的情形。一般情况下，在审计报告归档之后不需要对审计工作底稿进行修改或增加。注册会计师发现有必要修改现有审计工作底稿或增加新的审计工作底稿的情形主要有以下两种：

1）注册会计师已实施了必要的审计程序，取得了充分、适当的审计证据并得出了恰当的审计结论，但审计工作底稿的记录不够充分。

2）审计报告日后，发现例外情况要求注册会计师实施新的或追加审计程序，或导致注册会计师得出新的结论。例外情况主要是指审计报告日后发现与已审计财务信息相关，且在审计报告日已经存在的事实，该事实如果被注册会计师在审计报告日前获知，可能影响审计报告。如注册会计师在审计报告日后才获知法院在审计报告日前已对被审计单位的诉讼、索赔事项做出最终判决结果。例外情况可能在审计报告日后发现，也可能在财务报表报出日后发现，注册会计师应当按照《中国注册会计师审计准则第 1332 号——期后事项》第 4 章"财务报表报出后发现的事实"的相关规定，对例外事项实施新的或追加的审计程序。

（2）变动审计工作底稿时的记录要求。在完成最终审计档案的归整工作后，如果发现有必要修改现有审计工作底稿或增加新的审计工作底稿，无论修改或增加的性质如何，注册会计师均应当记录下列事项：

1）修改或增加审计工作底稿的时间和人员，以及复核的时间和人员。

2）修改或增加审计工作底稿的具体理由。

3）修改或增加审计工作底稿对审计结论产生的影响。

4. 审计工作底稿的保存期限

会计师事务所应当自审计报告日起，对审计工作底稿至少保存 10 年。如果注册会计师未能完成审计业务，会计师事务所应当自审计业务中止日起，对审计工作底稿至少保存 10 年。值得注意的是，对于连续审计的情况，当期归整的永久性档案虽然包括以前年度获取的资料（有可能是 10 年以前），但由于其作为本期档案的一部分，并作为支持审计结论的基础。因此，注册会计师对于这些对当期有效的档案，应视为当期取得并保存 10 年。如果这些资料在某个审计期间被替换，被替换资料可以从被替换的年度起至少保存 10 年。

在完成最终审计档案的归整工作后，注册会计师不得在规定的保存期限届满前删除或废弃审计工作底稿。

第五章　审计重要性和审计风险

学习目标

通过本章的学习，掌握审计业务约定书的基本概念、特征、种类；理解重要性的含义，掌握重要性水平的确定方法；理解审计风险的含义，掌握审计风险模型的使用方法；理解总体审计策略和具体审计计划的内容。

导读案例

2006 年，德勤会计师事务所全球 CEO 白礼德在出席博鳌亚洲论坛接受媒体采访时称，科龙电器涉嫌财务造假的行为属于"串通舞弊"，德勤在此中也是受害者。据相关媒体报道，白礼德所谓的"串通舞弊"，是指"一伙人，可能是公司内部，也可能含公司外部的人，联合起来欺骗股东，也包括欺骗审计师"。他认为，一个好的公司治理和内控机制是需要制衡的，而出现"串通舞弊"的情况，制衡就被打破了。在科龙事件中，真实的信息向监管机构包括审计师隐瞒，提供给审计师的数据，是伪造的数据。白礼德说，科龙事件中股东被骗了，德勤中国也被欺骗了，也是受害者。针对公众对德勤"失职"的疑问，白礼德认为，人们不能期望会计师事务所彻底"防患于未然"，会计师事务所能够降低舞弊的数量，但不能杜绝舞弊。

德勤是否可以因"串通舞弊"而免责？记者就此采访了财政部会计准则委员会咨询专家、北京大学光华管理学院会计系主任陆正飞教授。陆教授指出，国际审计准则要求注册会计师在了解被审计单位经营业务和相关内部会计控制的基础上，恰当地编制审计计划，合理制定和实施能够发现导致财务报表重大错报漏报的错误与舞弊的审计程序。同时，审计准则还特别强调，注册会计师在编制审计计划前，应当了解可能对财务报表产生重大影响的交易、事项、程序和惯例。

第一节　审计业务约定书

一、初步业务活动的目的和内容

1. 初步业务活动的目的

注册会计师在计划审计工作前，需要开展初步业务活动，以实现以下三个主要目的：第一，具备执行业务所需的独立性和能力；第二，不存在因管理层诚信问题而可能影响注册会计师保持该项业务的意愿的事项；第三，与被审计单位之间不存在对业务约定条款的误解。

2. 初步业务活动的内容

注册会计师在本期审计业务开始时应当开展下列初步业务活动：一是针对保持客户关系和具体审计业务实施相应的质量控制程序；二是评价遵守相关职业道德要求的情况；三是就审计业务约定条款达成一致意见。

二、审计业务约定书

审计业务约定书是指会计师事务所与被审计单位签订的，用以记录和确认审计业务的委托与受托关系、审计目标和范围、双方的责任以及报告的格式等事项的书面协议。会计师事务所承接任何审计业务，都应与被审计单位签订审计业务约定书。

1. 审计业务约定书的基本内容

审计业务约定书的具体内容和格式可能因被审计单位的不同而不同，但应当包括以下主要内容：

（1）财务报表审计的目标与范围。

（2）注册会计师的责任。

（3）管理层的责任。

（4）指出用于编制财务报表所适用的财务报告编制基础。

（5）提及注册会计师拟出具的审计报告的预期形式和内容，以及对在特定情况下出具的审计报告可能不同于预期形式和内容的说明。

2. 审计业务约定书的特殊考虑

如果情况需要，注册会计师还应当考虑在审计业务约定书中列明下列内容：

（1）详细说明审计工作的范围，包括提及适用的法律法规、审计准则，以及注册会计师协会发布的职业道德守则和其他公告。

（2）对审计业务结果的其他沟通形式。

（3）说明由于审计和内部控制的固有限制，即使审计工作按照审计准则的规定得到恰当的计划和执行，仍不可避免地存在某些重大错报未被发现的风险。

（4）计划和执行审计工作的安排，包括审计项目组的构成。

（5）管理层确认将提供书面声明。

（6）管理层同意向注册会计师及时提供财务报表草稿和其他所有附带信息，以使注册会计师能够按照预定的时间表完成审计工作。

（7）管理层同意告知注册会计师在审计报告日至财务报表报出日之间注意到的可能影响财务报表的事实。

（8）收费的计算基础和收费安排。

（9）管理层确认收到审计业务约定书并同意其中的条款。

（10）在某些方面对利用其他注册会计师和专家工作的安排。

（11）对审计涉及的内部审计人员和被审计单位其他员工工作的安排。

（12）在首次审计的情况下，与前任注册会计师（如存在）沟通的安排。

（13）说明对注册会计师责任可能存在的限制。

（14）注册会计师与被审计单位之间需要达成进一步协议的事项。

（15）向其他机构或人员提供审计工作底稿的义务。

第二节　总体审计策略和具体审计计划

审计计划分为总体审计策略和具体审计计划两个层次。注册会计师应针对总体审计策略中所识别的不同事项，制定具体审计计划，并考虑通过有效利用审计资源以实现审计目标。

一、总体审计策略

注册会计师应当为审计工作制定总体审计策略。总体审计策略用以确定审计范围、时间安排和方向，并指导具体审计计划的制定。在制定总体审计策略时，应当考虑以下主要事项：

1. 审计范围

在确定审计范围时，需要考虑下列具体事项：

（1）编制拟审计的财务信息所依据的财务报告编制基础，包括是否需要将财务信息调整至按照其他财务报告编制基础编制。

（2）特定行业的报告要求，如某些行业监管机构要求提交的报告。

（3）预期审计工作涵盖的范围，包括应涵盖的组成部分的数量及所在地点。

（4）母公司和集团组成部分之间存在的控制关系的性质，以确定如何编制合并财务报表。

（5）由组成部分注册会计师审计组成部分的范围。

（6）拟审计的经营分部的性质，包括是否需要具备专门知识。

（7）外币折算，包括外币交易的会计处理、外币财务报表的折算和相关信息的披露。

（8）除为合并目的执行的审计工作外，对个别财务报表进行法定审计的需求。

（9）内部审计工作的可获得性及注册会计师拟信赖内部审计工作的程度。

（10）被审计单位使用服务机构的情况，以及注册会计师如何取得有关服务机构内部控制设计和运行有效性的证据。

（11）对利用在以前审计工作中获取的审计证据（如获取的与风险评估程序和控制测试相关的审计证据）的预期。

（12）信息技术对审计程序的影响，包括数据的可获得性和对使用计算机辅助审计技术的预期。

（13）协调审计工作与中期财务信息审阅的预期涵盖范围和时间安排，以及中期审阅所获取的信息对审计工作的影响。

（14）与被审计单位人员的时间协调和相关数据的可获得性。

2. 报告目标、时间安排及所需沟通的性质

为计划报告目标、时间安排和所需沟通，需要考虑下列事项：

（1）被审计单位对外报告的时间表，包括中间阶段和最终阶段。

（2）与管理层和治理层举行会谈，讨论审计工作的性质、时间安排和范围。

（3）与管理层和治理层讨论注册会计师拟出具的报告的类型和时间安排以及沟通的其他事项（口头或书面沟通），包括审计报告、管理建议书和向治理层通报的其他事项。

（4）与管理层讨论预期就整个审计业务中对审计工作的进展进行的沟通。

（5）与组成部分注册会计师沟通拟出具的报告的类型和时间安排，以及与组成部分审计相关的其他事项。

（6）项目组成员之间沟通的预期的性质和时间安排，包括项目组会议的性质和时间安排，以及复核已执行工作的时间安排。

（7）预期是否需要和第三方进行其他沟通，包括与审计相关的法定或约定的报告责任。

3. 审计方向

总体审计策略的制定应当包括考虑影响审计业务的重要因素，以确定项目组工作方向，包括确定适当的重要性水平，初步识别可能存在较高的重大错报风险的领域，初步识别重要的组成部分和账户余额，评价是否需要针对内部控制的有效性获取审计证据，识别被审计单位、所处行业、财务报告要求及其他相关方面最近发生的重大变化等。

在确定审计方向时，注册会计师需要考虑下列事项：

（1）重要性方面。具体包括：

1）为计划目的确定重要性；

2）为组成部分确定重要性且与组成部分的注册会计师沟通；

3）在审计过程中重新考虑重要性；

4）识别重要的组成部分和账户余额。

（2）重大错报风险较高的审计领域。

（3）评估的财务报表层次的重大错报风险对指导、监督及复核的影响。

（4）项目组人员的选择（在必要时包括项目质量控制复核人员）和工作分工，包括向重大错报风险较高的审计领域分派具备适当经验的人员。

（5）项目预算，包括考虑为重大错报风险可能较高的审计领域分配适当

的工作时间。如何向项目组成员强调在收集和评价审计证据过程中保持职业怀疑必要性的方式。

(6) 以往审计中对内部控制运行有效性评价的结果，包括所识别的控制缺陷的性质及应对措施。

(7) 管理层重视设计和实施健全的内部控制的相关证据，包括这些内部控制得以适当记录的证据。

(8) 业务交易量规模，以基于审计效率的考虑确定是否依赖内部控制。

(9) 对内部控制重要性的重视程度。

(10) 影响审计单位经营的重大发展变化，包括信息技术和业务流程的变化，关键管理人员变化以及收购、兼并和分立。

(11) 重大的行业发展情况，如行业法规变化和新的报告规定。

(12) 会计准则及会计制度的变化。

(13) 其他重大变化，如影响被审计单位的法律环境的变化。

4. 审计资源

注册会计师应当在总体审计策略中清楚地说明审计资源的规划和调配，包括确定执行审计业务所必需的审计资源的性质、时间安排和范围。

(1) 向具体审计领域调配的资源，包括向高风险领域分派有适当经验的项目组成员，就复杂的问题利用专家工作等。

(2) 向具体审计领域分配资源的多少，包括分派到重要地点进行存货监盘的项目组成员的人数，在集团审计中复核组成部分注册会计师工作的范围，向高风险领域分配的审计时间预算等。

(3) 何时调配这些资源，包括是在期中审计阶段还是在关键的截止日期调配资源等。

(4) 如何管理、指导、监督这些资源的利用，包括预期何时召开项目组预备会和总结会，预期项目合伙人和经理如何进行复核，是否需要实施项目质量控制复核等。

二、具体审计计划

注册会计师应当为审计工作制定具体审计计划。具体审计计划比总体审计策略更加详细，其内容包括为获取充分、适当的审计证据以将审计风险降至可接受的低水平，项目组成员拟实施的审计程序的性质、时间和范围。可以说，为获取充分、适当的审计证据，而确定审计程序的性质、时间和范围的决策是具体审计计划的核心。具体审计计划应当包括风险评估程序、计划实施的进一步审计程序和其他审计程序。

1. 风险评估程序

具体审计计划应当包括按照《中国注册会计师审计准则第 1211 号——通过了解被审计单位及其环境识别和评估重大错报风险》的规定，为了足够识别和评估财务报表重大错报风险，注册会计师计划实施的风险评估程序的性质、时间安排和范围。

2. 计划实施的进一步审计程序

具体审计计划应当包括按照《中国注册会计师审计准则第 1231 号——针对评估的重大错报风险采取的应对措施》的规定，针对评估的认定层次的重大错报风险，注册会计师计划实施的进一步审计程序的性质、时间和范围。进一步审计程序包括控制测试和实质性程序。

3. 计划其他审计程序

具体审计计划应当包括根据审计准则的规定，注册会计师针对审计业务需要实施的其他审计程序。计划的其他审计程序可以包括上述进一步程序的计划中没有涵盖的、根据其他审计准则的要求注册会计师应当执行的既定程序。

三、审计过程中对计划的更改

计划审计工作并非审计业务的一个孤立阶段，而是一个持续的、不断修正的过程，贯穿整个审计业务的始终。由于未预期事项、条件的变化或在实施审计程序中获取的审计证据等原因，在审计过程中，注册会计师应当在必要时对总体审计策略和具体审计计划做出更新和修改。

审计过程可以分为不同阶段，通常前面阶段的工作结果会对后面阶段的工作计划产生一定的影响，而后面阶段的工作过程中又可能发现需要对已制定的相关计划进行相应的更新和修改。通常来讲，这些更新和修改涉及比较重要的事项。如对重要性水平的修改，对某类交易、账户余额和披露的重大错报风险的评估和进一步审计程序（包括总体方案和拟实施的具体审计程序）的更新和修改等。一旦计划被更新和修改，审计工作也就应当进行相应的修正。

如果在制定审计计划时，注册会计师基于对材料采购交易的相关控制的设计和执行获取的审计证据，认为相关控制设计合理并得以执行，因此未将其评价为高风险领域并且计划执行控制测试。但是在执行控制测试时获得的审计证据与审计计划阶段获得的审计证据相矛盾，注册会计师认为该类交易的控制没有得到有效执行，此时，注册会计师可能需要修正对该类交易的风险评估，并基于修正的评估风险修改计划的审计方案，如采用实质性的方案。

第三节　审计重要性和审计风险

审计重要性是审计学的一个基本概念。审计重要性概念的运用贯穿整个审计过程。在计划审计工作时，注册会计师应当考虑导致财务报表发生重大错报的原因，并应当在了解被审计单位及其环境的基础上，确定一个可接受的重要性水平，即首先为财务报表层次确定重要性水平，以发现在金额上重大的错报。同时，注册会计师还应当评估各类交易、账户余额和披露认定层次的重要性，以便确定进一步审计程序的性质、时间安排和范围，将审计风险降至可接受的低水平。在确定审计意见类型时，注册会计师也需要考虑重要性水平。

一、重要性的含义

财务报告编制基础通常从编制和披露财务报表的角度阐释重要性概念。财务报表编制基础可能以不同的术语解释重要性，但通常而言，重要性概念可从下列方面进行理解：

（1）如果合理预期错报（包括漏报）单独或汇总起来可能影响财务报表使用者依据财务报表做出的经济决策，则通常认为错报是重大的。

（2）对重要性的判断是根据具体环境做出的，并受错报的金额或性质的影响，或受两者共同作用的影响。

（3）判断某事项对财务报表使用者是否重大，是在考虑财务报表使用者整体共同的财务信息需求的基础上做出的。由于不同财务报表使用者对财务信息的需求可能差异很大，因此不考虑错报对个别财务报表使用者可能产生的影响。

在审计开始时，就必须对重大错报的规模和性质做出一个判断，包括制定财务报表层次的重要性和特定交易类别、账户余额和披露的重要性水平。当错报金额低于整体重要性水平时，就很可能被合理预期，将对使用者根据财务报表做出的经济决策产生影响。

审计中可能存在未被发现的错报和不重大错报汇总后就变成重大错报的情

况。为允许可能存在的这种情况，注册会计师应当制定一个比重要性水平更低的金额，以便评估风险和设计进一步审计程序。注册会计师使用整体重要性水平（将财务报表作为整体）的目的有：①决定风险评估程序的性质、时间安排和范围；②识别和评估重大错报风险；③确定进一步审计程序的性质、时间安排和范围。在整个业务过程中，随着审计工作的进展，注册会计师应当根据所获得的新信息更新重要性。在形成审计结论阶段，要使用整体重要性水平和为了特定交易类别、账户余额和披露而制定的较低金额的重要性水平来评价已识别的错报对财务报表的影响和对审计报告中审计意见的影响。

二、审计风险

在执行审计业务时，注册会计师应当考虑重要性及重要性与审计风险的关系。注册会计师审计风险是指财务报表存在重大错报时注册会计师发表不恰当审计意见的可能性。可接受的审计风险的确定，需要考虑会计师事务所对审计风险的态度、审计失败对会计师事务所可能造成损失的大小等因素。其中，审计失败对会计师事务所可能造成的损失大小又受所审计财务报表的用途、使用者的范围等因素的影响。但必须注意，审计业务是一种保证程度高的鉴证业务，可接受的审计风险应当足够低，以使注册会计师能够合理保证所审计财务报表不含重大错报。审计风险取决于重大错报风险和检查风险。

1. 重大错报风险

重大错报风险是指财务报表在审计前存在重大错报的可能性。重大错报风险与被审计单位的风险相关，且独立存在于财务报表的审计中。在设计审计程序以确定财务报表整体是否存在重大错报时，注册会计师应当从财务报表层次和各类交易、账户余额和披露认定层次方面考虑重大错报风险。《中国注册会计师审计准则第1211号——通过了解被审计单位及其环境识别和评估重大错报风险》对注册会计师如何评估财务报表层次和认定层次的重大错报风险提出了详细的要求。

（1）两个层次的重大错报风险。财务报表层次重大错报风险与财务报表整体存在广泛联系，可能影响多项认定。此类风险通常与控制环境有关，但也可能与其他因素有关，如经济萧条。此类风险难以界定于某类交易、账户余额和披露的具体认定；相反，此类风险增大了任何数目的不同认定发生重大错报的可能性，对注册会计师考虑由舞弊引起的风险特别相关。

注册会计师评估财务报表层次重大错报风险的措施包括：考虑审计项目组

承担重要责任的人员的学识、技术和能力，是否需要专家介入；考虑给予业务助理人员适当程度的监督指导；考虑是否存在导致注册会计师怀疑被审计单位持续经营假设合理性的事项或情况。

注册会计师同时考虑各类交易、账户余额和披露认定层次的重大错报风险，考虑的结果直接有助于注册会计师确定认定层次上实施的进一步审计程序的性质、时间安排和范围。注册会计师在各类交易、账户余额和披露认定层次获取审计证据，以便能够在审计工作完成时，以可接受的低审计风险水平对财务报表整体发表审计意见。《中国注册会计师审计准则第 1231 号——针对评估的重大错报风险采取的应对措施》对注册会计师针对评估的认定层次重大错报风险如何设计和执行进一步的审计程序，提出了详细的要求。

（2）固有风险和控制风险。认定层次的重大错报风险又可以进一步细分为固有风险和控制风险。

固有风险是指在考虑相关的内部控制之前，某类交易、账户余额或披露的某一认定易于发生错报（该错报单独或连同其他错报可能是重大的）的可能性。

某些类别的交易、账户余额和披露及其认定，固有风险较高。如复杂的计算比简单计算更可能出错；受重大计量不确定性影响的会计估计发生错报的可能性较大。产生经营风险的外部因素也可能影响固有风险，如技术进步可能导致某项产品陈旧，进而导致存货易于发生高估错报（计价认定）。被审计单位及其环境中的某些因素还可能与多个甚至所有类别的交易、账户余额和披露有关，进而影响多个认定的固有风险。这些因素包括维持经营的流动资金匮乏、被审计单位处于夕阳行业等。

控制风险是指某类交易、账户余额或披露的某一认定发生错报，该错报单独或连同其他错报是重大的，但没有被内部控制及时防止或发现并纠正的可能性。控制风险取决于与财务报表编制有关的内部控制的设计和运行的有效性。由于控制的固有局限性，某种程度的控制风险始终存在。

2. 检查风险

检查风险是指如果存在某一错报，该错报单独或连同其他错报可能是重大的，注册会计师为将审计风险降至可接受的低水平而实施程序后没有发现这种错报的风险。检查风险取决于审计程序设计的合理性和执行的有效性。由于注册会计师通常并不对所有的交易、账户余额和披露进行检查，以及其他原因，检查风险不可能降低为零。其他原因包括注册会计师可能选择了不恰当的审计程序、审计过程执行不当，或者错误解读了审计结论。这些其他因素可以通过适当计划、在项目组成员之间进行恰当的职责分配、保持职业怀疑态度以及监督、指导和复核助理人员所执行的审计工作得以解决。

3. 检查风险与重大错报风险的反向关系

在既定的审计风险水平下，可接受的检查风险水平与认定层次重大错报风险的评估结果呈反向关系。评估的重大错报风险越高，可接受的检查风险越低；评估的重大错报风险越低，可接受的检查风险越高。检查风险与重大错报风险的反向关系表示如下：

审计风险＝重大错报风险×检查风险

这个模型也就是审计风险模型。假设针对某一认定，注册会计师将可接受的审计风险水平设定为5%，注册会计师实施风险评估程序后将重大错报风险评估为25%，则根据这一模型，可接受的检查风险为20%。当然，实务中，注册会计师不一定用绝对数量表达这些风险水平，而是选用"高"、"中"、"低"等文字描述。

注册会计师应当合理设计审计程序的性质、时间安排和范围，并有效执行审计程序，以控制检查风险。上例中，注册会计师根据确定的可接受检查风险（20%），设计审计程序的性质、时间安排和范围。审计计划在很大程度上围绕确定审计程序的性质、时间安排和范围而展开。

三、重要性水平的确定

在计划审计工作时，注册会计师应当确定一个可接受的重要性水平，以发现在金额上重大的错报。注册会计师在确定计划的重要性水平时，需要考虑对被审计单位及其环境的了解、审计的目标、财务报表各项目的性质及其相互关系、财务报表项目的金额及其波动幅度。同时，还应当从性质和数量两个方面合理确定重要性水平。

1. 从性质方面考虑重要性

在某些情况下，金额相对较少的错报可能会对财务报表产生重大影响。如一项不重大的违法支付或者没有遵循某项法律规定，但该支付或违法行为可能导致一项重大的或有负债、重大的资产损失或者收入损失，就应认为上述事项是重大的。下面描述了可能构成重要性的因素：

（1）对财务报表使用者需求的感知。他们对财务报表的哪一方面最感兴趣。

（2）获利能力趋势。

（3）因没有遵守货款契约、合同约定、法规条款和法定的或常规的报告要求而产生错报的影响。

（4）计算管理层报酬（资金等）的依据。

（5）由于错误或舞弊而使一些账户项目对损失的敏感性。

（6）重大或有负债。

（7）通过一个账户处理大量的、复杂的和相同性质的个别交易。

（8）关联方交易。

（9）可能的违法行为、违约和利益冲突。

（10）财务报表项目的重要性、性质、复杂性和组成。

（11）可能包含了高度主观性的估计、分配或不确定性。

（12）管理层的偏见。管理层是否有动机将收益最大化或者最小化。

（13）管理层一直不愿意纠正已报告的与财务报告相关的内部控制的缺陷。

（14）与账户相关联的核算与报告的复杂性。

（15）自前一个会计期间以来账户特征发生的改变（如新的复杂性、主观性或交易的种类）。

（16）个别极其重大但不同的错报抵消产生的影响。

2. 从数量方面考虑重要性

（1）财务报表整体的重要性。由于财务报表审计的目标是注册会计师通过执行审计工作对财务报表发表审计意见，因此，注册会计师应当考虑财务报表层次的重要性。只有这样，才能得出财务报表是否公允反映的结论。注册会计师在制定总体审计策略时，应当确定财务报表整体的重要性。

确定多大错报会影响财务报表使用者所做决策，是注册会计师运用职业判断的结果。很多注册会计师根据所在会计师事务所的惯例及自己的经验，考虑重要性。

确定重要性需要运用职业判断。通常先选定一基准，再乘以某一百分比作为财务报表整体的重要性。在选择基准时，需要考虑的因素包括：

1）财务报表要素（如资产、负债、所有者权益、收入和费用）。

2）是否存在特定会计主体的财务报表使用者特别关注的项目（如为了评价财务业绩，使用者可能更关注利润、收入或净资产）。

3）被审计单位的性质、所处的生命周期阶段以及所处行业和经济环境。

4）被审计单位的所有权结构和融资方式（如果被审计单位仅通过债务而非权益进行融资，财务报表使用者可能更关注资产及资产的索偿权，而非被审计单位的收益）。

5）基准的相对波动性。适当的基准取决于被审计单位的具体情况，包括各类报表收益（如税前利润、营业收入、毛利和费用总额），以及所有者权益或净资产。对于以营利为目的的实体，通常以经常性业务的税前利润作为基准。如果经常性业务的税前利润不稳定，选用其他基准可能更加合适，如毛利或营业收入。就选定的基准而言，相关的财务数据通常包括前期财务成果和财务状况、本期最新的财务成果和财务状况、本期的预算和预测结果。当然，本期最新的财务成果和财务状况、本期的预算和预测结果需要根据被审计单位情况的重大变化（如重大的企业并购）和被审计单位所处行业和经济环境情况的相关变化等做出调整。如当按照经常性业务的税前利润的一定百分比确定被审计单位财务报表整体的重要性时，如果被审计单位本年度税前利润因情况变化出现意外增加或减少，注册会计师可能认为按照近几年经常性业务的平均税前利润确定财务报表整体的重要性更加合适。

为选定的基准确定百分比需要运用职业判断。百分比和选定的基准之间存在一定的联系，如经常性业务的税前利润对应的百分比通常比营业收入对应的百分比要高。对以营利为目的的制造行业实体，注册会计师可能认为经常性业务的税前利润的5%是适当的；而对非营利组织，注册会计师可能认为总收入或费用总额的1%是适当的。百分比无论是高一些还是低一些，只要符合具体情况，都是适当的。

注册会计师在确定重要性水平时，不需考虑与具体项目计量相关的固有不确定性。如财务报表含有高度不确定性的大额估计，注册会计师并不会因此而确定一个比不含有该估计的财务报表整体的重要性更高或更低的重要性。

（2）特定类别交易、账户余额或披露的重要性水平。根据被审计单位的特定情况，下列因素可能表明存在一个或多个特定类别的交易、账户余额或披露，其发生的错报金额虽然低于财务报表整体的重要性，但合理预期将影响财务报表使用者依据财务报表做出的经济决策：

1）法律法规或适用的财务报告编制基础是否影响财务报表使用者对特定项目（如关联方交易、管理层和治理层的薪酬）计量或披露的预期。

2）与被审计单位所处行业相关的关键性披露（如制药企业的研究与开发成本）。

3）财务报表使用者是否特别关注财务报表中单独披露的业务的特定方面（如新收购的业务）。

在根据被审计单位的特定情况考虑是否存在上述交易、账户余额或披露时，注册会计师可能会发现治理层和管理层的看法和预期是有用的。

3. 实际执行的重要性

实际执行的重要性，是指注册会计师确定的低于财务报表整体重要性的一个或多个金额，旨在将未更正和未发现错报的汇总数超过财务报表整体的重要性的可能性降至适当的低水平。如果适用，实际执行的重要性还指注册会计师确定的低于特定类别的交易、账户余额或披露的重要性水平的一个或多个金额。

仅为发现单项重大的错报而计划审计工作将忽视这样一个事实，即单项非重大错报的汇总数可能导致财务报表出现重大错报，更不用说还没有考虑可能存在的未发现错报。确定财务报表整体的实际执行的重要性（根据定义可能是一个或多个金额），旨在将财务报表中未更正和未发现错报的汇总数超过财务报表整体的重要性的可能性降至适当的低水平。

与确定特定类别的交易、账户余额或披露的重要性水平相关的实际执行的重要性，旨在将这些交易、账户余额或披露中未更正与未发现错报的汇总数超过这些交易、账户余额或披露的重要性水平的可能性降至适当的低水平。

确定实际执行的重要性并非简单机械的计算，需要注册会计师运用职业判断，并考虑下列因素的影响：①对被审计单位的了解（这些了解在实施风险评估程序的过程中得到更新）；②前期审计工作中识别出的错报的性质和范围；③报据前期识别出的错报对本期错报做出的预期。

通常而言，实际执行的重要性通常为财务报表整体重要性的 50% ~75%。接近财务报表整体重要性 50% 的情况：①经常性审计；②以前年度审计调整较多项目总体风险较高（如处于高风险行业，经常面临较大市场压力，首次承接的审计项目或者需要出具特殊目的报告等）。接近财务报表整体重要性 75% 的情况：①经常性审计，以前年度审计调整较少；②项目总体风险较低（如处于低风险行业，市场压力较小）。

4. 审计过程中修改重要性

由于存在下列原因，注册会计师可能需要修改财务报表整体的重要性和特定类别的交易、账户余额或披露的重要性水平（如适用）：①审计过程中情况发生重大变化（如决定处置被审计单位的一个重要组成部分）；②获取新信息；③通过实施进一步审计程序，注册会计师对被审计单位及其经营的了解发生变化。如注册会计师在审计过程中发现，实际财务成果与最初确定财务报表整体的重要性时使用的预期本期财务成果相比存在很大差异，则需要修改重要性。

5. 重要性与审计风险的关系

重要性与审计风险之间存在反向关系。重要性水平越高，审计风险越低；重要性水平越低，审计风险越高。这里所说的重要性水平高低指的是金额的大小。通常，4000 元的重要性水平比 2000 元的重要性水平高。在理解两者之间的关系时必须注意，重要性水平是注册会计师从财务报表使用者的角度进行判断的结果。如果重要性水平是 4000 元，则意味着低于 4000 元的错报不会影响到财务报表使用者的决策，此时注册会计师需要通过执行有关审计程序合理保证能发现高于 4000 元的错报。如果重要性水平是 2000 元，则金额在 2000 元以上的错报就会影响财务报表使用者的决策，此时注册会计师需要通过执行有关审计程序合理保证能发现金额在 2000 元以上的错报。显然，重要性水平为 2000 元时审计不出这样的重大错报的可能性即审计风险，要比重要性水平为 4000 元时的审计风险高。审计风险越高，越要求注册会计师收集更多、更有效的审计证据，以将审计风险降至可接受的低水平。因此，重要性和审计证据之间也是反向变动关系。

值得注意的是，注册会计师不能通过不合理地人为调高重要性水平来降低审计风险。因为重要性是依据重要性概念中所述的判断标准确定的，而不是由主观期望的审计风险水平决定。

由于重要性和审计风险存在上述反向关系，而且这种关系对注册会计师将要执行的审计程序的性质、时间安排和范围有直接的影响，因此，注册会计师应当综合考虑各种因素，合理确定重要性水平。

四、评价审计过程中识别出的错报

1. 错报的定义

错报，是指某一财务报表项目的金额、分类、列报或披露，与按照适用的财务报告编制基础应当列示的金额、分类、列报或披露之间存在的差异；或根据注册会计师的判断，为使财务报表在所有重大方面实现公允反映，需要对金额、分类、列报或披露做出的必要调整。

错报可能由下列事项导致：

（1）收集或处理用以编制财务报表的数据时出现错误。

（2）遗漏某项金额或披露。

（3）由于疏忽或明显误解有关事实导致做出不正确的会计估计。

（4）注册会计师认为管理层对会计估计做出不合理的判断或对会计政策做出不恰当的选择和运用。

2. 累积识别出的错报

注册会计师可能将低于某一金额的错报界定为明显微小的错报，对这类错报不需要累积，因为注册会计师认为这些错报的汇总数明显不会对财务报表产生重大影响。"明显微小"不等同于"不重大"。明显微小错报的金额的数量级，与按照《中国注册会计师审计准则第 1221 号——计划和执行审计工作时的重要性》确定的重要性的数量级相比，是完全不同的（明显微小错报的数量级更小）。这些明显微小的错报，无论单独或者汇总起来，无论从规模、性质或其发生的环境来看都是明显微不足道的。如果不确定一个或多个错报是否明显微小，就不能认为这些错报是明显微小的。

为了帮助注册会计师评价审计过程中累积的错报的影响以及与管理层和治理层沟通错报事项，将错报区分为事实错报、判断错报和推断错报可能是有用的。

（1）事实错报是毋庸置疑的错报。这类错报产生于被审计单位收集和处理数据的错误，对事实的忽略或误解，或故意舞弊行为。如注册会计师在审计测试中发现最近购入存货的实际价值为 15000 元，但账面记录的金额却为 10000 元。因此，存货和应付账款分别被低估了 5000 元，这里被低估的 5000 元就是已识别的对事实的具体错报。

（2）判断错报。由于注册会计师认为管理层对会计估计做出不合理的判断或不恰当地选择和运用会计政策而导致的差异。这类错报产生于两种情况：一是管理层和注册会计师对会计估计值的判断差异，如由于包含在财务报表中的管理层做出的估计值超出了注册会计师确定的一个合理范围，导致出现判断差异；二是管理层和注册会计师对选择和运用会计政策的判断差异，由于注册会计师认为管理层选用会计政策造成错报，管理层却认为选用会计政策适当，导致出现判断差异。

（3）推断错报。注册会计师对总体存在的错报做出的最佳估计数，涉及根据在审计样本中识别出的错报来推断总体的错报。推断错报通常包括：

1）通过测试样本估计出的总体的错报减去在测试中发现的已经识别的具

体错报。如应收账款年末余额为 2000 万元，注册会计师抽查 10% 样本发现金额有 100 万元的高估，高估部分为账面金额的 20%，据此注册会计师推断总体的错报金额为 400 万元（即 2000×20%），那么上述 100 万元就是已识别的具体错报，其余 300 万元即推断误差。

2）通过实质性分析程序推断出的会计错报。如注册会计师根据客户的预算资料及行业趋势等要素，对客户年度销售费用独立做出估计，并与客户账面金额比较，发现两者间有 50% 的差异；考虑到估计的精确性有限，注册会计师根据经验认为 10% 的差异通常是可接受的，而剩余 40% 的差异需要有合理解释并取得佐证性证据；假定注册会计师对其中 10% 的差异无法得到解释或不能取得佐证，则该部分差异金额即为推断误差。

3. 对审计过程识别出的错报的考虑

错报可能不会孤立发生，一项错报的发生还可能表明存在其他错报。如注册会计师识别出由于内部控制失效而导致的错报，或被审计单位广泛运用不恰当的假设或评估方法而导致的错报，均可能表明还存在其他错报。

抽样风险和非抽样风险可能导致某些错报未被发现。审计过程中累积错报的汇总数接近按照《中国注册会计师审计准则第 1221 号——计划和执行审计工作时的重要性》的规定确定的重要性，则表明存在比可接受的低风险更大的风险，即可能未被发现的错报连同审计过程中累积错报的汇总数，可能超过重要性。

注册会计师可能要求管理层检查某类交易、账户余额或披露，以使管理层了解注册会计师识别出的错报的产生原因，并要求管理层采取措施以确定这些交易、账户余额或披露实际发生错报的金额，以及对财务报表做出适当的调整。如在从审计样本中识别出的错报推断总体错报时，注册会计师可能提出这些要求。

4. 错报的沟通和更正

及时与适当层级的管理层沟通错报事项是重要的，因为这能管理层评价这些事项是否为错报，并采取必要行动，如有异议则告知注册会计师。适当层级的管理层通常是指有责任和权限对错报进行评价并采取必要行动的人员。

法律法规可能限制注册会计师向管理层或被审计单位内部的其他人员通报某些错报。如法律法规可能专门规定禁止通报某事项或采取其他行动，这些通报或行动可能不利于有关权力机构对实际存在的或怀疑存在的违法行为展开调查。在某些情况下，注册会计师的保密义务与通报义务之间存在的潜在冲突可能很复杂。此时，注册会计师可以考虑征询法律意见。

管理层更正所有错报（包括注册会计师通报的错报），能够保持会计账簿和记录的准确性，降低由于与本期相关的、非重大的且尚未更正的错报的累积影响而导致未来期间财务报表出现重大错报的风险。

《中国注册会计师审计准则第 1501 号——对财务报表形成审计意见和出具审计报告》要求，注册会计师评价财务报表是否在所有重大方面按照适用的财务报告编制和基础编制。这项评价包括考虑被审计单位会计实务的质量（包括表明管理层的判断可能出现偏向的迹象）。注册会计师管理层不更正错报的理由的理解，可能影响其对被审计单位会计实务质量的考虑。

5. 评价未更正错报的影响

未更正错报，是指注册会计师在审计过程中累积的且被审计单位未予更正的错报。注册会计师在确定重要性时，通常依据对被审计单位财务结果的估计，因为此时可能尚不知道实际的财务结果。因此，在评价未更正错报的影响之前，注册会计师可能有必要依据实际的财务结果对重要性做出修改。如果在审计过程中获知了某项信息，而该信息可能导致注册会计师确定与原来不同的财务报表整体重要性或者特定类别交易、账户余额或披露的一个或多个重要性水平（如适用），注册会计师应予以修改。因此，在注册会计师评价未更正错报的影响之前，可能已经对重要性或重要性水平（如适用）做出重大修改。但是，如果注册会计师对重要性或重要性水平（如适用）进行的重新评价导致需要确定较低的金额，则应重新考虑实际执行的重要性和进一步审计程序的性质、时间安排和范围的适当性，以获取充分、适当的审计证据，作为发表审计意见的基础。

注册会计师需要考虑每一单项错报，以评价其对相关类别的交易、账户余额或披露的影响，包括评价该项错报是否超过特定类别的交易、账户余额或披露的重要性水平（如适用）。如果注册会计师认为某一单项错报是重大的，则该项错报不太可能被其他错报抵消。如果收入存在重大高估，即使这项错报对收益的影响完全可被相同金额的费用高估所抵消，注册会计师仍认为财务报表整体存在重大错报。对于同一账户余额或同一类别的交易内部的错报，这种抵消可能是适当的。然而，在得出抵消非重大错报是适当的这一结论之前，需要考虑可能存在其他未被发现的错报的风险。

确定一项分类错报是否重大，需要进行定性评估。如分类错报对负债或其他合同条款的影响、对单个财务报表项目或小计数的影响以及对关键比率的影响。即使分类错报超过了在评价其他错报时运用的重要性水平，注册会计师可能仍然认为该分类错报对财务报表整体不产生重大影响。如果资产负债表项目之间的分类错报金额相对于所影响的资产负债表项目金额较小，并且对利润表或所有关键比率不产生影响，注册会计师可以认为这种分类错报对财务报表整体不产生重大影响。即使某些错报低于财务报表整体的重要性，但因与这些错报相关的某些情况，在将其单独或连同在审计过程中累积的其他错报一并考虑时，注册会计师也可能将这些错报评价为重大错报。

可能影响评价的情况包括：

（1）错报对遵守监管要求的影响程度。

（2）错报对遵守债务合同或其他合同条款的影响程度。

（3）错报与会计政策的不正确选择或运用相关，这些会计政策的不正确选择或运用对当期财务报表不产生重大影响，但可能对未来期间财务报表产生重大影响。

（4）错报掩盖收益的变化或其他趋势的程度（尤其是在结合宏观经济背景和行业状况进行考虑时）。

（5）错报对用于评价被审计单位财务状况、经营成果或现金流量的有关比率的影响程度。

（6）错报对财务报表中披露的分部信息的影响程度。如错报事项对某一分部或对被审计单位的经营或盈利能力有重大影响的其他组成部分的重要程度。

（7）错报对增加管理层薪酬的影响程度。如管理层通过达到有关奖金或其他激励政策规定的要求以增加薪酬。

（8）相对于注册会计师所了解的以前向财务报表使用者传达的信息（如盈利预测），错报是重大的。

（9）错报对涉及特定机构或人员的项目的相关程度。如与被审计单位发生交易的外部机构或人员是否与管理层成员有关联关系。

（10）错报涉及对某些信息的遗漏，尽管适用的财务报告编制基础未对这些信息做出明确规定，但是注册会计师根据职业判断认为这些信息对财务报表使用者了解被审计单位的财务状况、经营成果或现金流量是重要的。

（11）错报对其他信息（如包含在"管理层讨论与分析"或"经营与财务回顾"中的信息）的影响程度，这些信息与已审计财务报表一同披露，并被合理预期可能影响财务报表使用者做出的经济决策。

第六章　审计抽样

学习目标

　　通过本章的学习，理解审计抽样及其各种风险；掌握抽取样本的各种方法；理解审计抽样在控制测试和实质性程序中的应用。

导读案例

　　1924 年，厄特马斯公司对道奇与尼文会计师事务所的诉讼案在纽约地方法院进行审理。厄特马斯公司的律师陈述，道奇与尼文会计师事务所的审计人员应该很轻易地查出斯特公司在 1923 年 12 月 31 日的资产负债表中，虚增了 70 多万美元应收账款项目这一事实。这个虚构事项如果被纠正的话，将使斯特公司报告的净资产减少近 70%。那么厄特马斯公司也就不可能贷给它大额款项。

　　道奇与尼文会计师事务所的律师为此项疏忽辩护说，审计主要是"抽样测试"，而不是对所有账目进行详细检查。随后又辩解说，这 17 张假发票并未包含在被检查的 200 多张发票之内是不足为奇的。法庭对此裁决指出：虽然通常审计工作是建立在以抽样为基础的原则上，但鉴于所登记的 12 月份大额销售收入性质可疑，道奇与尼文会计师事务所有责任对其进行特别检查。

第一节　审计抽样的基本概念

一、审计抽样的定义

审计抽样（即抽样），是指注册会计师对具有审计相关性的总体中低于百分之百的项目实施审计程序，使所有抽样单元都有被选取的机会，为注册会计师针对整个总体得出结论提供合理基础。审计抽样能够使注册会计师获取和评价有关所选项目某一特征的审计证据，以形成或有助于形成有关总体的结论。总体，是指注册会计师从中选取样本并期望据此得出结论的整个数据集合。

审计抽样应当具备三个基本特征：①对某类交易或账户余额中低于百分之百的项目实施审计程序；②所有抽样单元都有被选取的机会；③审计测试的目的是为了评价该账户余额或交易类型的某一特征。

审计抽样并非在所有审计程序中都可使用。注册会计师拟实施的审计程序将对审计抽样产生重要影响。在风险评估、控制测试和实质性程序中，有些审计程序可以使用审计抽样，有些审计程序则不宜使用审计抽样。

风险评估程序通常不涉及审计抽样。如果注册会计师在了解控制的设计和确定控制是否得到执行的同时计划和实施控制测试，则可能涉及审计抽样，但此时审计抽样仅适用于控制测试。

当控制的运行留下轨迹时，注册会计师可以考虑使用审计抽样实施控制测试。对于未留下运行轨迹的控制，注册会计师通常实施询问、观察等审计程序，以获取有关控制运行有效性的审计证据，此时不宜使用审计抽样。

实质性程序包括对各类交易、账户余额和披露的细节测试，以及实质性分析程序。在实质性细节测试时，注册会计师可以使用审计抽样获取审计证据，以验证有关财务报表金额的一项或多项认定（如应收账款的存在性），或对某些金额做出独立估计（如陈旧存货的价值）。在实施实质性分析程序时，注册会计师不宜使用审计抽样。

二、抽样风险和非抽样风险

在获取审计证据时，注册会计师应当运用职业判断，评估重大错报风险，并设计进一步审计程序，以确保将审计风险降至可接受的低水平。在使用审计抽样时，审计风险既可能受到抽样风险的影响，又可能受到非抽样风险的影响。抽样风险和非抽样风险通过影响重大错报风险的评估和检查风险的确定而影响审计风险。

1. 抽样风险

抽样风险，是指注册会计师根据样本得出的结论，可能不同于如果对整个总体实施与样本相同的审计程序得出的结论的风险。

控制测试中的抽样风险包括信赖过度风险和信赖不足风险。信赖过度风险是指推断的控制有效性高于其实际有效性的风险，也可以说，尽管样本结果支持注册会计师计划信赖内部控制的程度，但实际偏差率不支持该信赖程度的风险。信赖过度风险与审计的效果有关。如果注册会计师评估的控制有效性高于其实际有效性，从而导致评估的重大错报风险水平偏低，注册会计师可能不适当地减少从实质性程序中获取的证据，因此审计的有效性下降。对于注册会计师而言，信赖过度风险更容易导致注册会计师发表不恰当的审计意见，因而更应予以关注。相反，信赖不足风险是指推断的控制有效性低于其实际有效性的风险，也可以说，尽管样本结果不支持注册会计师计划信赖内部控制的程度，但实际偏差率支持该信赖程度的风险。信赖不足风险与审计的效率有关。当注册会计师评估的控制有效性低于其实际有效性时，评估的重大风险水平高于实际水平，注册会计师可能会增加不必要的实质性程序。在这种情况下，审计效率可能降低。

在实施细节测试时，注册会计师也要关注两类抽样风险：误受风险和误拒风险。误受风险是指注册会计师推断某一重大错报不存在而实际上存在的风险。如果账面金额实际上存在重大错报而注册会计师认为其不存在重大错报，注册会计师通常会停止对该账面金额继续进行测试，并根据样本结果得出账面金额无重大错报的结论。与信赖过度风险类似，误受风险影响审计效果，容易导致注册会计师发表不恰当的审计意见，因此注册会计师更应予以关注。误拒风险是指注册会计师推断某一重大错报存在而实际上不存在的风险。与信赖不足风险类似，误拒风险影响审计效率。如果账面金额不存在重大错报而注册会计师认为其存在重大错报，注册会计师会扩大细节测试的范围并考虑获取其他审计证据，最终注册会计师会得出恰当的结论。在这种情况下，审计效率可能降低。

也就是说，无论在控制测试还是在细节测试中，抽样风险都可以分为两种类型：一是影响审计效果的抽样风险，包括控制测试中的信赖过度风险和细节测试中的误受风险；二是影响审计效率的抽样风险，包括控制测试中的信赖不足风险和细节测试中的误拒风险。

只要使用了审计抽样，抽样风险总会存在。在使用统计抽样时，注册会计师可以准确地计量和控制抽样风险，在使用非统计抽样时，注册会计师无法量化抽样风险，只能根据职业判断对其进行定性的评价和控制。抽样风险与样本规模反方向变动：样本规模越小，抽样风险越大；样本风险越大，抽样风险越小。无论是控制测试还是细节测试，注册会计师都可以通过扩大样本规模降低抽样风险。如果对总体中的所有项目都实施检查，就不存在抽样风险，此时审计风险完全由非抽样风险产生。

2. 非抽样风险

非抽样风险，是指注册会计师由于任何与抽样风险无关的原因而得出错误结论的风险。注册会计师即使对某类交易或账户余额的所有项目实施审计程序，也可能仍未能发现重大错报或控制失效。在审计过程中，可能导致非抽样风险的原因包括下列情况：

（1）注册会计师选择的总体不适合于测试目标。如注册会计师在测试销售收入完整性认定时将主营业务收入日记账界定为总体。

（2）注册会计师未能适当地定义误差（包括控制偏差或错报），导致注册会计师未能发现样本中存在的偏差或错报。如注册会计师在测试现金支付授权控制的有效性时，将签字人未得到适当授权的情况界定为控制偏差。

（3）注册会计师选择了不适于实现特定目标的审计程序。如注册会计师依赖应收账款函证来揭露未入账的应收账款。

（4）注册会计师未能适当地评价审计发现的情况。如注册会计师错误解读审计证据可能导致没有发现误差。注册会计师对所发现误差的重要性的判断有误，从而忽略了性质十分重要的误差，也可能导致得出不恰当的结论。

（5）其他原因。非抽样风险是由人为错误造成的，因而可以被降低、消除或防范。虽然在任何一种抽样方法中注册会计师都不能量化非抽样风险，但通过采取适当的质量控制政策和程序，对审计工作进行适当的指导、监督和复核，以及对注册会计师实务的适当改进，可以将非抽样风险降至可以接受的水平。注册会计师也可以通过仔细设计其审计程序尽量降低非抽样风险。

三、统计抽样和非统计抽样

注册会计师在运用审计抽样时，既可以使用统计抽样方法，也可以使用非统计抽样方法，这取决于注册会计师的职业判断。统计抽样，是指同时具备下列特征的抽样方法：①随机选取样本项目；②运用概率论评价样本结果，包括计量抽样风险。不同时具备前款提及的两个特征的抽样方法为非统计抽样。一方面，即使注册会计师严格按照随机原则选取样本，如果没有对样本结果进行统计评估，就不能认为使用了统计抽样；另一方面，基于非随机选样的统计评估也是无效的。

注册会计师应当根据具体情况并运用职业判断，确定使用统计抽样或非统计抽样方法，以最有效率地获取审计证据。注册会计师在统计抽样与非统计抽样方法之间进行选择时主要考虑成本效益。统计抽样的优点在于能够客观地计量抽样风险，并通过调整样本规模精确地控制风险，这是与非统计抽样最重要的区别。另外，统计抽样还有助于注册会计师高效地设计样本，计量所获取证据的充分性，以及定量评价样本结果。但统计抽样又可能发生额外的成本。首先，统计抽样需要特殊的专业技能，因此使用统计抽样需要增加额外的支出对注册会计师进行培训。其次，统计抽样要求单个样本项目符合统计要求，这些也可能需要支出额外的费用。非统计抽样如果设计适当，也能提供与统计抽样方法同样有效的结果。注册会计师使用非统计抽样时，必须考虑抽样风险并将其降至可接受水平，但无法精确地测定抽样风险。

不管统计抽样还是非统计抽样，两种方法都要求注册会计师在设计、实施和评价样本时运用职业判断。另外，对所选取的样本项目实施的审计程序通常也与使用的抽样方法无关。

四、统计抽样方法

1. 属性抽样

属性抽样是一种用来对总体中某一事件发生率得出结论的统计抽样方法。属性抽样在审计中最常见的用途是测试某一设定控制的偏差率，以支持注册会计师评估的控制有效性。在属性抽样中，设定控制的每一次发生或偏离都被赋予同样的权重，而不管交易的金额大小。

2. 变量抽样

变量抽样是一种用来对总体金额得出结论的统计抽样方法。变量抽样通常回答下列问题：金额是多少？账户是否存在错报？变量抽样在审计中的主要用途是进行细节测试，以确定记录金额是否合理。

一般而言，属性抽样得出的结论与总体发生率有关，而变量抽样得出的结论与总体金额有关。但有一个例外，就是统计抽样中的概率比例规模抽样（PPS 抽样），却运用属性抽样的原理得出以金额表示的结论。

第二节　审计抽样的基本原理和步骤

在使用审计抽样时，注册会计师的目标是，为得出有关抽样总体的结论提供合理的基础。注册会计师在控制测试和细节测试中使用审计抽样方法，主要分为三个阶段进行：第一阶段是样本设计阶段，旨在根据测试的目标和抽样总体，制定选取样本的计划；第二阶段是选取样本阶段，旨在按照适当的方法从相应的抽样总体中选取所需的样本，并对其实施检查，以确定是否存在误差；第三阶段是评价样本结果阶段，旨在根据对误差的性质和原因的分析，将样本结果推断至总体，形成对总体的结论。

一、样本设计阶段

在设计审计样本时，注册会计师应当考虑审计程序的目的和抽样总体的特征。也就是说，注册会计师首先应考虑拟实现的具体目标，并根据目标和总体的特点确定能够最好地实现该目标的审计程序组合，以及如何在实施审计程序时运用审计抽样。审计抽样中样本设计阶段的工作主要包括以下几个步骤：

1. 确定测试目标

审计抽样必须紧紧围绕审计测试的目标展开，因此确定测试目标是样本设计阶段的第一项工作。一般而言，控制测试是为了获取关于某项控制运行是否有效的证据，而细节测试的目的是确定某类交易或账户余额的金额是否正确，获取与存在的错报有关的证据。

2. 定义总体与抽样单元

（1）总体。在实施抽样前，注册会计师必须仔细定义总体，确定抽样总体的范围。总体可以包括构成某类交易或账户余额的所有项目，也可以只包括某类交易或账户余额中的部分项目。如果应收账款中没有单个重大项目，注册会计师直接对应收账款账面余额进行抽样，则总体包括构成应收账款期末余额的所有项目，如果注册会计师已使用选取特定项目的方法将应收账款中的单个重大项目挑选出来单独测试，只对剩余的应收账款余额进行抽样，则总体只包括构成应收账款期末余额的部分项目。

注册会计师应当确保总体的适当性和完整性。也就是说，注册会计师所定义的总体应具备下列两个特征：

1）适当性。注册会计师应确定总体适合于特定的审计目标，包括适合于测试的方向。在控制测试中，如果要测试用以保证所有发运商品都已开单的控制是否有效运行，注册会计师从已开单的项目中抽取样本不能发现误差，因为该总体不包含那些已发运但未开单的项目。为发现这种误差，将所有已发运的项目作为总体通常比较适当。在细节测试中，如果注册会计师的目标是测试应付账款的高估，总体可以定义为应付账款清单。但在测试应付账款的低估时，总体就不是应付账款清单，而是后来支付的证明、未付款的发票、供货商的对账单、没有销售发票对应的收货报告，或能提供低估应付账款的审计证据的其他总体。

2）完整性。在实施审计抽样时，注册会计师需要实施审计程序，以获取有关总体的完整性的审计证据。注册会计师应当从总体项目内容和涉及时间等方面确定总体的完整性。如果注册会计师从档案中选取付款证明，除非确信所有的付款证明都已归档，否则注册会计师不能对该期间的所有付款证明得出结论。如果注册会计师对某一控制活动在财务报告期间是否有效运行得出结论，总体应包括来自整个报告期间的所有相关项目。

注册会计师通常从代表总体的实物中选取样本项目。如果注册会计师将总体定义为特定日期的所有应收账款余额，代表总体的实物就是该日应收账款余额明细表。如果总体是某一测试期间的销售收入，代表总体的实物就可能是记录在销售明细账中的销售交易，也可能是销售发票。由于注册会计师实际上是从该实物中选取样本，所有根据样本得出的结论只与该实物有关。如果代表总体的实物和总体不一致，注册会计师可能对总体得出错误的结论。因此，注册会计师必须详细了解代表总体的实物，确定代表总体的实物是否包括整个总体。注册会计师通常通过加总或计算来完成这一工作。如注册会计师可将发票金额总数与已记入总账的销售收入金额总数进行核对。如果注册会计师将选择的实物和总体比较后，认为代表总体的实物遗漏了应包含在最终评价中的总体项目，注册会计师应选择新的实物，或对被排除在实物之外的项目实施替代程序。

（2）定义抽样单元。抽样单元，是指构成总体的个体项目。抽样单元可能是实物项目（如支票簿上列示的支票信息，银行对账单上的贷方记录，销售发票或应收账款余额），也可能是货币单元。在定义抽样单元时，注册会计师应使其与审计测试目标保持一致。注册会计师在定义总体时通常都指明了适当的抽样单元。

（3）分层。如果总体项目存在重大的变异性，注册会计师可以考虑将总体分层。分层，是指将总体划分为多个子总体的过程，每个子总体由一组具有相同特征（通常为货币金额）的抽样单元组成。分层可以降低每一层中项目的变异性，从而在抽样风险没有成比例增加的前提下减小样本规模，提高审计效率。注册会计师应当仔细界定子总体，以使每一抽样单元只能属于一个层。

在实施细节测试时，注册会计师通常根据金额对总体进行分层。这使注册会计师能够将更多审计资源投向金额较大的项目，而这些项目最有可能包含高估错报。如为了函证应收账款，注册会计师可以将应收账款账户按其金额大小分为三层，即账户金额在 10000 元以上的；账户金额为 5000 ~ 10000 元的；账户金额在 5000 元以下的。然后，根据各层的重要性分别采取不同的选样方法。对于金额在 10000 元以上的应收账款账户，应进行全部函证；对于金额在 5000 ~ 10000 元以及 5000 元以下的应收账款账户，则可采用适当的选样方法选取进行函证的样本。同样，注册会计师也可以根据表明更高错报风险的特定特征对总体分层，如在测试应收账款计价中的坏账准备时，注册会计师可以根据账龄对应收账款余额进行分层。

分层后的每层构成一个子总体且可以单独检查。对某一层中的样本项目实施审计程序的结果，只能用于推断构成该层的项目。如果对整个总体得出结论，注册会计师应当考虑与构成整个总体的其他层有关的重大错报风险。如在对某一账户余额进行测试时，占总体数量 20% 的项目，其金额可能占该账户余额的 90%。注册会计师只能根据该样本的结果推断至上述 90% 的金额。对于剩余 10% 的金额，注册会计师可以抽取另一个样本或使用其他收集审计证据的方法，单独得出结论，或者认为其不重要而不实施审计程序。

如果注册会计师将某类交易或账户余额分成不同的层，需要对每层分别推断错报。在考虑错报对该类别的所有交易或账户余额的可能影响时，注册会计师需要综合考虑每层的推断错报。

3. 定义误差构成条件

注册会计师必须事先准确定义构成误差的条件，否则执行审计程序时就没有识别误差的标准。在控制测试中，误差是指控制偏差，注册会计师要仔细定义所要测试的控制及可能出现偏差的情况；在细节测试中，误差是指错报，注册会计师要确定哪些情况构成错报。

注册会计师定义误差构成条件时要考虑审计程序的目标。清楚地了解误差构成条件，对于确保在推断误差时将且仅将所有与审计目标相关的条件包括在内至关重要。

4. 确定审计程序

注册会计师必须确定能够最好地实现测试目标的审计程序组合。如果注册会计师的审计目标是通过测试某一阶段的适当授权证实交易的有效性，审计程序就是检查特定人员已在某文件上签字以示授权的书面证据。注册会计师预计样本中每一文件上都有适当的签名。

二、选取样本阶段

1. 确定样本规模

样本规模是指从总体中选取样本项目的数量。在审计抽样中，如果样本规模过小，就不能反映出审计对象总体的特征，注册会计师就无法获取充分的审计证据，其审计结论的可靠性就会大打折扣，甚至可能得出错误的审计结论。因此，注册会计师应当确定足够的样本规模，以将抽样风险降至可接受的低水平。相反，如果样本规模过大，则会增加审计工作量，造成不必要的时间和人力上的浪费，加大审计成本，降低审计效率，从而失去审计抽样的意义。

影响样本规模的因素主要包括：

（1）可接受的抽样风险。可接受的抽样风险与样本规模成反比。注册会计师愿意接受的抽样风险越低，样本规模通常越大。反之，注册会计师愿意接受的抽样风险越高，样本规模越小。

（2）可容忍误差。可容忍误差是指注册会计师在认为测试目标已实现的情况下准备接受的总体最大误差。

在控制测试中，它指可容忍偏差率。可容忍偏差率是指注册会计师设定的偏离规定的内部控制程序的比率，注册会计师试图对总体中的实际偏差率不超过该比率获取适当水平的保证。换言之，可容忍偏差率是注册会计师能够接受的最大偏差数量；如果偏差超过这一数量则减少或取消对内部控制程序的信赖。

在细节测试中，它指可容忍错报。可容忍错报是指注册会计师设定的货币金额，注册会计师试图对总体中的实际错报不可超过该货币金额获取适当水平的保证。实际上，可容忍错报是实际执行的重要性这个概念在特定抽样程序中的运用。可容忍错报可能等于或低于实际执行的重要性。

当保证程度一定时，注册会计师运用职业判断确定可容忍误差。可容忍误差越小，需选取的样本规模就越大。

（3）预计总体误差。预计总体误差是指注册会计师根据以前对被审计单位的经验或实施风险评估程序的结果而估计总体中可能存在的误差。预计总体误差越大，可容忍误差也应当越大；但预计总体误差不应超过可容忍误差。在既定的可容忍误差下，当预计总体误差增加时，所需的样本规模越大。

（4）总体变异性。总体变异性是指总体的某一特征（如金额）在各项目之间的差异程度。在控制测试中，注册会计师在确定样本规模时一般不考虑总体变异性。在细节测试中，注册会计师确定适当的样本规模时要考虑特征的变异性。总体项目的变异性越低，通常样本规模越小。注册会计师可以通过分层，将总体分为相对同质的组，以尽可能降低每一组中变异性的影响，从而减小样本规模。未分层总体具有高度变异性，其样本规模通常很大。最有效率的方法是根据预期降低变异性的总体项目特征进行分层。在细节测试中分层的依据通常包括项目的账面金额，与项目处理有关的控制的性质，或与特定项目（如更可能包含错报的那部分总体项目）有关的特殊考虑等。分组后的每一组子总体被称为一层，每层分别独立选取样本。

（5）总体规模。除非总体非常小，一般而言，总体规模对样本规模的影响几乎为零。注册会计师通常将抽样单元超过 5000 个的总体视为大规模总体。对大规模总体而言，总体的实际容量对样本规模几乎没有影响。对小规模总体而言，审计抽样比其他选择测试项目方法的效率低。

表 6–1 列示了审计抽样中影响样本规模的因素，并分别说明了这些影响因素在控制测试和细节测试中的表现形式。

表 6–1　影响样本规模的因素

影响因素	控制测试	细节测试	与样本规模的关系
可接受的抽样风险	可接受的信赖过度风险	可接受的误受风险	反向变动
可容忍误差	可容忍偏差率	可容忍错报	反向变动
预计总体误差	预计总体偏差率	预计总体错报	同向变动
总体变异性	—	总体变异性	同向变动
总体规模	总体规模	总体规模	影响很小

使用统计抽样方法时，注册会计师必须对影响样本规模的因素进行量化，并利用根据统计公式开发的专门的计算机程序或专门的样本量表确定样本规模。在非统计抽样中，注册会计师可以只对影响样本规模的因素进行定性的估计，并运用职业判断确定样本规模。

2. 选取样本

不管使用统计抽样或非统计抽样，在选取样本项目时，注册会计师应当使总体中的每个抽样单元都有被选取的机会。在统计抽样中，注册会计师选取样本项目时每个抽样单元被选取的概率是已知的。在非统计抽样中，注册会计师根据判断选取样本项目。选取样本的基本方法包括使用随机数表或计算机辅助审计技术选样、系统选样和随意选样。

（1）使用随机数表或计算机辅助审计技术选样。使用随机数表或计算机辅助审计技术选样又称随机数选样。使用随机数选样需以总体中的每一项目都有不同的编号为前提。注册会计师可以使用计算机生成的随机数，如电子表格程序、随机数码生成程序、通用审计软件程序等计算机程序产生的随机数，也可以使用随机数表获得所需的随机数。

随机数是一组从长期看出现概率相同的数码，且不会产生可识别的模式。随机数表也称乱数表，它是由随机生成的从 0～9 共 10 个数字所组成的数表，每个数字在表中出现的次数是大致相同的，它们出现在表上的顺序是随机的。表6-2 就是 5 位随机数表的一部分。

表6-2 随机数表

	1	2	3	4	5	6	7	8	9	10
1	32044	69037	29655	92114	81034	40582	01584	77184	85762	46505
2	23821	96070	82592	81642	08971	07411	09037	81530	56195	98425
3	82383	94987	66441	28677	95961	78346	37916	09416	42438	48432
4	68310	21792	71635	86089	38157	95620	96718	79554	50209	17705
5	94856	76940	22165	01414	01413	37231	05509	37489	56459	52983
6	95000	61958	83430	98250	70030	05436	74814	45978	09277	13827
7	20764	64638	11359	32556	89822	02713	81293	52970	25080	33555
8	71401	17964	50940	95753	34905	93566	36318	79530	51105	26952
9	38464	75707	16750	61371	01523	69205	32122	03436	14489	02086
10	59442	59247	74955	82835	98378	83513	47870	20795	01352	89906

应用随机数表选样的步骤如下：

1）对总体项目进行编号，建立总体中的项目与表中数字的一一对应关系。一般情况下，编号可利用总体项目中原有的某些编号，如凭证号、支票号、发票号等。在没有事先编号的情况下，注册会计师需按一定的方法进行编号。如由 40 页、每页 50 行组成的应收账款明细表，可采用 4 位数字编号，前两位由 01～40 的整数组成，表示该记录在明细表中的页数，后两位数字由 01～50 的整数组成，表示该记录的行次。这样，编号 0534 表示第 5 页第 34 行的记录。所需使用的随机数的位数一般由总体项目数或编号位数决定。如前例中可采用 4 位随机数表，也可以使用 5 位随机数表的前 4 位数字或后 4 位数字。

2）确定连续选取随机数的方法。即从随机数表中选择一个随机起点和一个选号路线，随机起点和选号路线可以任意选择，但一经选定就不得改变。从随机数表中任选一行或任何一栏开始，按照一定的方向（上下左右均可）依次查找，符合总体项目编号要求的数字，即为选中的号码，与此号码相对应的总体项目即为选取的样本项目，一直到选足所需的样本量为止。如从前述应收账款明细表的 2000 个记录中选择 10 个样本，总体编号规则如前所述，即前两位数字不能超过 40，后两位数字不能超过 50。如从表 6-2 第一行第一列开始，使用前 4 位随机数，逐行向右查找，则选中的样本为编号 3204、0741、0903、0941、3815、2216、0141、3723、0550、3748 的 10 个记录。

随机数选样不仅使总体中每个抽样单元被选取的概率相等，而且使相同数量的抽样单元组成的每种组合被选取的概率相等。这种方法在统计抽样和非统计抽样中均适用。统计抽样要求注册会计师能够计量实际样本被选取的概率，这种方法尤其适合于统计抽样。

（2）系统选样。系统选样也称等距选样，是指按照相同的间隔从审计对象总体中等距离地选取样本的一种选样方法。采用系统选样法，首先要计算选样间距，确定选样起点，然后再根据间距顺序地选取样本。选样间距的计算公式如下：

选样间距＝总体规模÷样本规模

如果销售发票的总体范围是 652～3151，设定的样本量是 125，那么选样间距为 20[（3152-652）÷125]。注册会计师必须从 0～19 中选取一个随机数作为抽样起点。如果随机选择的数码是 9，那么第一个样本项目是发票号码为 661（652+9）的那一张，其余的 124 个项目是 681（661+20）、701（681+20）……依次类推，直至第 3141 号。

系统选样方法的主要优点是使用方便，比其他选样方法节省时间，并可用于无限总体。此外，使用这种方法时，对总体中的项目不需要编号，注册会计师只要简单数出每一个间距即可。但是，使用系统选样方法要求总体必须是随机排列的，否则容易发生较大的偏差，造成非随机的、不具代表性的样本。如果测试项目的特征在总体内的分布具有某种规律性，则选择样本的代表性就可能较差。如应收账款明细表每页的记录均以账龄的长短按先后次序排列，则选中的 200 个样本可能多是账龄相同的记录。

为克服系统选样法的这一缺点，可采用两种办法：一是增加随机起点的个数；二是在确定选样方法之前对总体特征的分布进行观察。如发现总体特征的分布呈随机分布，则采用系统选样法；否则，可考虑使用其他选样方法。

系统选样可以在非统计抽样中使用，在总体随机分布时也可适用于统计抽样。

（3）随意选样。在这种方法中，注册会计师选取样本不采用结构化的方法。但即便如此，注册会计师也要避免任何有意识的偏向或可预见性（如回避难以找到的项目，或总是选择或回避每页的第一个或最后一个项目），从而试图保证总体中的所有项目都有被选中的机会。在使用统计抽样时，运用随意选样是不恰当的。

上述三种基本方法均可选出代表性样本。但随机数选样和系统选样属于随机基础选样方法，即对总体的所有项目按随机规则选取样本，因而可以在统计抽样中使用，当然也可以在非统计抽样中使用。而随意选样虽然也可以选出代表性样本，但它属于非随机基础选样方法，因而不能在统计抽样中使用，只能在非统计抽样中使用。

3. 对样本实施审计程序

注册会计师应当针对选取的每个项目，实施适合具体目的的审计程序。对选取的样本项目实施审计程序旨在发现并记录样本中存在的误差。

如果审计程序不适用于选取的项目，注册会计师应当针对替代项目实施该审计程序。如果在测试付款授权时选取了一张作废的支票，并确信支票已经按照适当程序作废因而不构成偏差，注册会计师需要适当选择一个替代项目进行检查。

三、评价样本结果

1. 分析样本误差

注册会计师应当调查所识别出的所有偏差或错报的性质和原因，并评价其对审计程序的目的和审计的其他方面可能产生的影响。无论是统计抽样还是非统计抽样，对样本结果的定性评估和定量评估一样重要。即使样本的统计评价结果在可以接受的范围内，注册会计师也应对样本中的所有误差（包括控制测试中的控制偏差和细节测试中的金额错报）进行定性分析。

如果注册会计师发现许多误差具有相同的特征，如交易类型、地点、生产线或时期等，则应考虑该特征是不是引起误差的原因，是否存在其他尚未发现的具有相同特征的误差。此时，注册会计师应将具有该共同特征的全部项目划分为一层，并对层中的所有项目实施审计程序，以发现潜在的系统误差。同时，注册会计师仍需分析误差的性质和原因，考虑存在舞弊的可能性。如果将某一误差视为异常误差，注册会计师应当实施追加的审计程序，以高度确信该误差对总体误差不具有代表性。

在极其特殊的情况下，如果认为样本中发现的某项偏差或错报是异常误差，注册会计师应当对该项偏差或错报对总体不具有代表性获取高度保证。异常误差，是指对总体中的错报或偏差明显不具有代表性的错报或偏差。在获取这种高度保证时，注册会计师应当实施追加的审计程序，获取充分、适当的审计证据，以确定该项偏差或错报不影响总体的其余部分。

2. 推断总体误差

当实施控制测试时，注册会计师应当根据样本中发现的偏差率推断总体偏差率，并考虑这一结果对特定审计目标及审计的其他方面的影响。

当实施细节测试时，注册会计师应当根据样本中发现的错报金额推断总体错报金额，并考虑这一结果对特定审计目标及审计的其他方面的影响。

3. 形成审计结论

注册会计师应当评价样本结果，以确定对总体相关特征的评估是否得到证实或需要修正。

（1）控制测试中的样本结果评价。在控制测试中，注册会计师应当将总体偏差率与可容忍偏差率比较，但必须考虑抽样风险。

1）统计抽样。在统计抽样中，注册会计师通常使用表格或计算机程序计算抽样风险。用以评价抽样结果的大多数计算机程序都能根据样本规模、样本结果，计算在注册会计师确定的信赖过度风险条件下可能发生的偏差率上限的估计值。该偏差率上限的估计值等于总体偏差率与抽样风险允许限度之和。

如果估计的总体偏差率上限低于可容忍偏差率，则总体可以接受。这时注册会计师对总体得出结论，样本结果支持计划评估的控制有效性，从而支持计划的重大错报风险评估水平。

如果估计的总体偏差率上限大于或等于可容忍偏差率，则总体不能接受。这时注册会计师对总体得出结论，样本结果不支持计划评估的控制有效性，从而不支持计划的重大错报风险评估水平。此时注册会计师应当修正重大错报风险评估水平，并增加实质性程序的数量。注册会计师也可以对影响重大错报风险评估水平的其他控制进行测试，以支持计划的重大错报风险评估水平。

如果估计的总体偏差率上限低于但接近可容忍偏差率，注册会计师应当结合其他审计程序的结果，考虑是否接受总体，并考虑是否需要扩大测试范围，以进一步证实计划评估的控制有效性和重大错报风险水平。

2）非统计抽样。在非统计抽样中，抽样风险无法直接计量。注册会计师通常将样本偏差率（即估计的总体偏差率）与可容忍偏差率相比较，以判断总体是否可以接受。

如果样本偏差率大于可容忍偏差率，则总体不能接受。

如果样本偏差率低于总体可容忍偏差率，注册会计师要考虑即使总体实际偏差率高于可容忍偏差率时仍出现这种结果的风险。如果样本偏差率大大低于可容忍偏差率，注册会计师通常认为总体可以接受。如果样本偏差率虽然低于可容忍偏差率，但两者很接近，注册会计师通常认为总体实际偏差率高于可容忍偏差率的抽样风险很高，因而总体不可接受。如果样本偏差率与可容忍偏差率之间的差额不是很大也不是很小，以至于不能认定总体是否可以接受时，注册会计师则要考虑扩大样本规模，以进一步收集证据。

（2）细节测试中的样本结果评价。当实施细节测试时，注册会计师应当根据样本中发现的错报推断总体错报。注册会计师首先必须根据样本中发现的实际错报要求被审计单位调整账面记录金额。将被审计单位已更正的错报从推断的总体错报金额中减掉后，注册会计师应当将调整后的推断总体错报与该类交易或账户余额的可容忍错报相比较，但必须考虑抽样风险。如果推断错报高于确定样本规模时使用的预期错报，注册会计师会认为，总体中实际错报超出可容忍错报的抽样风险是不可接受的。考虑其他审计程序的结果有助于注册会计师评估总体中实际错报超出可容忍错报的抽样风险，获取额外的审计证据可以降低该风险。

1）统计抽样。在统计抽样中，注册会计师利用计算机程序或数学公式计算出总体错报上限，并将计算的总体错报上限与可容忍错报比较。计算的总体错报上限等于推断的总体错报（调整后）与抽样风险允许限度之和。

如果计算的总体错报上限低于可容忍错报，则总体可以接受。这时注册会计师对总体得出结论，所测试的交易或账户余额不存在重大错报。

如果计算的总体错报上限大于或等于可容忍错报，则总体不能接受。这时注册会计师对总体得出结论，所测试的交易或账户余额存在重大错报。在评价财务报表整体是否存在重大错报时，注册会计师应将该类交易或账户余额的错报与其他审计证据一起考虑。通常，注册会计师会建议被审计单位对错报进行调查，且在必要时调整账面记录。

2）非统计抽样。在非统计抽样中，注册会计师运用其经验和职业判断评价抽样结果。如果调整后的总体错报大于可容忍错报，或虽小于可容忍错报但两者很接近，注册会计师通常得出总体实际错报大于可容忍错报的结论。也就是说，该类交易或账户余额存在重大错报，因而总体不能接受。如果对样本结果的评价显示，对总体相关特征的评估需要修正，注册会计师可以单独或综合采取下列措施：提请管理层对已识别的错报和存在更多错报的可能性进行调查，并在必要时予以调整；修改进一步审计程序的性质、时间安排和范围；考虑对审计报告的影响。

如果调整后的总体错报远远小于可容忍错报，注册会计师可以得出总体实际错报小于可容忍错报的结论，即该类交易或账户余额不存在重大错报，因而总体可以接受。

如果调整后的总体错报虽然小于可容忍错报但两者之间的差距很接近（既不很小又不很大），注册会计师必须特别仔细地考虑，总体实际错报超过可容忍错报的风险是否能够接受，并考虑是否需要扩大细节测试的范围，以获取进一步的证据。

第三节　审计抽样在控制测试中的应用

在控制测试中应用审计抽样有两种方法：一是发现抽样。这种方法在注册会计师预计控制高度有效时可以使用，以证实控制的有效性。在发现抽样中，注册会计师使用的预计总体偏差率是零。在检查样本时，一旦发现一个偏差就立即停止抽样。如果在样本中没有发现偏差，则可以得出总体偏差率可以接受的结论。二是属性估计抽样，用以估计被测试控制的偏差发生率，或控制未有效运行的频率。本节以第二种方法为主。

在控制测试中使用审计抽样可以分为样本设计、选取样本和记录抽样程序三个阶段。

一、样本设计阶段

1. 确定测试目标

注册会计师实施控制测试的目标是提供关于控制运行有效性的审计证据，以支持计划的重大错报风险评估水平。只有认为控制设计合理、能够防止或发现并纠正认定层次的重大错报时，注册会计师才有必要对控制运行的有效性实施测试。如果对控制运行有效性的定性评价可以分为最高、高、中等和低四个层次，注册会计师只有在初步评估控制运行有效性在中等或以上水平时，才会实施控制测试。注册会计师必须首先针对某项认定详细了解控制目标和内部控制政策与程序之后，方可确定从哪些方面获取关于控制是否有效运行的审计证据。

2. 定义总体和抽样单元

（1）定义总体。在控制测试中，注册会计师必须考虑总体的同质性。同质性是指总体中的所存项目应该具有同样的特征。如果被审计单位的出口和内销业务的处理方式不同，注册会计师应分别评价两种不同的控制情况，因为出现两个独立的总体。又如虽然被审计单位的所有分支机构的经营可能都相同，但每个分支机构是由不同的人运行的。如果注册会计师对每个分支机构的内部控制和员工感兴趣，可以将每个分支机构作为一个独立的总体对待。另外，如果注册会计师关心的不是单个分支机构而是被审计单位整体的经营，且各分支机构的控制具有足够的相同之处，就可以将被审计单位视为一个单独的总体。

注册会计师在界定总体时，应当确保总体的适当性和完整性。首先，总体应适合于特定的审计目标。如要测试现金支付授权控制是否有效运行，如果从已得到授权的项目中抽取样本，注册会计师不能发现控制偏差，因为该总体不包含那些已支付但未得到授权的项目。因此在本例中，为发现未得到授权的现金支付，注册会计师应当将所有已支付现金的项目作为总体。其次，注册会计师还应考虑总体的完整性，包括代表总体的实物的完整性。如果注册会计师将总体定义为特定时期的所有现金支付，代表总体的实物就是该时期的所有现金支付单据。

（2）定义抽样单元。注册会计师定义的抽样单元应与审计测试目标相适应。在控制测试中，注册会计师应根据被测试的控制定义抽样单元。抽样单元通常是能够提供控制运行证据的一份文件资料、一个记录或其中一行。如果测试目标是确定付款是否得到授权，且设定的控制要求付款之前授权人在付款单据上签字，抽样单元可能被定义为每一张付款单据。如果一张付款单据包含了对几张发票的付款，且设定的控制要求每张发票分别得到授权，那么付款单据上与发票对应的一行就可能被定义为抽样单元。

对抽样单元的定义过于宽泛可能导致缺乏效率。如果注册会计师将发票作为抽样单元，就必须对发票上的所有项目进行测试。如果注册会计师将发票上的每一行作为抽样单元，则只需对被选取的行所代表的项目进行测试。如果定义抽样单元的两种方法都适合于测试目标，将每一行的项目作为抽样单元时效率更高。

本例中，注册会计师定义的抽样单元为现金支付单据上的每一行。

3. 定义偏差

在控制测试中，误差是指控制偏差。注册会计师应仔细定义所要测试的控制及可能出现偏差的情况。注册会计师应根据对内部控制的理解，确定哪些特征能够显示被测试控制的运行情况，然后据此定义误差构成条件。在评估控制运行的有效性时，注册会计师应当考虑其认为必要的所有环节。如设定的控制要求每笔支付都应附有发票、收据、验收报告和订购单等证明文件，且均盖上"已付"戳记。注册会计师认为盖上"已付"戳记的发票和验收报告足以显示控制的适当运行。在这种情况下，误差可能被定义为缺乏盖有"已付"戳记的发票和验收报告等证明文件的款项支付。

在本例中，误差被定义为没有授权人签字的发票和验收报告等证明文件的现金支付。

4. 定义测试期间

注册会计师通常在期中实施控制测试。由于期中测试获取的证据只与控制截止期中测试时点的运行有关，注册会计师需要确定如何获取关于剩余期间的证据。

（1）将总体定义为整个被审计期间的交易。在设计控制测试的审计样本时，注册会计师通常将测试扩展至剩余期间发生的交易，以获取额外的证据。在这种情况下，总体由整个被审计期间的交易组成。

1）初始测试。注册会计师可能将总体定义为包括整个被审计期间的交易，但在期中实施初始测试。在这种情况下，注册会计师可能估计总体中剩余期间将发生的交易的数量，并在期末审计时对所有发生在期中测试之后的被选取交易进行检查。如果被审计单位在当年的前 10 个月开具了编号从 1 到 10000 的发票，注册会计师可能估计，根据企业的经营周期，剩下两个月中将开具 2500 张发票，因此注册会计师在选取所需的样本时用 1 到 12500 作为编号。所选取的发票中，编号小于或等于 10000 的样本项目在期中审计时进行检查，剩余的样本项目将在期末审计时进行检查。

2）估计总体。在估计总体规模时，注册会计师可能考虑上年同期的实际情况、变化趋势以及经营性质等因素。在实务中，注册会计师可能高估剩余项目的数量。年底，如果部分被选取的编号对应的交易没有发生（由于实际发生的交易数量低于预计数量），可以用其他交易代替。考虑到这种可能性，注册会计师可能希望稍多选取一些项目，对多余的项目只在需要作为替代项目时才进行检查。

另外，注册会计师也可能低估剩余项目的数量。如果剩余项目的数量被低估，一些交易将没有被选取的机会，因此，样本不能代表注册会计师所定义的总体。在这种情况下，注册会计师可以重新定义总体，以将样本中未包含的项目排除在外。对未包含在重新定义总体中的项目，注册会计师可以实施替代程序，如将这些项目作为一个独立的样本进行测试，或对其进行百分之百的检查，或询问剩余期间的情况。注册会计师应判断各种替代程序的效率和效果，并据此选择适合于具体情况的方法。

在许多情况下，注册会计师可能不需等到被审计期间结束，就能得出关于控制的运行有效性是否支持其计划评估的重大错报风险水平的结论。在对选取的交易进行期中测试时，注册会计师发现的误差可能足以使其得出结论：即使在发生于期中测试以后的交易中未发现任何误差，控制也不能支持计划评估的重大错报风险水平。在这种情况下，注册会计师可能决定不将样本扩展至期中测试以后发生的交易，而是相应地修正计划的重大错报风险评估水平和实质性程序。

（2）将总体定义为从年初到期中测试日为止的交易。将整个被审计期间的所有交易包括在抽样总体中通常效率不高，有时使用替代方法测试剩余期间的控制有效性也许会更好。在这种情况下，注册会计师将总体定义为从年初到期中测试日为止的交易，并在确定是否需要针对剩余期间获取额外证据以及获取哪些证据时考虑下列因素：所涉及的认定的重要性；期中进行测试的特定控制；自期中以来控制发生的任何变化；控制改变实质性程序的程度；期中实施控制测试的结果；剩余期间的长短；对剩余期间实施实质性程序所产生的、与控制的运行有关的证据。

注册会计师应当获取与控制在剩余期间发生的所有重大变化的性质和程度有关的证据，包括其人员的变化。如果发生了重大变化，注册会计师应修正其对内部控制的了解，并考虑对变化后的控制进行测试。或者，注册会计师也可以考虑对剩余期间实施实质性分析程序或细节测试。

二、选取样本阶段

1. 确定样本规模

（1）影响样本规模的因素。在控制测试中影响样本规模的因素如下：

1）可接受的信赖过度风险。在实施控制测试时，注册会计师主要关注抽样风险中的信赖过度风险。可接受的信赖过度风险与样本规模反向变动。控制测试中选取的样本旨在提供关于控制运行有效性的证据。由于控制测试是控制是否有效运行的主要证据来源，因此，可接受的信赖过度风险应确定在相对较低的水平上。在控制测试中，影响注册会计师可以接受的信赖过度风险的因素包括：①该控制所针对的风险的重要性；②控制环境的评估结果；③针对风险的控制程序的重要性；④证明该控制能够防止、发现和改正认定层次重大错报的审计证据的相关性和可靠性；⑤在与某认定有关的其他控制的测试中获取的证据的范围；⑥控制的叠加程度；⑦对控制的观察和询问所获得的答复可能不能准确反映该控制得以持续适当运行的风险。

通常，相对较低的水平在数量上是指5%~10%的信赖过度风险。注册会计师一般将信赖过度风险确定为10%，特别重要的测试则可以将信赖过度风险确定为5%。在实务中，注册会计师通常对所有控制测试确定一个统一的可接受信赖过度风险水平，然后对每一测试根据计划的重大错报风险评估水平和控制有效性分别确定其可容忍偏差率。下例中，注册会计师确定的可接受信赖过度风险为10%。

2）可容忍偏差率。可容忍偏差率与样本规模反向变动。在确定可容忍偏差率时，注册会计师应考虑计划评估的控制有效性。计划评估的控制有效性越低，注册会计师确定的可容忍偏差率通常越高，所需的样本规模就越小。一个很高的可容忍偏差率通常意味着，控制的运行不会大大降低相关实质性程序的程度。在这种情况下，由于注册会计师预期控制运行的有效性很低，特定的控制测试可能不需进行。反之，如果注册会计师在评估认定层次重大错报风险时预期控制的运行是有效的，注册会计师必须实施控制测试。换言之，注册会计师在风险评估时越依赖控制运行的有效性，确定的可容忍偏差率越低，进行控制测试的范围越大，因而样本规模增加。

在实务中，注册会计师通常认为，当偏差率为 3% ~ 7% 时，控制有效性的估计水平较高；可容忍偏差率最高为 20%，偏差率超过 20% 时，由于估计控制运行无效，注册会计师不需进行控制测试。当估计控制运行有效时，如果注册会计师确定的可容忍偏差率较高就被认为不恰当。表 6-3 列示了可容忍偏差率与计划评估的控制有效性之间的关系。下例中，注册会计师预期现金支付授权控制运行有效，确定的可容忍偏差率为 7%。

表 6-3   可容忍偏差率和计划评估的控制有效性之间的关系　　　　单位:%

计划评估的控制有效性	可容忍偏差率（近似值）
高	3 ~ 7
中	6 ~ 12
低	11 ~ 20
最低	不进行控制测试

3）预计总体偏差率。对于控制测试，注册会计师在考虑总体特征时，需要根据对相关控制的了解或对总体中少量项目的检查来评估预期偏差率。注册会计师可以根据上年测试结果和控制环境等因素对预计总体偏差率进行评估。在考虑上年测试结果时，应考虑被审计单位内部控制和人员的变化。在实务中，如果以前年度的审计结果无法取得或认为不可靠，注册会计师可以在抽样总体中选取一个较小的初始样本，以初始样本的偏差率作为预计总体偏差率的估计值。如果预期总体偏差率高得无法接受，意味着控制有效性很低，注册会计师通常决定不实施控制测试，而实施更多的实质性程序。下例中，注册会计师根据上年测试结果和对控制的初步了解，预计总体的偏差率为 1.75%。

4）总体规模。如果现金支付业务数量很大，那么注册会计师就能够认为总体规模对样本规模的影响可以忽略。

此外，控制运行的相关期间越长（年或季度），需要测试的样本越多，因为注册会计师需要对整个拟信赖期间控制的有效性获取证据。控制程序越复杂，测试的样本越多。样本规模还取决于所测试的控制的类型，通常对人工控制实施的测试要多过自动化控制，因为人工控制更容易发生错误和偶然的失败；而针对计算机系统的信息技术一般控制只要有效发挥作用，曾经测试过的自动化控制一般都能保持可靠运行。在确定被审计单位自动控制的测试范围时，如果支持其运行的信息技术一般控制有效，注册会计师测试一次应用程序控制便可能足以获得对控制有效运行的较高的保证水平。如果所测试的控制包含人工监督和参与（如偏差报告、分析、评估、数据输入、信息匹配等），则通常比自动控制需要测试更多的样本。在使用统计抽样时，注册会计师应当对影响样本规模的因素进行量化。

（2）确定样本规模。实施控制测试时，注册会计师可能使用统计抽样，也可能使用非统计抽样。在统计抽样中，注册会计师可以使用样本量表确定样本规模。表6-4提供了在控制测试中确定的可接受信赖过度风险为10%时所用的样本量表。如果注册会计师需要其他信赖过度风险水平的抽样规模，必须使用统计抽样参考资料中其他表格或计算机程序。

注册会计师根据可接受的信赖过度风险选择和相应的抽样规模表，然后读取预计总体偏差率栏找到适当的比率，再确定与可容忍偏差率对应的列，可容忍偏差率所在列与预计总体偏差率所在执行的交点就是所需的样本规模。本例中，如前所述，注册会计师确定的可接受信赖过度风险为10%，可容忍偏差率为7%，预计总体偏差为1.75%，预计总体偏差率的交叉处为55，即所需的样本规模为55。

表6-4　控制测试统计抽样样本规模——信赖过度风险10%

（括号内是可接受的偏差数）

预计总体 偏差率	可容忍偏差率										
	2%	3%	4%	5%	6%	7%	8%	9%	10%	15%	20%
0.00(%)	114(0)	76(0)	57(0)	45(0)	38(0)	32(0)	28(0)	25(0)	22(0)	15(0)	11(0)
0.25	194(1)	129(1)	96(1)	77(1)	64(1)	55(1)	48(1)	42(1)	38(1)	25(1)	18(1)
0.50	194(1)	129(1)	96(1)	77(1)	64(1)	55(1)	48(1)	42(1)	38(1)	25(1)	18(1)
0.75	265(2)	129(1)	96(1)	77(1)	64(1)	55(1)	48(1)	42(1)	38(1)	25(1)	18(1)
1.00	*	176(2)	96(1)	77(1)	64(1)	55(1)	48(1)	42(1)	38(1)	25(1)	18(1)
1.25	*	*	*	*	64(1)	55(1)	48(1)	42(1)	38(1)	25(1)	18(1)
1.50	*	*	*	*	64(1)	55(1)	48(1)	42(1)	38(1)	25(1)	18(1)
1.75	*	*	*	*	88(2)	55(1)	48(1)	42(1)	38(1)	25(1)	18(1)
2.00	*	*	*	*	88(2)	75(2)	48(1)	42(1)	38(1)	25(1)	18(1)

续表

预计总体偏差率	可容忍偏差率										
	2%	3%	4%	5%	6%	7%	8%	9%	10%	15%	20%
2.25	*	*	*	*	88(2)	75(2)	48(1)	42(1)	38(1)	25(1)	18(1)
2.50	*	*	*	*	110(3)	75(2)	65(2)	42(2)	38(2)	25(1)	18(1)
2.75	*	*	*	*	132(4)	94(3)	65(2)	58(2)	38(2)	25(1)	18(1)
3.00	*	*	*	*	132(4)	94(3)	65(2)	58(2)	52(2)	25(1)	18(1)
3.25	*	*	*	*	153(5)	113(4)	82(3)	58(2)	52(2)	25(1)	18(1)
3.50	*	*	*	*	194(7)	113(4)	82(3)	73(3)	52(2)	25(1)	18(1)
3.75	*	*	*	*	*	131(5)	98(4)	73(3)	52(2)	25(1)	18(1)
4.00	*	*	*	*	*	149(6)	98(4)	73(3)	65(3)	25(1)	18(1)
5.00	*	*	*	*	*	*	160(8)	115(6)	78(4)	34(2)	18(1)
6.00	*	*	*	*	*	*	*	182(11)	116(7)	43(3)	25(2)
7.00	*	*	*	*	*	*	*	*	199(14)	52(4)	25(2)

注：＊表示样本规模太大，因而在大多数情况下不符合成本效益原则。本表假设总体为大总体。

2. 选取样本

在控制测试中使用统计抽样方法时，注册会计师必须在上节所述的使用随机数表或计算机辅助审计技术选样和系统选样中选择一种方法。原因在于，这两种方法能够产生随机样本，而其他选样方法虽然也可能提供有代表性的样本，但却不是随机的。

3. 实施审计程序

在对选取的样本项目实施审计程序时可能出现以下几种情况：

（1）无效单据。注册会计师选取的样本中可能包含无效的项目。如在测试与被审计单位的收据（发票）有关的控制时，注册会计师可能将随机数与总体中收据的编号对应。但是，某一随机数对应的收据可能是无效的（如空白收据）。如果注册会计师能够合理确信该收据的无效是正常的且不构成对设定控制的偏差，就要用另外的收据替代。而且，如果使用了随机选样，注册会计师要用一个替代的随机数与新的收据样本对应。

（2）未使用或不适用的单据。注册会计师对未使用或不适用单据的考虑与无效单据类似。如一组可能使用的收据号码中可能包含未使用的号码或有意遗漏的号码。如果注册会计师选择了一个未使用号码，就应合理确信该收据号码实际上代表一张未使用收据且不构成控制偏差。然后注册会计师用一个额外的收据号码替换该未使用的收据号码。有时选取的项目不适用于事先定义的偏差。如果偏差被定义为没有验收报告支持的交易，选取的样本中包含的电话费可能没有相应的验收报告。如果合理确信该交易不适用且不构成控制偏差，注册会计师要用另一笔交易替代该项目，以测试相关的控制。

（3）对总体的估计出现错误。如果注册会计师使用随机数选样方法选取样本项目，在控制运行之前可能需要预估总体规模和编号范围。当注册会计师将总体定义为整个被审计期间的交易但计划在期中实施部分抽样程序时，这种情况最常发生。如果注册会计师高估了总体规模和编号范围，选取的样本中超出实际编号的所有数字都被视为未使用单据。在这种情况下，注册会计师要用额外的随机数代替这些数字，以确定对应的适当单据。

（4）在结束之前停止测试。有时注册会计师可能在对样本的第一部分进行测试时发现大量偏差。其结果是，注册会计师可能认为，即使在剩余样本中没有发现更多的偏差，样本的结果也不支持计划的重大错报风险评估水平。在这种情况下，注册会计师要重估重大错报风险并考虑是否有必要继续进行测试。

（5）无法对选取的项目实施检查。注册会计师应当针对选取的每个项目，实施适合于具体审计目标的审计程序。有时，被测试的控制只在部分样本单据上留下了运行证据。如果找不到该单据，或出于其他原因注册会计师无法对选取的项目实施检查，注册会计师可能无法使用替代程序测试控制是否适当运行。如果注册会计师无法对选取的项目实施计划的审计程序或适当的替代程序，就要考虑在评价样本时将该样本项目视为控制偏差。另外，注册会计师要考虑造成该限制的原因，以及该限制可能对其了解内部控制和评估重大错报风险产生的影响。

三、记录抽样程序

注册会计师应当记录所实施的审计程序，以形成审计工作底稿。在控制测试中使用审计抽样时，注册会计师通常记录下列内容：①对所测试的设定控制的描述；②抽样的目标，包括与重大错报风险评估的关系；③对总体和抽样单元的定义，包括注册会计师如何考虑总体的完整性；④对偏差的构成条件的定义；⑤信赖过度风险、可容忍偏差率以及在抽样中使用的预计总体偏差率；⑥确定样本规模的方法；⑦选样方法；⑧对如何实施抽样程序的描述以及样本中发现的偏差清单；⑨对样本的评价及总体结论摘要。

对样本的评价和总体结论摘要可能包含样本中发现的偏差数量、对注册会计师如何考虑抽样风险的解释，以及关于样本结果是否支持计划的重大错报风险评估水平的结论。工作底稿中还可能记录偏差的性质、注册会计师对偏差的定性分析以及样本评价结果对其他审计程序的影响。

第四节　审计抽样在细节测试中的应用

统计抽样和非统计抽样的流程和步骤完全一样，只是在确定样本规模、选取样本和推断总体的具体方法上有所差别。注册会计师在细节测试中使用的统计抽样方法主要包括传统变量抽样和概率比例规模抽样法（以下简称 PPS 抽样）。本节不阐述 PPS 抽样。

传统变量抽样在确定样本规模时需要量化可接受的抽样风险、可容忍错报、预计总体错报等影响因素，并代入专门的统计公式中计算所需的样本数量。根据推断总体的方法不同，传统变量抽样又可分为三种具体的方法：均值估计抽样、差额估计抽样和比率估计抽样。

一、均值估计抽样

均值估计抽样是指通过抽样审查确定样本的平均值，再根据样本平均值推断总体的平均值和总值的一种变量抽样方法。使用这种方法时，注册会计师先计算样本中所有项目审定金额的平均值，然后用这个样本平均值乘以总体规模，得出总体金额的估计值。总体估计金额和总体账面金额之间的差额就是推断的总体错报。如注册会计师从总体规模为 1000、账面金额为 1000000 元的存货项目中选择了 200 个项目作为样本。在确定了正确的采购价格并重新计算价格与数量的乘积之后，注册会计师将 200 个样本项目的审定金额加总后除以200，确定样本项目的平均审定金额为 980 元。然后计算估计的存货余额为980000 元（980×1000）。推断的总体错报就是 20000 元（1000000–980000）。

二、差额估计抽样

差额估计抽样是以样本实际金额与账面金额的平均差额来估计总体实际金

额与账面金额的平均差额，然后再以这个平均差额乘以总体规模，从而求出总体的实际金额与账面金额的差额（即总体错报）的一种方法。差额估计抽样的计算公式如下：

$$平均错报 = \frac{样本实际金额与账面金额的差距}{样本规模}$$

推断的总体错报 = 平均错报×总体规模

使用这种方法时，注册会计师先计算样本项目的平均错报，然后根据这个样本平均错报推断总体。如注册会计师从总体规模为 1000 个的存货项目中选取了 200 个项目进行检查，总体的账面金额总额为 1040000 元。注册会计师逐一比较 200 个样本项目的审定金额和账面金额并将账面金额（208000 元）和审定金额（196000 元）之间的差异加总，本例中为 12000 元。12000 元的差额除以样本项目个数 200，得到样本平均错报 60 元。然后注册会计师用这个平均错报乘以总体规模，计算出总体错报为 60000 元（60×1000）。

三、比率估计抽样

比率估计抽样是指以样本的实际金额与账面金额之间的比率关系来估计总体实际金额与账面金额之间的比率关系，然后再以这个比率去乘总体的账面金额，从而求出估计的总体实际金额的一种抽样方法。比率估计抽样法的计算公式如下：

$$比率 = \frac{样本审定金额}{样本账面金额}$$

估计的总体实际金额 = 总体账面金额×比率

推断的总体错报 = 估计的总体实际金额−总体账面金额

如果上例中注册会计师使用比率估计抽样，样本审定金额合计与样本账面金额的比例则为 0.94（196000÷208000）。注册会计师用总体的账面金额乘以该比例 0.94，得到估计的存货余额 977600 元（1040000×0.94）。推断的总体错报则为 62400 元（1040000−977600）。

如果未对总体进行分层，注册会计师通常不使用均值估计抽样，因为此时所需的样本规模可能太大，以至于对一般的审计而言不符合成本效益原则。比率估计抽样和差额估计抽样都要求样本项目存在错报。如果样本项目的审定金额和账面金额之间没有差异，这两种方法使用的公式所隐含的机理就会导致错误的结论。如果注册会计师决定使用统计抽样，且预计只发现少量差异，就不应使用比率估计抽样和差额估计抽样，而考虑使用其他的替代方法，如均值估计抽样或 PPS 抽样。

设计传统变量抽样所需的数学计算，包括样本规模的计算，对于手工应用来说显得复杂且困难。注册会计师在使用传统变量抽样时通常运用计算机程序确定样本规模，一般不需懂得这些方法所用的数学公式。注册会计师在确定样本规模时要考虑可容忍错报和误受风险，有时也需要考虑误拒风险。

下面以 XYZ 公司审计中的积极式询证函为例，说明差额估计抽样的运用。XYZ 公司的背景资料如下：在应收账款明细表中总共列示了 4000 笔应收账款，账面价值合计为 600000 元。注册会计师认为该公司的内部控制存在薄弱环节，并预期审计中还将会发现大量的小额错报。其总资产为 2500000 元，税前净收益为 400000 元。由于财务报表的使用者有限，并且 XYZ 公司的财务状况良好，因此可接受的审计风险较高，分析程序的结果表明没有重大问题。假定所有的函证都有答复或都已执行了有效的替代程序。因此，样本规模就是寄出的积极式询证函的数量。

注册会计师对 XYZ 公司进行审计测试的目标是确定在考虑坏账准备之前的应收账款是否存在重要错报。由于应收账款数目较大，决定采用审计抽样。公司应收账款的总体容量为 4000 笔。注册会计师确定的可容忍错报额为 21000 元。

在 XYZ 公司应收账款审计中，注册会计师要确定两类风险：

一是可接受的误受风险，是指在应收账款实际错报额超过 21000 元时，但样本结果显示应收账款金额正确的风险。它受可接受的审计风险、控制测试和交易实质性程序的结果、分析程序和应收账款在财务报表中的相对重要性等方面的影响。在 XYZ 公司审计中，采用的可接受的误受风险。

二是可接受的误拒风险，是在应收账款实际上没有发生重大错报时，注册会计师认为应收账款不正确而拒绝接受的风险。它受重新抽样所要追加的成本影响。由于进行第二次函证的成本很高，因此采用 25% 的可接受的误拒风险。对于那些增加样本规模的成本不是很高的审计测试，通常采用较高的可接受的误拒风险。

注册会计师根据以前年度的审计测试结果，确定 XYZ 公司的预计总体错报为 1500 元（高估）。

由于在确定初始样本规模时，需要预先估计总体中个别错报的变动程度，它是以总体标准差来衡量的，因此注册会计师根据以前年度的审计测试结果，估计 XYZ 公司的总体标准差为 20 元。

现在，XYZ 公司的初始样本规模可用下列公式计算：

$$n = \left[\frac{SD^{*}(Z_A + Z_R) N}{TM - E^{*}} \right]^2$$

式中：n 为初始样本规模；SD^{*} 为预先估计的总体标准差；Z_A 为可接受的误受风险的置信系数（见表 6-5）；Z_R 为可接受的误拒风险的置信系数（见表 6-5）；N 为总体规模；TM 为总体可容忍错报（重要性）；E^{*} 为预计总体错报。

将该公式应用于 XYZ 公司，得：

$$n = \left[\frac{20 \times (1.28 + 1.15) \times 4000}{21000 - 1500} \right]^2 = (9.97)^2 = 99.4 (取整为 100)$$

表 6-5　XYZ 公司的置信度、可接受的误受风险、
可接受的误拒风险的置信系数统计

置信度（%）	可接受的误受风险（%）	可接受的误拒风险（%）	置信系数
99	0.5	1	2.58
95	2.5	5	1.96
90	5	10	1.64
80	10	20	1.28
75	12.5	25	1.15
70	15	30	1.04
60	20	40	0.84
50	25	50	0.67
40	30	60	0.52
30	35	70	0.39
20	40	80	0.25
10	45	90	0.13
0	50	100	0

注册会计师运用前面所讨论的选样方法之一随机选取了 100 个样本项目进行函证。表 6-6 列示了注册会计师计算总体错报上限的过程。

表6-6 XYZ公司的总体错报界限的计算

步骤	统计公式	以XYZ公司为例
1. 取得一样本容量为n的随机样本	n=样本规模	从包含4000个账户的账龄试算表中随机选取100笔应收账款
2. 确定样本中的每项错报值		75个账户经顾客证实，其余25个账户采用替代程序验证。在调整了时间性差异和顾客的错误后，确定了下列12个项目是客户的错误（带括号的为低估错报） ① 12.75　② (69.46)　③ 85.28 ④ 100.00　⑤ (27.30)　⑥ 41.06 ⑦ (0.87)　⑧ 24.32　⑨ 36.59 ⑩ (102.16)　⑪ 54.71　⑫ 71.56 合计=226.48
3. 计算错报总额的点估计值	$\bar{e} = \dfrac{\sum e_j}{n}$ $\hat{E} = N\bar{e}$ 或 $N = \dfrac{\sum e_j}{n}$ 式中：$\bar{e}$为样本中的平均错报额；$\sum$为合计；e_j为样本中的个别错报；n为样本规模；$\hat{E}$为错报样本总额的点估计值；N为总体容量	$\bar{e} = 226.48 \div 100 = 2.26$ $\hat{E} = 4000 \times 2.26 = 9040$（元） 或 $\hat{E} = 4000 \times (226.48 \div 100) = 9040$（元）
4. 根据样本计算错报的总体标准差	$SD = \sqrt{\dfrac{\sum (e_j)^2 - n(\bar{e})^2}{n-1}}$ 式中：SD为标准差；e_j为样本中的个别错报；n为样本规模；$\bar{e}$为样本中的平均错报额	<table><tr><td></td><td>e_j（四舍五入至整元）</td><td>$(e_j)^2$</td></tr><tr><td>①</td><td>13</td><td>169</td></tr><tr><td>②</td><td>(69)</td><td>4761</td></tr><tr><td>③</td><td>85</td><td>7225</td></tr><tr><td>④</td><td>100</td><td>10000</td></tr><tr><td>⑤</td><td>(27)</td><td>729</td></tr><tr><td>⑥</td><td>41</td><td>1681</td></tr><tr><td>⑦</td><td>(1)</td><td>1</td></tr><tr><td>⑧</td><td>24</td><td>576</td></tr><tr><td>⑨</td><td>37</td><td>1369</td></tr><tr><td>⑩</td><td>(102)</td><td>10404</td></tr><tr><td>⑪</td><td>55</td><td>3025</td></tr><tr><td>⑫</td><td>72</td><td>5184</td></tr><tr><td></td><td>228</td><td>45124</td></tr></table>$SD = \sqrt{\dfrac{45124 - 100 \times (2.26)^2}{99}} \approx 21.2$

步骤	统计公式	以 XYZ 公司为例
5. 计算期望置信的总体错报总额估计值的抽样风险允许限度	$CSR = NZ_A \dfrac{SD}{\sqrt{n}} \sqrt{\dfrac{N-n}{N}}$ 式中：CSR 为计算的抽样风险允许限度；N 为总体容量；Z_A 为可接受的误受风险的置信系数；SD 为总体标准差；N 为样本规模； $\sqrt{\dfrac{N-n}{N}}$ 为有限修正系数	$CSR = 4000 \times 1.28 \times \dfrac{21.2}{\sqrt{100}} \times \sqrt{\dfrac{4000-100}{4000}}$ $= 4000 \times 1.28 \times \dfrac{21.2}{10} \times 0.99$ $= 4000 \times 1.28 \times 2.12 \times 0.99$ ≈ 10746（元）
6. 计算期望置信的总体错报界限	$UCL = \hat{E} + CSR$ $LCL = \hat{E} - CSR$ 式中：UCL 为计算的总体错报上限；LCL 为计算的总体错报下限；$\hat{E}$ 为错报总额的点估计值；CSR 为期望信度上计算的抽样风险允许限度	$UCL = 9040 + 10746 = 19786$（元） $LCL = 9040 - 10746 = -1706$（元）

计算的总体错报界限等于错报总额的点估计值加减抽样风险允许限度。在本例中，计算的总体错报上限为 19786 元，表示总体高估超过 19786 元的风险是 10%，计算的总体错报下限为 -1706 元，表示总体低估超过 1706 元的风险是 10%。由于错报的双边置信区间完全落入了正负时容忍错报范围内，那么账面价值没有重大错报的假设就可以接受。因此，应收账款的账面价值是可以接受的。

第七章　风险评估

学习目标

　　通过本章的学习，了解风险评估及其作用；理解被审计单位及其环境的内容，掌握被审计单位内部控制的要素；理解识别和评估重大错报风险的方法。

导读案例

　　在银广夏审计案例中，审计人员恰恰就没有能够做到对被审计单位抱有职业怀疑态度，而是过分相信这家"龙头企业"的管理层及其提供的各种资料，主要体现在：

　　（1）银广夏 1994 年以来的审计业务都是由同一家事务所提供，由于长时间的接触，二者之间的客户关系可谓是根深蒂固，再加上审计的注册会计师与被审计单位的某位高级管理者是老同学，两人的"亲密"关系，使其对被审计单位放松了警惕与戒备，应有的职业怀疑荡然无存，所以在审计过程中，审计人员就简化了相应的审计程序。

　　（2）银广夏公司曾获国家科技部高新技术企业认证，被国家科技部确定为"中药现代化科技产业（宁夏）中药材基地"的示范区和"863 智能农业技术应用示范"基地；同时，又是宁夏首家上市公司，是自治区确定的中药现代化、农业产业化龙头企业和生态建设先进企业，是自治区树立的"良好企业"典型，光环笼罩下的银广夏，蒙蔽了审计人员的双眼，"职业怀疑精神"被扼杀于无形之中。

　　（3）审计人员对银广夏进行年报审计时未能对关键证据亲自取证，过分依赖被审计单位提供的会计资料，没有保持应有的职业谨慎，审计失败的隐患就此产生。如在实际操作中，事务所为了图省事，将询证函交给被审计单位发出，甚至由被审计单位收回后再交回会计师事务所，从而为被审计单位造假提供了便利，所获外部证据的真实性和有效性也大打折扣。又如面对银广夏 2000 年度卵磷脂投入产出比率出现大幅下降的异常情况，注册会计师既未实地考察，又没有咨询专家意见，而是轻信了管理层所谓"生产进入成熟期"的辩解。

"银广夏"案件中的审计人员在对被审计单位进行审计的过程中，就没有对其存在的风险予以充分的关注，更没有对风险进行评估，导致其采用了不恰当的审计程序与方法，所以审计失败的结果也在意料之中，这再一次说明现代风险导向审计理念的引入对提高审计质量、降低审计风险将产生重要影响。

注册会计师实施风险导向审计，其目标是对财务报表不存在由于错误或舞弊导致的重大错报获取合理保证。风险导向审计是当今主流的审计方法，它要求注册会计师评估财务报表重大错报风险，设计和实施进一步审计程序以应对评估的错报风险，根据审计结果出具恰当的审计报告。

第一节　风险评估概述

一、风险评估及其作用

《中国注册会计师审计准则第 1211 号——通过了解被审计单位及其环境识别和评估重大错报风险》作为专门规范风险评估的准则，规定注册会计师应当了解被审计单位及其环境，以充分识别和评估财务报表重大错报风险，设计和实施进一步审计程序。

了解被审计单位及其环境是必要程序，特别是为注册会计师在下列关键环节做出职业判断提供重要基础：

（1）确定重要性水平，并随着审计工作的进程评估对重要性水平的判断是否仍然适当。

（2）考虑会计政策的选择和运用是否恰当，以及财务报表的列报是否适当。

（3）识别需要特别考虑的领域，包括关联方交易、管理层运用持续经营假设的合理性，或交易是否具有合理的商业目的等。

（4）确定在实施分析程序时所使用的预期值。

（5）设计和实施进一步审计程序，以将审计风险降至可接受的低水平。

（6）评价所获取审计证据的充分性和适当性。

了解被审计单位及其环境是一个连续和动态地收集、更新与分析信息的过程，贯穿整个审计过程的始终。注册会计师应当运用职业判断确定需要了解被审计单位及其环境的程度。

评价对被审计单位及其环境了解的程度是否恰当，关键是看注册会计师对被审计单位及其环境的了解是否足以识别和评估财务报表的重大错报风险。如果了解被审计单位及其环境获得的信息足以识别和评估财务报表的重大错报风险，设计和实施进一步审计程序，那么，了解的程度就是恰当的。当然，要求注册会计师对被审计单位及其环境了解的程度，要低于管理层为经营管理企业时对被审计单位及其环境需要了解的程度。

二、风险评估程序和信息来源

注册会计师了解被审计单位及其环境，目的是为了识别和评估财务报表重大错报风险。为了解被审计单位及其环境而实施的程序称为风险评估程序。注册会计师应当依据实施这些程序所获取的信息，评估重大错报风险。

注册会计师应当实施下列风险评估程序，以了解被审计单位及其环境：①询问管理层和被审计单位内部其他人员；②分析程序；③观察和检查。

注册会计师在审计过程中应当实施上述审计程序，但是在了解被审计单位及其环境的每一方面时无须实施上述所有程序。

1. 询问管理层和被审计单位内部其他人员

询问管理层和被审计单位内部其他人员是注册会计师了解被审计单位及其环境的一个重要信息来源。注册会计师可以考虑向管理层和财务负责人询问下列事项：

（1）管理层所关注的主要问题。如新的竞争对手、主要客户和供应商的流失、新的税收法规的实施以及经营目标或战略的变化等。

（2）被审计单位最近的财务状况、经营成果和现金流量。

（3）可能影响财务报告的交易和事项，或者目前发生的重大会计处理问题。如重大的购并事宜等。

（4）被审计单位发生的其他重要变化。如所有权结构、组织结构的变化，以及内部控制的变化等。

注册会计师通过询问获取的大部分信息来自管理层和负责财务报告的人员。注册会计师也可以通过询问被审计单位内部的其他不同层级的人员获取信息，或为识别重大错报风险提供不同的视角。例如：

（1）直接询问治理层，可能有助于注册会计师了解编制财务报表的环境。

（2）直接询问内部审计人员，可能有助于获取有关以下事项的信息。本年度针对被审计单位内部控制设计和运行有效性而实施的内部审计程序，以及管理层是否根据实施这些程序的结果采取了适当的应对措施。

（3）询问参与生成、处理或记录复杂或异常交易的员工，可能有助于注册会计师评价被审计单位选择和运用某项会计政策的恰当性。

（4）直接询问内部法律顾问，可能有助于注册会计师了解有关信息，如诉讼、遵守法律法规的情况、影响被审计单位的舞弊或舞弊嫌疑、产品保证、售后责任、与业务合作伙伴的安排（如合营企业）和合同条款的含义等。

（5）直接询问营销或销售人员，可能有助于注册会计师了解被审计单位营销策略的变化、销售趋势或与客户的合同安排。

2. 实施分析程序

分析程序是指注册会计师通过研究不同财务数据之间以及财务数据与非财务数据之间的内在关系，对财务信息做出评价。分析程序还包括调查识别出的、与其他相关信息不一致或与预期数据严重偏离的波动和关系。

分析程序既可用于风险主体程序和实质性程序，也可用于对财务报表的总体复核。注册会计师实施分析程序有助于识别异常的交易或事项，以及对财务报表和审计产生影响的金额、比率和趋势。在实施分析程序时，注册会计师应当预期可能存在的合理关系，并与被审计单位记录的金额，依据记录金额计算的比率或趋势相比较；如果发现未预期到的关系，注册会计师应当在识别重大错报风险时考虑这些比较结果。

如果使用了高度汇总的数据，实施分析程序的结果可能仅初步显示财务报表存在重大错报，将分析程序的结果与识别重大风险时获取的其他信息一并考虑，可以帮助注册会计师了解并评价分析程序的结果。如被审计单位存在很多产品系列，各个产品系列的毛利率存在一定差异。对总体毛利率实施分析程序的结果可能仅初步显示销售成本存在重大错报，注册会计师需要实施更详细的分析程序。如对每一产品系列进行毛利率分析，或者将总体毛利率分析的结果连同其他信息一并考虑。

3. 观察和检查

观察和检查程序可以支持对管理层和其他相关人员的询问结果,并可以提供有关被审计单位及其环境的信息。注册会计师应当实施下列观察和检查程序:

(1) 观察被审计单位的经营活动。如观察被审计单位人员正在从事的生产活动和内部控制活动,增加注册会计师对被审计单位人员如何进行生产经营活动及实施内部控制的了解。

(2) 检查文件、记录和内部控制手册。如检查被审计单位的经营计划、策略、章程,与其他单位签订的合同、协议,各业务流程操作指引和内部控制手册等,了解被审计单位组织结构和内部控制制度的建立健全情况。

(3) 阅读由管理层和治理层编制的报告。如阅读被审计单位年度和中期财务报告,股东大会、董事会会议、高级管理层会议的会议记录或纪要,管理层的讨论和分析资料,对重要经营环节和外部因素的评价,被审计单位内部管理报告以及其他特殊目的报告(如新投资项目的可行性分析报告)等,了解自上一期审计结束至本期审计期间被审计单位发生的重大事项。

(4) 实地察看被审计单位的生产经营场所和厂房设备。通过现场访问和实地察看被审计单位的生产经营场所和厂房设备,可以帮助注册会计师了解被审计单位的性质及其经营活动。在实地察看被审计单位的厂房和办公场所的过程中,注册会计师有机会与被审计单位管理层和担任不同职责的员工进行交流,可以增强注册会计师对被审计单位的经营活动及其重大影响因素的了解。

(5) 追踪交易在财务报告信息系统中处理过程(穿行测试)。这是注册会计师了解被审计单位业务流程及其相关控制时经常使用的审计程序。通过追踪某笔或某几笔交易在业务流程中如何生成、记录、处理和报告以及相关控制如何执行,注册会计师可以确定被审计单位的交易流程和相关控制是否与之前通过其他程序所获得的了解一致,并确定相关控制是否得到执行。

三、其他审计程序和信息来源

1. 其他审计程序

除了采用上述程序从被审计单位内部获取信息外,如果根据职业判断认为从被审计单位外部获取的信息有助于识别重大错报风险,注册会计师应当实施其他审计程序以获取这些信息。如询问被审计单位聘请的外部法律顾问、专业评估师、投资顾问和财务顾问等。

阅读外部信息也可能有助于注册会计师了解被审计单位及其环境。外部信息包括证券分析师、银行、评级机构出具的有关被审计单位及其所处行业的经济或市场环境等状况的报告、贸易与经济方面的报纸期刊、法规或金融出版物以及政府部门或民间组织发布的行业报告和统计数据等。

2. 其他信息来源

注册会计师应当考虑在客户接受或保持过程中获取的信息是否与识别重大错报风险相关。通常,对新的审计业务,注册会计师应在业务承接阶段对被审计单位及其环境有一个初步的了解,以确定是否承接该业务。而对连续审计业务,也应在每年的续约过程中对上年审计作总体评价,并更新对被审计单位的了解和风险评估结果,以确定是否续约。注册会计师还应当考虑向被审计单位提供其他服务(如执行中期财务报表审阅业务)所获得的经验是否有助于识别重大错报风险。

对于连续审计业务,如果拟利用以往与被审计单位交往的经验和以前审计中实施审计程序获取的信息,注册会计师应当确定被审计单位及其环境前次审计后是否已发生变化,进而可能影响这些信息对本期审计的相关性。如通过前期审计获取的有关被审计单位组织结构、生产经营活动和内部控制的审计证据,以及有关以往的错报和错报是否得到及时更正的信息,可以帮助注册会计师评估本期财务报表的重大错报风险。但值得注意的是,被审计单位或其环境的变化可能导致此类信息在本期审计中已不具有相关性。如注册会计师前期已经了解了内部控制的设计和执行情况,但被审计单位及其环境可能在本期发生变化,导致内部控制也发生相应变化。在这种情况下,注册会计师需要实施询问和其他适当的审计程序(如穿行测试),以确定该变化是否可能影响此类信息在本期审计中的相关性。

根据审计准则的要求,注册会计师应当从六个方面了解被审计单位及其环境。需要说明的是,注册会计师无须在了解每个方面时都实施以上所有的风险评估程序。如在了解内部控制时通常不用分析程序。但是,对被审计单位及其环境获取了解的整个过程中,注册会计师通常会实施上述所有的风险评估程序。

第二节　了解被审计单位及其环境

一、总体要求

注册会计师应当从下列方面了解被审计单位及其环境：①相关行业状况、法律环境和监管环境及其他外部因素；②被审计单位的性质；③被审计单位对会计政策的选择和运用；④被审计单位的目标、战略以及可能导致重大错报风险的相关经营风险；⑤对被审计单位财务业绩的衡量和评价；⑥被审计单位的内部控制。

上述第①项是被审计单位的外部环境，第②、第③、第④项以及第⑥项是被审计单位的内部因素，第⑤项则既有外部因素也有内部因素。值得注意的是，被审计单位及其环境的各个方面可能会互相影响。如被审计单位的行业状况、法律环境与监管环境以及其他外部因素可能影响被审计单位的目标、战略以及相关经营风险，而被审计单位的性质、目标、战略以及相关经营风险可能影响被审计单位对会计政策的选择和运用，以及内部控制的设计和执行。因此，注册会计师在对被审计单位及其环境的各个方面进行了解和评估时，应当考虑各因素之间的相互关系。

注册会计师针对上述六个方面实施的风险评估程序的性质、时间安排和范围取决于审计业务的具体情况，如被审计单位的规模和复杂程度，以及注册会计师的相关审计经验，包括以前对被审计单位提供审计和相关服务的经验以及对类似行业、企业的审计经验。此外，识别被审计单位及其环境在上述各方面与以前期间相比发生的重大变化，对于充分了解被审计单位及其环境、识别和评估重大错报风险尤为重要。

二、行业状况、法律环境和监管环境及其他外部因素

1. 行业状况

了解行业状况有助于注册会计师识别与被审计单位所处行业有关的重大错报风险。

注册会计师应当了解被审计单位的行业状况，主要包括：①所处行业的市

场与竞争，包括市场需求、生产能力和价格竞争；②生产经营的季节性和周期性；③与被审计单位产品相关的生产技术；④能源供应与成本；⑤行业的关键指标和统计数据。

具体而言，注册会计师可能需要了解以下情况：

（1）被审计单位所处行业的总体发展趋势是什么？

（2）处于哪一发展阶段，如起步、快速成长、成熟或衰退阶段？

（3）所处市场的需求、市场容量和价格竞争如何？

（4）该行业是否受经济周期波动的影响，以及采取了什么行动使波动产生的影响最小化？

（5）该行业受技术发展影响的程度如何？

（6）是否开发了新技术？

（7）能源消耗在成本中所占比重，能源价格的变化对成本的影响？

（8）谁是被审计单位最重要的竞争者，它们各自所占的市场份额是多少？

（9）被审计单位与其竞争者相比主要的竞争优势是什么？

（10）被审计单位业务的增长率和财务业绩与行业的平均水平及主要竞争者相比如何？存在重大差异的原因是什么？

（11）竞争者是否采取了某些行动，如购并活动、降低销售价格、开发新技术等，从而对被审计单位的经营活动产生影响？

2. 法律环境与监管环境

了解法律环境与监管环境的主要原因在于：①某些法律法规或监管要求可能对被审计单位经营活动有重大影响，如不遵守将导致停业等严重后果；②某些法律法规或监管要求（如环保法规等）规定了被审计单位某些方面的责任和义务；③某些法律法规或监管要求决定了被审计单位需要遵循的行业惯例和核算要求。

注册会计师应当了解被审计单位所处的法律环境与监管环境，主要包括：①会计原则和行业特定惯例；②受管制行业的法规框架；③对被审计单位经营活动产生重大影响的法律法规，包括直接的监管活动；④税收政策（关于企业所得税和其他税种的政策）；⑤目前对被审计单位开展经营活动产生影响的政府政策，如货币政策（包括外汇管制）、财政政策、财政刺激措施（如政府援助项目）、关税或贸易限制政策等；⑥影响行业和被审计单位经营活动的环保要求。

具体而言，注册会计师可能需要了解以下情况：

（1）国家对某一行业的企业是否有特殊的监管要求（如对银行、保险等行业的特殊监管要求）。

（2）是否存在新出台的法律法规（如新出台的有关产品责任、劳动安全或环境保护的法律法规等），对被审计单位有何影响。

（3）国家货币、财政、税收和贸易等方面政策的变化是否会对被审计单位的经营活动产生影响。

（4）与被审计单位相关的税务法规是否发生变化。

3. 其他外部因素

注册会计师应当了解影响被审计单位经营的其他外部因素，主要包括总体经济情况、利率、融资的可获得性、通货膨胀水平或币位变动等。

具体而言，注册会计师可能需要了解以下情况：

（1）当前的宏观经济状况以及未来的发展趋势如何？

（2）目前国内或本地区的经济状况（如增长率、通货膨胀率、失业率、利率等）怎样影响被审计单位的经营活动？

（3）被审计单位的经营活动是否受到汇率波动或全球市场力量的影响？

4. 了解的重点和程度

注册会计师对行业状况、法律环境与监管环境以及其他外部因素了解的范围和程度会因被审计单位所处行业、规模以及其他因素（如在市场中的地位）的不同而不同。如对从事计算机硬件制造的被审计单位，注册会计师可能更关心市场和竞争以及技术进步的情况；对金融机构，注册会计师可能更关心宏观经济走势以及货币、财政等方面的宏观经济政策；对化工等产生污染的行业，注册会计师可能更关心相关环保法规。注册会计师应当考虑将了解的重点放在对被审计单位的经营活动可能产生重要影响的关键外部因素以及与前期相比发生的重大变化上。

注册会计师应当考虑被审计单位所在行业的业务性质或监管程度是否可能导致特定的重大错报风险，考虑项目组是否配备了具有相关知识和经验的成员。

如建筑行业长期合同涉及收入和成本的重大估计，可能导致重大错报风险；银行监管机构对商业银行的资本充足率有专门规定，不能满足这一监管要求的商业银行可能有操纵财务报表的动机和压力。

三、被审计单位的性质

1. 所有权结构

对被审计单位所有权结构的了解有助于注册会计师识别关联方关系并了解

被审计单位的决策过程。注册会计师应当了解所有权结构以及所有者与其他人员或实体之间的关系，考虑关联方关系是否已经得到识别，以及关联方交易是否得到恰当核算。如注册会计师应当了解被审计单位是属于国有企业、外商投资企业、民营企业，还是属于其他类型的企业，还应当了解其直接控股母公司、间接控股母公司、最终控股母公司和其他股东的构成，以及所有者与其他人员或实体（如控股母公司控制的其他企业）之间的关系。注册会计师应当按照《中国注册会计师审计准则第1323号——关联方》的规定，了解被审计单位识别关联方的程序，获取被审计单位提供的所有关联方信息，并考虑关联方关系是否已经得到识别，关联方交易是否得到恰当记录和充分披露。

同时，注册会计师可能需要对其控股母公司（股东）的情况作进一步的了解，包括控制母公司的所有权性质、管理风格及其对被审计单位经营活动及财务报表可能产生的影响；控股母公司与被审计单位在资产、业务、人员、机构、财务等方面是否分开，是否存在占用资金等情况；控股母公司是否施加压力，要求被审计单位达到其设定的财务业绩目标。

2. 治理结构

良好的治理结构可以对被审计单位的经营和财务运作实施有效的监督，从而降低财务报表发生重大错报的风险。注册会计师应当了解被审计单位的治理结构。如董事会的构成情况、董事会内部是否有独立董事；治理结构中是否设有审计委员会或监事会及其运作情况。注册会计师应当考虑治理层是否能够在独立于管理层的情况下对被审计单位事务（包括财务报告）做出客观判断。

3. 组织结构

复杂的组织结构可能导致某些特定的重大错报风险。注册会计师应当了解被审计单位的组织结构，考虑复杂组织结构可能导致的重大错报风险，包括财务报表合并、商誉减值以及长期股权投资核算等问题。

如对于在多个地区拥有子公司、合营企业、联营企业或其他成员机构，或者存在多个业务分部和地区分部的被审计单位，不仅编制合并财务报表的难度增加，还存在其他可能导致重大错报风险的复杂事项，包括对于子公司、合营企业、联营企业和其他股权投资类别的判断及其会计处理；商誉在不同业务分部间的减值等。

4. 经营活动

了解被审计单位经营活动有助于注册会计师识别预期在财务报表中反映的主要交易类别、重要账户余额和列报。注册会计师应当了解被审计单位的经营活动。主要包括：

（1）主营业务的性质。如主营业务是制造业还是商品批发与零售；是银行、保险还是其他金融服务；是公用事业、交通运输还是提供技术产品和服务等。

（2）与生产产品或提供劳务相关的市场信息。如主要客户和合同、付款条件、利润率、市场份额、竞争者、出口、定价政策、产品声誉、质量保证、营销策略和目标等。

（3）业务的开展情况。如业务分部的设立情况、产品和服务的交付、衰退或扩展的经营活动的详情等。

（4）联盟、合营与外包情况。

（5）从事电子商务的情况。如是否通过互联网销售产品和提供服务以及从事营销活动。

（6）地区分布与行业细分。如是否涉及跨地区经营和多种经营，各个地区和各行业分布的相对规模以及相互之间是否存在依赖关系。

（7）生产设施、仓库和办公室的地理位置，存货存放地点和数量。

（8）关键客户。如销售对象是少量的大客户还是众多的小客户；是否有被审计单位高度依赖的特定客户（如超过销售总额10%的顾客）；是否有造成高回收性风险的若干客户或客户类别（如正处在一个衰退市场中的客户）；是否与某些客户订立了不寻常的销售条款或条件。

（9）货物和服务的重要供应商。如是否签订长期供应合同、原材料供应的可靠性和稳定性、付款条件，以及原材料是否受重大价格变动的影响。

（10）劳动用工安排。如分地区用工情况、劳动力供应情况、工薪水平、退休金和其他福利、股权激励或其他奖金安排以及与劳动用工事项相关的政府法规。

（11）研究与开发活动及其支出。

（12）关联方交易。如有些客户或供应商是否为关联方；对关联方和非关联方是否采用不同的销售和采购条款。此外，还存在哪些关联方交易，对这些交易采用怎样的定价政策。

5. 投资活动

了解被审计单位投资活动有助于注册会计师关注被审计单位在经营策略和方向上的重大变化。注册会计师应当了解被审计单位的投资活动。主要包括：

（1）近期拟实施或已实施的并购活动与资产处置情况，包括业务重组或某些业务的终止。注册会计师应当了解并购活动如何与被审计单位目前的经营业务相协调，并考虑它们是否会引发进一步的经营风险。如被审计单位并购了一个新的业务部门，注册会计师需要了解管理层如何管理这一新业务，而新业务又如何与现有业务相结合，发挥协同优势，如何解决原有经营业务与新业务在信息系统、企业文化等各方面的不一致。

（2）证券投资、委托贷款的发生与处置。

（3）资本性投资活动，包括固定资产和无形资产投资，近期或计划发生的变动，以及重大的资本承诺等。

（4）不纳入合并范围的投资。如联营、合营或其他投资，包括近期计划的投资项目。

6. 筹资活动

了解被审计单位筹资活动有助于注册会计师评估被审计单位在融资方面的压力，并进一步考虑被审计单位在可预见未来的持续经营能力。注册会计师应当了解被审计单位的筹资活动，主要包括：

（1）债务结构和相关条款，包括资产负债表外融资和租赁安排。如获得的信贷额度是否可以满足营运需要；得到的融资条件及利率是否与竞争对手相似，如不相似，原因何在；是否存在违反借款合同中限制性条款的情况；是否承受重大的汇率与利率风险。

（2）主要子公司和联营企业（无论是否处于合并范围内）。

（3）实际受益方及关联方。如实际受益方是国内的还是国外的，其商业声誉和经验可能对被审计单位产生的影响。

（4）衍生金融工具的使用。如衍生金融工具是用于交易目的还是套期目的，以及运用的种类、范围和交易对手等。

7. 财务报告

例如：

（1）会计政策和行业特定惯例，包括特定行业的重要活动（如银行业的贷款和投资、医药行业的研究与开发活动）。

（2）收入确认惯例。

（3）公允价值会计核算。

（4）外币资产、负债与交易。

（5）异常或复杂交易（包括在有争议的或新兴领域的交易）的会计处理（如对以股票为基准的薪酬的会计处理）。

四、被审计单位对会计政策的选择和运用

1. 重大和异常交易的会计处理方法

如本期发生的企业合并的会计处理方法。某些被审计单位可能存在与其所处行业相关的重大交易。如银行向客户发放贷款、证券公司对外投资、医药企业的研究与开发活动等，注册会计师应当考虑对重大的和不经常发生的交易的会计处理方法是否适当。

2. 在缺乏权威性标准或共识、有争议的或新兴领域采用重要会计政策产生的影响

在缺乏权威性标准或共识的领域，注册会计师应当关注被审计单位选用了哪些会计政策、为什么选用这些会计政策以及选用这些会计政策产生的影响。

3. 会计政策的变更

如果被审计单位变更了重要的会计政策，注册会计师应当考虑变更的原因及其适当性，即考虑：

（1）会计政策变更是否是法律、行政法规或者适用的会计准则和相关会计制度要求的变更。

（2）会计政策变更是否能够提供更可靠、更相关的会计信息。除此之外，注册会计师还应当关注会计政策的变更是否得到充分披露。

4. 新颁布的财务报告准则、法律法规以及被审计单位何时采用、如何采用这些规定

如新的企业会计准则自 2007 年 1 月 1 日起在上市公司施行，并鼓励其他企业执行。注册会计师应考虑被审计的上市公司是否已按照新会计准则的要求做好衔接调整工作，并收集执行新会计准则需要的信息资料。

除上述与会计政策的选择和运用相关的事项外，注册会计师还应对被审计单位下列与会计政策运用相关的情况予以关注：

（1）是否采用激进的会计政策、方法、估计和判断。

（2）财会人员是否拥有足够的运用会计准则的知识、经验和能力。

（3）是否拥有足够的资源支持会计政策的运用，如人力资源及培训、信息技术的采用、数据和信息的采集等。

注册会计师应当考虑，被审计单位是否按照适用的会计准则和相关会计制度的规定恰当地进行了列报，并披露了重要事项，列报和披露的主要内容包括：财务报表及其附注的格式、结构安排、内容，财务报表项目使用的术语，

披露信息的明细程度，项目在财务报表中的分类以及列报信息的来源等。注册会计师应当考虑被审计单位是否已对特定事项做了适当的列报和披露。

五、被审计单位的目标、战略以及相关经营风险

1. 目标、战略与经营风险

目标是企业经营活动的指针。企业管理层或治理层一般会根据企业经营面临的外部环境和内部因素，制定合理可行的经营目标。战略是管理层为实现经营目标采用的方法。为了实现某一既定的经营目标，企业可能有多个可行战略。如果目标是在某一特定期间内进入一个新的市场，那么可行的战略可能包括收购该市场内的现有企业、与该市场内的其他企业合资经营或自行开发进入该市场。随着外部环境的变化，企业应对目标和战略做出相应的调整。

经营风险是指可能对被审计单位实现目标和实施战略的能力产生不利影响的重要状况、事项、情况、作为（或不作为）而导致的风险，或由于制定不恰当的目标和战略而导致的风险。不同的企业面临不同的经营风险，这取决于企业经营的性质、所处行业、外部监管环境、企业的规模和复杂程度。管理层有责任识别和应对这些风险。

不能随环境的变化而做出相应的调整固然可能产生经营风险。但是，调整的过程也可能导致经营风险。如为应对消费者需求的变化，企业开发了新产品。但是，开发的新产品可能会产生开发失败的风险；即使开发成功，市场需求可能没有充分开发，从而产生产品营销风险；产品的缺陷还可能导致企业遭受声誉风险和承担产品赔偿责任的风险。

注册会计师应当了解被审计单位是否存在与下列方面有关的目标和战略，并考虑相应的经营风险：

（1）行业发展（如潜在的相关经营风险可能是被审计单位不具备足以应对行业变化的人力资源和业务专长）。

（2）开发新产品或提供新服务（如潜在的相关经营风险可能是被审计单位产品责任增加）。

（3）业务扩张（如潜在的相关经营风险可能是被审计单位对市场需求的估计不准确）。

（4）新的会计要求（如潜在的相关经营风险可能是被审计单位执行不当或不完整，或会计处理成本增加）。

（5）监管要求（如潜在的相关经营风险可能是被审计单位法律责任增加）。

（6）本期及未来的融资条件（如潜在的相关经营风险可能是被审计单位由于无法满足融资条件而失去融资机会）。

（7）信息技术的运用（如潜在的相关经营风险可能是被审计单位信息系统与业务流程难以融合）。

（8）实施战略的影响，特别是由此产生的需要运用新的会计要求的影响（如潜在的相关经营风险可能是被审计单位执行新要求不当或不完整）。

2. 经营风险对重大错报风险的影响

经营风险与财务报表重大错报风险是既有联系又相互区别的两个概念。前者比后者范围更广。注册会计师了解被审计单位的经营风险有助于其识别财务报表重大错报风险。但并非所有的经营风险都与财务报表相关，注册会计师没有责任识别或评估对财务报表没有影响的经营风险。

多数经营风险最终都会产生财务后果，从而影响财务报表，但并非所有的经营风险都会导致重大错报风险。经营风险可能对各类交易、账户余额和披露的认定层次或财务报表层次产生直接影响。如企业合并导致银行客户群减少，使银行信贷风险集中，由此产生的经营风险可能增加与贷款计价认定有关的重大错报风险。同样的风险在经济紧缩时，可能具有更长期的后果，注册会计师在评估持续经营假设的适当性时需要考虑这一问题。注册会计师应当根据被审计单位的具体情况考虑经营风险是否可能导致财务报表发生重大错报。

3. 被审计单位的风险评估过程

管理层通常制定识别和应对经营风险的策略，注册会计师应当了解被审计单位的风险评估过程。此类风险评估过程是被审计单位内部控制的组成部分。

4. 对小型被审计单位的考虑

小型被审计单位通常没有正式的计划和程序来确定其目标、战略并管理经营风险。注册会计师应当询问管理层或观察小型被审计单位如何应对这些事项，以获取了解，并评估重大错报风险。

六、被审计单位财务业绩的衡量和评价

被审计单位管理层经常会衡量和评价关键业绩指标（包括财务和非财务的），预算及差异分析，分部信息和分支机构，部门或其他层次的业绩报告以及与竞争对手的业绩比较。此外，外部机构也会衡量和评价被审计单位的财务业绩，如分析师的报告和信用评级机构的报告。

1. 了解的主要方面

在了解被审计单位财务业绩衡量和评价情况时，注册会计师应当关注下列信息：

（1）关键业绩指标（财务或非财务的）、关键比率、趋势和经营统计数据。

（2）同期财务业绩比较分析。

（3）预算、预测、差异分析，分部信息与分部、部门或其他不同层次的业绩报告。

（4）员工业绩考核与激励性报酬政策。

（5）被审计单位与竞争对手的业绩比较。

2. 关注内部财务业绩衡量的结果

内部财务业绩衡量可能显示未预期的结果或趋势。在这种情况下，管理层通常会进行调查并采取纠正措施。与内部财务业绩衡量相关的信息可能显示财务报表存在错报风险，如内部财务业绩衡量可能显示被审计单位与同行业其他单位相比具有异常快的增长率或盈利水平，此类信息如果与业绩资金或激励性报酬等因素结合起来考虑，可能显示管理层在编制财务报表时存在某种倾向的错报风险。因此，注册会计师应当关注被审计单位内部财务业绩衡量所显示的未预期到的结果或趋势，管理层的调查结果和纠正措施，以及相关信息是否显示财务报表可能存在重大错报。

3. 考虑财务业绩衡量指标的可靠性

如果拟利用被审计单位内部信息系统生成的财务业绩衡量指标，注册会计师应当考虑相关信息是否可靠，以及利用这些信息是否足以实现审计目标。许多财务业绩衡量中使用的信息可能由被审计单位的信息系统生成。如果被审计单位管理层在没有合理基础的情况下，认为内部生成的衡量财务业绩的信息是准确的，而实际上信息有误，那么根据有误的信息得出的结论也可能是错误的。注册会计师计划在审计中（如有实施分析程序时）利用财务业绩指标，应当考虑相关信息是否可靠，以及在实施审计程序时利用这些信息是否足以发现重大错报。

4. 对小型被审计单位的考虑

小型被审计单位通常没有正式的财务业绩衡量和评价程序，管理层往往依据某些关键指标，作为评价财务业绩和采取适当行动的基础，注册会计师应当了解管理层使用的关键指标。

第三节 了解被审计单位的内部控制

一、内部控制的含义和要素

内部控制是被审计单位为了合理保证财务报告的可靠性、经营的效率和效果以及对法律法规的遵守，由治理层、管理层和其他人员设计与执行的政策及程序。

可以从以下几方面理解内部控制：

1. 内部控制的目标是合理保证

即保证：①财务报告的可靠性，这一目标与管理层履行财务报告编制责任密切相关；②经营的效率和效果，经济有效地使用企业资源，以最优方式实现企业的目标；③遵守适用的法律法规的要求，在法律法规的框架下从事经营活动。

2. 设计和实施内部控制的责任主体

设计和实施内部控制的责任主体是治理层、管理层和其他人员，组织中的每一个人都对内部控制负有责任。

3. 实现内部控制目标的手段是设计和执行控制政策及程序

内部控制包括下列要素：①控制环境；②风险评估过程；③与财务报告相关的信息系统和沟通；④控制活动；⑤对控制的监督。内部控制包括上述五项要素；控制包括上述一项或多项要素，或要素表现出的各个方面。

对内部控制要素的分类提供了了解内部控制的框架，但无论如何对内部控制要素进行分类，注册会计师都应当重点考虑，被审计单位的某项控制是否能够以及如何防止或发现并纠正各类交易、账户余额和披露存在的重大错报。也就是说，在了解和评价内部控制时，采用的具体分析框架及控制要素的分类可能并不唯一，重要的是控制能否实现控制目标。注册会计师可以使用不同的框架和术语描述内部控制的不同方面，但必须涵盖上述内部控制五个要素所涉及的各个方面。

被审计单位设计、执行和维护内部控制的方式会因被审计单位的规模和复杂程度的不同而不同。小型被审计单位可能采用非正式和简单的流程与程序实现内部控制的目标，参与日常经营管理的业主（以下简称业主）可能承担多项职能，内部控制要素没有得到清晰区分，注册会计师应当综合考虑小型被审计单位的内部控制要素能否实现其目标。

二、与审计相关的控制

内部控制的目标旨在合理保证财务报告的可靠性、经营的效率和效果以及对法律法规的遵守。注册会计师审计的目标是对财务报表是否不存在重大错报发表审计意见，尽管要求注册会计师在财务报表审计中考虑与财务报表编制相关的内部控制，但目的并非对被审计单位内部控制的有效性发表意见。因此，注册会计师需要了解和评价的内部控制只是与财务报表审计相关的内部控制，并非被审计单位所有的内部控制。

1. 为实现财务报告可靠性目标设计和实施的控制

与审计相关的控制，包括被审计单位为实现财务报告可靠性目标设计和实施的控制。注册会计师应当运用职业判断，考虑一项控制单独或连同其他控制是否与评估重大错报风险以及针对评估的风险设计和实施进一步审计程序有关。

在运用职业判断时，注册会计师应当考虑下列因素：

（1）重要性。

（2）相关风险的重要程度。

（3）被审计单位的规模。

（4）被审计单位业务的性质，包括组织结构和所有权特征。

（5）被审计单位经营的多样性和复杂性。

（6）适用的法律法规。

（7）内部控制的情况和适用的要素。

（8）作为内部控制组成部分的系统（包括使用服务机构）的性质和复杂性。

（9）一项特定控制（单独或连同其他控制）是否以及如何防止或发现并纠正重大错报。

2. 其他与审计相关的控制

如果在设计和实施进一步审计程序时拟利用被审计单位内部生成的信息，针对该信息完整性和准确性的控制可能与审计相关。如果与经营和合规目标相关的控制同注册会计师实施审计程序时评价或使用的数据相关，则这些控制也可能与审计相关。注册会计师以前的经验以及在了解被审计单位及其环境过程中获得的信息，可以帮助注册会计师识别与审计相关的控制。

如果用以保证经营效率、效果的控制以及对法律法规遵守的控制与实施审计程序时评价或使用的数据相关，注册会计师应当考虑这些控制可能与审计相关。对于某些非财务数据（如生产统计数据）的控制，如果注册会计师在实施分析程序时使用这些数据，这些控制就可能与审计相关。又如某些法规（如税法）对财务报表存在直接和重大影响（影响应交税费和所得税费用），为了遵守这些法规，被审计单位可能设计和执行相应的控制，这些控制也与注册会计师的审计相关。

被审计单位通常有一些与目标相关但与审计无关的控制，注册会计师无须对其加以考虑。如被审计单位可能依靠某一复杂的自动化控制提高经营活动的效率和效果（如航空公司用于维护航班时间表的自动化控制系统），但这些控制通常与审计无关。进一步讲，虽然内部控制应用于整个被审计单位或所有经营部门或业务流程，但是，了解与每个经营部门和业务流程相关的内部控制可能与审计无关。

用以保护资产的内部控制可能包括与实现财务报告可靠性和经营效率、效果目标相关的控制。注册会计师在了解保护资产的内部控制各项要素时，可仅考虑其中与财务报告可靠性目标相关的控制。如保护存货安全的控制可能与审计相关，但在生产中防止材料浪费的控制通常就与审计不相关，只有所用材料的成本没有在财务报表中如实反映，才会影响财务报表的可靠性。

三、对内部控制了解的深度

对内部控制了解的深度，是指在了解被审计单位及其环境时对内部控制了解的程度。包括评价控制的设计，并确定其是否得到执行，但不包括对控制是否得到一贯执行的测试。

1. 评价控制的设计

注册会计师在了解内部控制时，应当评价控制的设计，并确定其是否得到执行。评价控制的设计，涉及考虑该控制单独或连同其他控制是否能够有效防止或发现并纠正重大错报。控制得到执行是指某项控制存在且被审计单位正在使用。评估一项无效控制的运行没有什么意义，因此，需要考虑控制的设计。设计不当的控制可能表明存在值得关注的内部控制缺陷。

2. 获取控制设计和执行的审计证据

注册会计师通常实施下列风险评估程序，以获取有关控制设计和执行的审计证据：

（1）询问被审计单位人员。

（2）观察特定控制的运用。

（3）检查文件和报告。

（4）追踪交易在财务报告信息系统中的处理过程（穿行测试）。

这些程序是风险评估程序在了解被审计单位内部控制方面的具体运用。

询问本身并不足以评价控制的设计以及确定其是否得到执行，注册会计师应当将询问与其他风险评估程序结合使用。

3. 了解内部控制的步骤

了解内部控制包括四个重要的步骤。第一步，识别需要降低哪些风险以预防财务报表中发生重大错报。如果某内部控制目标没有实现，风险因素通常被描述为"可能的错误"。第二步，记录相关的内部控制。目的是识别是否存在内部控制降低第一步所列出的风险因素，但没有必要记录和评价与审计无关的内部控制。第三步，评估控制的执行。主要是实施穿行测试，以确信识别的内部控制实际上确实存在。如果存在，注册会计师就可完成对控制设计和执行的评价。第四步，评估内部控制的设计。汇总获得的所有信息，并根据风险因素描绘所识别出的（或执行的）控制。完成上述四个步骤后，注册会计师应当确定内部控制是否存在重大弱点。

4. 了解内部控制与测试控制运行有效性的关系

除非存在某些可以使控制得到一贯运行的自动化控制，否则注册会计师对控制的了解并不足以测试控制运行的有效性。

如获取某一人工控制在某一时点得到执行的审计证据，并不能证明该控制在所审计期间内的其他时点也有效运行。但是，信息技术可以使被审计单位持续一贯地对大量数据进行处理，提高了被审计单位监督控制活动运行情况的能力，信息技术还可以通过对应用软件、数据库、操作系统设置安全控制来实现有效的职责划分。由于信息技术处理流程的内在一贯性，实施审计程序确定某项自动控制是否得到执行，也可能实现对控制运行有效性测试的目标。

四、内部控制的局限性

1. 内部控制的固有局限性

内部控制无论如何有效，都只能为被审计单位实现财务报告目标提供合理保证。内部控制实现目标的可能性受其固有限制的影响。这些限制包括：

（1）在决策时人为判断可能出现错误和因人为失误而导致内部控制失效。如控制的设计和修改可能存在失误。同样地，控制的运行可能无效，如由于负责复核信息的人员不了解复核的目的或没有采取适当的措施，内部控制生成的信息（如例外报告）没有得到有效使用。

（2）控制可能由于两个或更多的人员串通或管理层不当地凌驾于内部控制之上而被规避。如管理层可能与客户签订"背后协议"，修改标准的销售合同条款和条件，从而导致不适当的收入确认。又如软件中的编辑控制旨在识别和报告超过赊销信用额度的交易，但这一控制可能被凌驾或不能得到执行。

此外，如果被审计单位内部行使控制职能的人员素质不适应岗位要求，也会影响内部控制功能的正常发挥。被审计单位实施内部控制的成本效益问题也会影响其效能，当实施某项控制成本大于控制效果而发生损失时，就没有必要设置控制环节或控制措施。内部控制一般都是针对经常重复发生的业务设置的，如果出现不经常发生或未预计到的业务，原有控制就可能不适用。

2. 对小型被审计单位的考虑

小型被审计单位拥有的员工通常较少，限制了其职责分离的程度。但是，在业主管理的小型被审计单位，业主兼经理可以实施比大型被审计单位更有效的监督。这种监督可以弥补职责分离有限的局限性。另外，由于内部控制系统较简单，业主兼经理更有可能凌驾于控制之上。注册会计师在识别由于舞弊导致的重大错报风险时需要考虑这一问题。

第四节 评估重大错报风险

评估重大错报风险是风险评估阶段的最后一个步骤。获取的关于风险因素和抵消控制风险的信息（通过实施风险评估程序），将全部用于对财务报表层次以及各类交易、账户余额和披露认定层次评估重大错报风险。评估将作为确定进一步审计程序的性质、范围和时间的基础，以应对识别的风险。

一、评估财务报表层次和认定层次的重大错报风险

1. 评估重大错报风险时考虑的因素（见表7-1）

表7-1　风险评估时考虑的部分风险因素

（一）已识别的风险是什么？	
财务报表层次	1. 源于薄弱的被审计单位层次内部控制或信息技术一般控制 2. 特别风险 3. 与管理层凌驾和舞弊相关的风险因素 4. 管理层愿意接受的风险，如小企业因缺乏职责分享导致的风险
认定层次	1. 与完整性、准确性、存在或计价相关的特定风险 （1）收入、费用和其他交易 （2）账户余额 （3）财务报表披露 2. 可能产生多重错报的风险
相关内容控制程序	1. 特别风险 2. 用于预防、发现或减轻已识别风险的恰当设计并执行的内部控制程序 3. 仅通过执行控制测试应对的风险
（二）错报（金额影响）可能发生的规模有多大？	
财务报表层次	什么事项可能导致财务报表重大错报？考虑管理层凌驾、舞弊、未预期事件和以往经验
认定层次	考虑： （1）交易、账户余额或披露的固有性质 （2）日常和例外事件 （3）以往经验
（三）事件（风险）发生的可能性多大？	
财务报表层次	考虑： （1）来自高层的基调 （2）管理层风险管理的方法 （3）采用的政策和程序设计 （4）以往经验
认定层次	考虑： （1）相关的内部控制活动 （2）以往经验
相关内容控制程序	识别对于降低事件发生可能性非常关键的管理层风险应对要素

2. 评估重大错报风险的审计程序

在评估重大错报风险时，注册会计师应当实施下列审计程序。

（1）在了解被审计单位及其环境（包括与风险相关的控制）的整个过程中，结合对财务报表中各类交易、账户余额和披露的考虑，识别风险。如被审计单位因相关环境法规的实施需要更新设备，可能面临原有设备闲置或贬值的风险；宏观经济的低迷可能预示应收账款的回收存在问题；竞争者开发的新产品上市，可能导致被审计单位的主要产品在短期内过时，预示将出现存货跌价和长期资产（如固定资产等）的减位。

（2）结合对拟测试的相关控制的考虑，将识别出的风险与认定层次可能发生错报的领域相联系。如销售困难使产品的市场价格下降，可能导致年末存货成本高于其可变现净值而需要计提存货跌价准备，这显示存货的计价认定可能发生错报。

（3）评估识别出的风险，并评价其是否更广泛地与财务报表整体相关，进而潜在地影响多项认定。

（4）考虑发生错报的可能性，包括发生多项错报的可能性，以及潜在错报的重大程度是否足以导致重大错报。

注册会计师应当利用实施风险评估程序获取的信息，包括在评价控制设计和确定其是否得到执行时获取的审计证据，作为支持风险评估结果的审计证据。注册会计师应当根据风险评估结果，确定实施进一步审计程序的性质、时间安排和范围。

3. 识别两个层次的重大错报风险

在对重大错报风险进行识别和评估后，注册会计师应当确定，识别的重大错报风险是与特定的某类交易、账户余额和披露的认定相关，还是与财务报表整体广泛相关，进而影响多项认定。

4. 控制环境对评估财务报表层次重大错报风险的影响

财务报表层次的重大错报风险很可能源于薄弱的控制环境。薄弱的控制环境带来的风险可能对财务报表产生广泛影响，难以限于某类交易、账户余额和披露，注册会计师应当采取总体应对措施。

如被审计单位治理层、管理层对内部控制的重要性缺乏认识，没有建立必要的制度和程序，或管理层经营观念偏于激进，又缺乏实现激进目标的人力资源等，这些缺陷源于薄弱的控制环境，可能对财务报表产生广泛影响，需要注册会计师采取总体应对措施。

5. 控制对评估认定层次重大错报风险的影响

在评估重大错报风险时，注册会计师应当将所了解的控制与特定认定相联系。

这是出于控制有助于防止或发现并纠正认定层次的重大错报。在评估重大错报发生的可能性时，除了考虑可能的风险外，还要考虑控制对风险的抵消和遏制作用。有效的控制会减少错报发生的可能性，而控制不当或缺乏控制，错报就会由可能变成现实。

控制可能与某一认定直接相关，也可能与某一认定间接相关。关系越间接，控制在防止或发现并纠正认定中错报的作用越小。如销售经理对分地区的销售网点的销售情况进行复核，与销售收入完整性的认定只是间接相关。相应地，该项控制在降低销售收入完整性认定中的错报风险方面的效果，要比与该认定直接相关的控制（如将发货单与开具的销售发票相核对）的效果差。

6. 考虑财务报表的可审计性

注册会计师在了解被审计单位内部控制后，可能对被审计单位财务报表的可审计性产生怀疑。如对被审计单位会计记录的可靠性和状况的担心可能会使注册会计师认为很难获取充分、适当的审计证据，以支持对财务报表发表意见。又如管理层严重缺乏诚信，注册会计师认为管理层在财务报表中做出虚假陈述的风险高到无法进行审计的程度。因此，如果通过对内部控制的了解发现下列情况，并对财务报表局部或整体的可审计性产生疑问，注册会计师应当考虑出具保留意见或无法表示意见的审计报告：①被审计单位会计记录的状况和可靠性存在重大问题，不能获取充分、适当的审计证据以发表无保留意见；②对管理层的诚信存在严重疑虑。必要时，注册会计师应当考虑解除业务约定。

二、仅通过实质性程序无法应对的重大错报风险

作为风险评估的一部分，如果认为仅通过实质性程序获取的审计证据无法将认定层次的重大错报风险降至可接受的低水平，注册会计师应当评价被审计单位针对这些风险设计的控制，并确定其执行情况。

在被审计单位对日常交易采用高度自动化处理的情况下，审计证据可能仅以电子形式存在，其充分性和适当性通常取决于自动化信息系统相关控制的有效性，注册会计师应当考虑仅通过实施实质性程序不能获取充分、适当审计证据的可能性。

如某企业通过高度自动化的系统确定采购品种和数量，生成采购订购单，

并通过系统中设定的收货确认和付款条件进行付款。除系统中的相关信息外，该企业没有其他有关订购单和收货的记录。在这种情况下，如果认为仅通过实施实质性程序不能获取充分、适当的审计证据，注册会计师应当考虑依赖的相关控制的有效性，并对其进行了解、评估和测试。

三、对风险评估的修正

注册会计师对认定层次重大错报风险的评估，可能随着审计过程中不断获取审计证据而做出相应的变化。

如注册会计师对重大错报风险的评估可能基于预期控制运行有效这一判断，即相关控制可以防止或发现纠正认定层次的重大错报。但在测试控制运行的有效性时，注册会计师获取的证据可能表明相关控制在被审计期间并未有效运行。同样，在实施实质性程序后，注册会计师可能发现错报的金额和频率比在风险评估时预计的金额和频率高。因此，如果通过实施进一步审计程序获取的审计证据与初始评估获取的审计证据相矛盾，注册会计师应当修正风险评估结果，并相应修改原计划实施的进一步审计程序。

因此，评估重大错报风险与了解被审计单位及其环境一样，也是一个连续和动态的收集，更新与分析信息的过程，贯穿于整个审计过程的始终。

第八章　风险应对

学习目标

　　通过本章的学习，理解财务报表层次重大错报风险与总体应对措施；理解进一步审计程序的含义、要求、性质、时间和范围；掌握针对认定层次所实施的控制测试和实质性程序。

导读案例

　　达美股份有限公司是一家上市较早的商业类企业，公司主营零售业务，同时有一部分房地产开发业务，并与某网站合作，开展网上售货业务。公司有一套相对严密的内部管理制度。自上市后业绩一直较平稳，股价波动不大。诚信会计师事务所接受达美股份有限公司的委托，审计其 2008 年度的会计报表。注册会计师在对该公司货币资金的内部控制采用调查表法、检查凭证法和实地考察法进行测试的基础上，发现该公司货币资金的内部控制存在一定的漏洞，主要表现在以下几个方面：

　　第一，财务部稽核人员对收款台的现金盘点不够好，未能经常进行不定期盘点。

　　第二，通过查看支票登记簿发现，领用的票据号码不连续，存在领用支票不登记的现象。

　　第三，对现金和银行存款的支付基本能坚持审批制度，但在审批的职责权限划分上不够明确，从抽查的支付凭证看，经常出现对相同业务的审批有时是财务经理的签字，有时是业务经理的签字，控制不够严格。

　　在发现上述问题后，注册会计师确认该公司的内部控制属于中信赖程度，因此，适当地扩大了对该公司货币资金进行实质性程序的范围。如采取盘点法对现金进行突击性盘点；采取抽查法审查现金日记账和银行存款日记账；采取审阅法、调节法和函证法对银行存款的真实性和合法性进行审查。

针对审计过程中发现的问题，注册会计师与达美股份有限公司交换了意见，并提请该公司予以调整。对于审计中可能出现的风险，诚信会计师事务所都进行了很好的应对。

第一节　针对财务报表层次重大错报风险的总体应对措施

一、财务报表层次重大错报风险与总体应对措施

在财务报表重大错报风险的评估过程中，注册会计师应当确定，识别的重大错报风险是与特定的某类交易、账户余额和披露的认定相关，还是与财务报表整体广泛相关，进而影响多项认定。如果是后者，则属于财务报表层次的重大错报风险。

注册会计师应当针对评估的财务报表层次重大错报风险确定下列总体应对措施：

1. 向项目组强调保持职业怀疑的必要性

向项目组强调在收集和评价审计证据过程中要保持职业怀疑。

2. 指派更有经验或具有特殊技能的审计人员或利用专家工作

由于各行业在经营业务、经营风险、财务报告、法规要求等方面具有特殊性，审计人员的专业分工细化成为一种趋势。审计项目组成员中应有一定比例的人员曾经参与过被审计单位以前年度的审计，或具有被审计单位所处特定行业的相关审计经验。必要时，要考虑利用信息技术、税务、评估、精算等方面的专家工作。

3. 提供更多的指导

对于财务报表层次重大错报风险较高的审计项目，审计项目组的高级别成员，如项目合伙人、项目经理等经验较丰富的人员，要对其他成员提供更详细、更经常、更及时的指导和监督并加强项目质量复核。

4. 在选择拟实施的进一步审计程序时融入更多的不可预见因素

被审计单位人员尤其是管理层，如果熟悉注册会计师的审计套路，就可能采取种种规避手段，掩盖财务报告中的舞弊行为。因此，在设计拟实施审计程序的性质、时间安排和范围时，为了避免既定思维对审计方案的限制，避免对审计效果的人为干涉，从而使针对重大错报风险的进一步审计程序更加有效，注册会计师要考虑使某些程序不被审计单位管理层预见或事先了解。

5. 对拟实施审计程序的性质、时间安排或范围做出总体修改

财务报表层次的重大错报风险很可能源于薄弱的控制环境。薄弱的控制环境带来的风险可能对财务报表产生广泛影响，难以限于某类交易、账户余额和披露，注册会计师应当采取总体应对措施。相应地，注册会计师对控制环境的了解也影响其对财务报表层次重大错报风险的评估。有效的控制环境可以使注册会计师增强对内部控制和被审计单位内部产生证据的信赖程度。如果控制环境存在缺陷，注册会计师在对拟实施审计程序的性质、时间安排和范围做出总体修改时应当考虑：

（1）在期末而非期中实施更多的审计程序。控制环境的缺陷通常会削弱期中获得的审计证据的可信赖程度。

（2）通过实施实质性程序获得更广泛的审计证据。良好的控制环境是其他控制要素发挥作用的基础。控制环境存在缺陷通常会削弱其他控制要素的作用，导致注册会计师可能无法信赖内部控制，而主要依赖实施实质性程序获取审计证据。

（3）增加拟纳入审计范围的经营地点的数量。

二、增加审计程序不可预见性的方法

1. 增加审计程序不可预见性的思路

注册会计师可以通过增加审计程序提高审计程序的不可预见性，例如：

（1）对某些以前未测试的低于设定的重要性水平或风险较小的账户余额和认定实施实质性程序。注册会计师可以关注以前未曾关注过的审计领域，尽管这些领域可能重要程度比较低。如果这些领域有可能被用于掩盖舞弊行为，注册会计师就要针对这些领域实施一些具有不可预见性的测试。

（2）调整实施审计程序的时间，使其超出被审计单位的预期。如果注册会计师在以前年度的大多数审计工作都围绕着 12 月或在年底前后进行，那么被审计单位就了解注册会计师这一审计习惯，因此可能会把一些不适当的会

计调整放在年度的 9 月、10 月或 11 月等，以避免引起注册会计师的注意。因此，注册会计师可以考虑调整实施审计程序时测试项目的时间，从测试 12 月的项目调整到测试 9 月、10 月或 11 月的项目。

（3）采取不同的审计抽样方法，使当年抽取的测试样本与以前有所不同。

（4）选取不同的地点实施审计程序，或预先不告知被审计单位所选定的测试地点。如在存货监盘程序中，注册会计师可以到未事先通知被审计单位的盘点现场进行监盘，使被审计单位没有机会事先清理现场，隐藏一些不想让注册会计师知道的情况。

2. 增加审计程序不可预见性的实施要点

（1）注册会计师需要与被审计单位的高层管理人员事先沟通，要求实施具有不可预见性的审计程序，但不能告知其具体内容。注册会计师可以在签订审计业务约定书时明确提出这一要求。

（2）虽然对于不可预见性程度没有量化的规定，但审计项目组可根据对舞弊风险的评估等确定具有不可预见性的审计程序。审计项目组可以汇总那些具有不可预见性的审计程序，并记录在审计工作底稿中。

（3）项目合伙人需要安排项目组成员有效地实施具有不可预见性的审计程序，但同时要避免使项目组成员处于困难境地。

三、总体应对措施对拟实施进一步审计程序的总体审计方案的影响

财务报表层次重大错报风险难以限于某类交易、账户余额和披露的特点，意味着此类风险可能对财务报表的多项认定产生广泛影响，并相应增加注册会计师对认定层次重大错报风险的评估难度。因此，注册会计师评估的财务报表层次重大错报风险以及采取的总体应对措施，对拟实施进一步审计程序的总体审计方案具有重大影响。

拟实施进一步审计程序的总体审计方案包括实质性方案和综合性方案。实质性方案是指注册会计师实施的进一步审计程序以实质性程序为主；综合性方案是指注册会计师在实施进一步审计程序时，将控制测试与实质性程序结合使用。当评估的财务报表层次重大错报风险属于高风险水平（并相应采取更强调审计程序不可预见性以及重视调整审计程序的性质、时间安排和范围等总体应对措施）时，拟实施进一步审计程序的总体方案往往更倾向于实质性方案。

第二节 针对认定层次重大错报风险的 进一步审计程序

一、进一步审计程序的含义和要求

1. 进一步审计程序的含义

进一步审计程序相对于风险评估程序而言，是指注册会计师针对评估的各类交易、账户余额和披露认定层次重大错报风险实施的审计程序，包括控制测试和实质性程序。

注册会计师应当针对评估的认定层次重大错报风险设计和实施进一步审计程序，包括审计程序的性质、时间安排和范围。注册会计师设计和实施的进一步审计程序的性质、时间安排和范围，应当与评估的认定层次重大错报风险具备明确的对应关系。注册会计师实施的审计程序应具有目的性和针对性，有的放矢地配置审计资源，有利于提高审计效率和效果。

需要说明的是，尽管在应对评估的认定层次重大错报风险时，拟实施的进一步审计程序的性质、时间安排和范围都应当确保其具有针对性，但其中进一步审计程序的性质是最重要的。如注册会计师评估的重大错报风险越高，实施进一步审计程序的范围通常越大；但是只有首先确保进一步审计程序的性质与特定风险相关时，扩大审计程序的范围才是有效的。

2. 设计进一步审计程序时的考虑因素

在设计进一步审计程序时，注册会计师应当考虑下列因素：

（1）风险的重要性。风险的重要性是指风险造成的后果的严重程度。风险的后果越严重，就越需要注册会计师关注和重视，越需要精心设计有针对性的进一步审计程序。

（2）重大错报发生的可能性。重大错报发生的可能性越大，同样越需要注册会计师精心设计进一步审计程序。

（3）涉及的各类交易、账户余额和披露的特征。不同的交易、账户余额和披露，产生的认定层次的重大错报风险也会存在差异，适用的审计程序也有差别，需要注册会计师区别对待，并设计有针对性的进一步审计程序予以应对。

（4）被审计单位采用的特定控制的性质。不同性质的控制（无论是人工控制还是自动化控制）对注册会计师设计进一步审计程序具有重要影响。

（5）注册会计师是否拟获取审计证据，以确定内部控制在防止或发现并纠正重大错报方面的有效性。如果注册会计师在风险评估时预期内部控制运行有效，随后拟实施的进一步审计程序就必须包括控制测试，且实质性程序自然会受到之前控制测试结果的影响。

综合上述几方面因素，注册会计师对认定层次重大错报风险的评估为确定进一步审计程序的总体审计方案奠定了基础。因此，注册会计师应当根据对认定层次重大错报风险的评估结果，恰当选用实质性方案或综合性方案。通常情况下，注册会计师出于成本效益的考虑可以采用综合性方案设计进一步审计程序，即将测试控制运行的有效性与实质性程序结合使用。但在某些情况下（如仅通过实质性程序无法应对重大错报风险），注册会计师必须通过实施控制测试，才可能有效应对评估出的某一认定的重大错报风险；而在另一些情况下（如注册会计师的风险评估程序未能识别出与认定相关的任何控制，或注册会计师认为控制测试很可能不符合成本效益原则），注册会计师可能认为仅实施实质性程序就是适当的。

小型被审计单位可能不存在能够被注册会计师识别的控制活动，注册会计师实施的进一步审计程序可能主要是实质性程序。但是，注册会计师始终应当考虑在缺乏控制的情况下，仅通过实施实质性程序是否能够获取充分、适当的审计证据。

还需要特别说明的是，注册会计师对重大错报风险的评估毕竟是一种主观判断，可能无法充分识别所有的重大错报风险，同时内部控制存在固有局限性（特别是存在管理层凌驾于内部控制之上的可能性），因此，无论选择何种方案，注册会计师都应当对所有重大的各类交易、账户余额和披露设计实施实质性程序。

二、进一步审计程序的性质

1. 进一步审计程序的性质的含义

进一步审计程序的性质是指进一步审计程序的目的和类型。进一步审计程序的目的包括通过实施控制测试以确定内部控制运行的有效性，通过实施实质性程序以发现认定层次的重大错报。进一步审计程序的类型包括检查、观察、询问、函证、重新计算、重新执行和分析程序。

如前所述，在应对评估的风险时，合理确定审计程序的性质是最重要的。这是因为不同的审计程序应对特定认定错报风险的效力不同。如对于与收入完整性认定相关的重大错报风险，控制测试通常更能有效应对；对于与收入发生认定相关的重大错报风险，实质性程序通常更能有效应对。又如实施应收账款的函证程序可以为应收账款在某一时点存在的认定提供审计证据，但通常不能为应收账款的计价认定提供审计证据。对应收账款的计价认定，注册会计师通常需要实施其他更有效的审计程序，如审查应收账款账龄和期后收款情况，了解欠款客户的信用情况等。

2. 进一步审计程序的性质的选择

在确定进一步审计程序的性质时，注册会计师首先需要考虑的是认定层次重大错报风险的评估结果。因此，注册会计师应当根据认定层次重大错报风险的评估结果选择审计程序。评估的认定层次重大错报风险越高，对通过实质性程序获取的审计证据的相关性和可靠性的要求越高，从而可能影响进一步审计程序的类型及其综合运用。如当注册会计师判断某类交易协议的完整性存在更高的重大错报风险时，除了检查文件以外，注册会计师还可能决定向第三方询问或函证协议条款的完整性。

除从总体上把握认定层次重大错报风险的评估结果对选择进一步审计程序的影响外，在确定拟实施的审计程序时，注册会计师接下来应当考虑评估的认定层次重大错报风险产生的原因，包括考虑各类交易、账户余额和披露的具体特征以及内部控制。如注册会计师可能判断某特定类别的交易即使在不存在相关控制的情况下发生重大错报的风险仍较低，此时注册会计师可能认为仅实施实质性程序就可以获取充分、适当的审计证据。又如对于经由被审计单位信息系统日常处理和控制的某类交易，如果注册会计师预期此类交易在内部控制运行有效的情况下发生重大错报的风险较低，且拟在控制运行有效的基础上设计实质性程序，注册会计师就会决定先实施控制测试。

三、进一步审计程序的时间

1. 进一步审计程序的时间的含义

进一步审计程序的时间是指注册会计师何时实施进一步审计程序，或审计证据适用的期间或时点。因此，当提及进一步审计程序的时间时，在某些情况下指的是审计程序的实施时间，在另一些情况下则指需要获取的审计证据适用的期间或时点。

2. 进一步审计程序的时间的选择

有关进一步审计程序的时间选择问题，第一个层面是注册会计师选择在何时实施进一步审计程序的问题；第二个层面是选择获取什么期间或时点的审计证据的问题。第一个层面的选择问题主要集中在如何权衡期中与期末实施审计程序的关系；第二个层面的选择问题分别集中在如何权衡期中审计证据与期末审计证据的关系、如何权衡以前审计获取的审计证据与本期审计获取的审计证据的关系。这两个层面的最终落脚点都是如何确保获取审计证据的效率和效果。

注册会计师可以在期中或期末实施控制测试或实质性程序。这就引出了注册会计师应当如何选择实施审计程序的时间问题。一项基本的考虑因素应当是注册会计师评估的重大错报风险，当重大错报风险较高时，注册会计师应当考虑在期末或接近期末实施实质性程序，或采用不通知的方式，或在管理层不能预见的时间实施审计程序。

虽然在期末实施审计程序在很多情况下非常必要，但仍然不排除注册会计师在期中实施审计程序可能发挥的积极作用。在期中实施进一步审计程序，可能有助于注册会计师在审计工作初期识别重大事项，并在管理层的协助下及时解决这些事项；或针对这些事项制定有效的实质性方案或综合性方案。当然，在期中实施进一步审计程序也存在很大的局限。首先，注册会计师往往难以仅凭在期中实施的进一步审计程序获取有关期中以前的充分、适当的审计证据（如某些期中以前发生的交易或事项在期中审计结束时尚未完结）；其次，即使注册会计师在期中实施的进一步审计程序能够获取有关期中以前的充分、适当的审计证据，但从期中到期末这段剩余期间还往往会发生重大的交易或事项（包括期中以前发生的交易、事项的延续以及期中以后发生的新的交易、事项），从而对所审计期间的财务报表认定产生重大影响；最后，被审计单位管理层也完全有可能在注册会计师于期中实施进一步审计程序之后对期中以前的相关会计记录做出调整甚至篡改，这些都会导致注册会计师在期中实施进一步审计程序后所获取的审计证据发生变化。为此，如果在期中实施了进一步审计程序，注册会计师还应当针对剩余期间获取审计证据。

注册会计师在确定何时实施审计程序时应当考虑的几项重要因素包括：

（1）控制环境。良好的控制环境可以抵消在期中实施进一步审计程序的局限性，使注册会计师在确定实施进一步审计程序的时间时有更大的灵活度。

（2）何时能得到相关信息。如某些控制活动可能仅在期中（或期中以前）发生，而之后可能难以再被观察到。又如某些电子化的交易和账户文档如未能及时取得，可能被覆盖。在这些情况下，注册会计师如果希望获取相关信息，则需要考虑能够获取相关信息的时间。

（3）错报风险的性质。如被审计单位可能为了保证盈利目标的实现，而在会计期末以后伪造销售合同以虚增收入，此时注册会计师需要考虑在期末（即资产负债表日）这个特定时点获取被审计单位截至期末所能提供的所有销售合同及相关资料，以防范被审计单位在资产负债表日后伪造销售合同虚增收入的做法。

（4）审计证据适用的期间或时点。注册会计师应当根据需要获取的特定审计证据确定何时实施进一步审计程序。如为了获取资产负债表日的存货余额证据，显然不宜在与资产负债表日间隔过长的期中时点或期末以后时点实施存货监盘等相关审计程序。

需要说明的是，虽然注册会计师在很多情况下可以根据具体情况选择实施进一步审计程序的时间，但也存在着一些限制选择的情况。某些审计程序只能在期末或期末以后实施，包括将财务报表与会计记录相核对，检查财务报表编制过程中所作的会计调整等。如果被审计单位在期末或接近期末发生了重大交易，或重大交易在期末尚未完成，注册会计师应当考虑交易的发生或截止等认定可能存在的重大错报风险，并在期末或期末以后检查此类交易。

四、进一步审计程序的范围

1. 进一步审计程序的范围的含义

进一步审计程序的范围是指实施进一步审计程序的数量，包括抽取的样本量、对某项控制活动的观察次数等。

2. 确定进一步审计程序的范围时考虑的因素

在确定进一步审计程序的范围时，注册会计师应当考虑下列因素：

（1）确定的重要性水平。确定的重要性水平，使注册会计师实施进一步审计程序的范围越广。

（2）评估的重大错报风险。评估的重大错报风险越高，对拟获取审计证据的相关性、可靠性的要求越高，因此，注册会计师实施的进一步审计程序的范围也越广。

（3）计划获取的保证程度。计划获取的保证程度，是指注册会计师计划通过所实施的审计程序对测试结果可靠性所获取的信心。计划获取的保证程度越高，对测试结果可靠性要求越高，注册会计师实施的进一步审计程序的范围越广。如注册会计师对财务报表是否不存在重大错报的信心可能来自控制测试和实质性程序。如果注册会计师计划从控制测试中获取更高的保证程度，则控制测试的范围就更广。

重要性水平（可容忍错报）、评估的重大错报风险及计划获取的保证程度与样本规模的关系。

需要说明的是，随着重大错报风险的增加，注册会计师应当考虑扩大审计程序的范围。但是，只有当审计程序本身与特定风险相关时，扩大审计程序的范围才是有效的。

在考虑确定进一步审计程序的范围时，使用计算机辅助审计技术具有积极的作用。注册会计师可以使用计算机辅助审计技术对电子化的交易和账户文档进行更广泛的测试，包括从主要电子文档中选取交易样本，或按照某一特征对交易进行分类，或对总体而非样本进行测试。

鉴于进一步审计程序的范围往往是通过一定的抽样方法加以确定的，因此，注册会计师需要慎重考虑抽样过程对审计程序范围的影响是否能够有效实现审计目的。注册会计师使用恰当的抽样方法通常可以得出有效结论。但如果存在下列情形，注册会计师依据样本得出的结论可能与对总体实施同样的审计程序得出的结论不同，出现不可接受的风险：①从总体中选择的样本量过小；②选择的抽样方法对实现特定目标不适当；③未对发现的例外事项进行恰当的追查。

此外，注册会计师在综合运用不同审计程序时，除了面临各类审计程序的性质选择问题外，还面临如何权衡各类程序的范围问题。因此，注册会计师在综合运用不同审计程序时，不仅应当考虑各类审计程序的性质，还应当考虑测试的范围是否恰当。

第三节　控制测试

控制测试是为了获取关于控制防止或发现并纠正认定层次重大错报的有效性而实施的测试。注册会计师应当选择为相关认定提供证据的控制进行测试。

一、控制测试的含义和要求

1. 控制测试的含义

控制测试是指用于评价内部控制在防止或发现并纠正认定层次重大错报方面的运行有效性的审计程序，这一概念需要就了解内部控制进行区分。了解内部控制包含两层含义：一是评价控制的设计；二是确定控制是否得到执行。测试控制运行的有效性与确定控制是否得到执行所需获取的审计证据是不同的。

在实施风险评估程序以获取控制是否得到执行的审计证据时，注册会计师应当确定某项控制是否存在，被审计单位是否正在使用。

在测试控制运行的有效性时，注册会计师应当从下列方面获取关于控制是否有效运行的审计证据：

（1）控制在所审计期间的相关时点是如何运行的。

（2）控制是否得到一贯执行。

（3）控制由谁或以何种方式执行。

从这三个方面看，控制运行有效性强调的是控制能够在各个不同时点按照既定设计得以一贯执行。因此，在了解控制是否得到执行时，注册会计师只需抽取少量的交易进行检查或观察某几个时点。但在测试控制运行的有效性时，注册会计师需要抽取足够数量的交易进行检查或对多个不同时点进行观察。

下面举例说明两者之间的区别。某被审计单位针对销售收入和销售费用的业绩评价控制如下：财务经理每月审核实际销售收入（按产品细分）和销售费用（按费用项目细分），并与预算数和上年同期数比较，对于差异金额超过5%的项目进行分析并编制分析报告；销售经理审阅该报告并采取适当跟进措施。注册会计师抽查了最近3个月的分析报告，并看到上述管理人员在报告上签字确认，证明该控制已经得到执行。然而，注册会计师在与销售经理的讨论中发现他对分析报告中明显异常的数据并不了解其原因，也无法做出合理解释，从而显示该控制并未得到有效的运行。

测试控制运行的有效性与确定控制是否得到执行所需获取的审计证据虽然存在差异，但两者也有联系。为评价控制设计和确定控制是否得到执行而实施的某些风险评估程序并非专为控制测试而设计，但可能提供有关控制运行有效性的审计证据，注册会计师可以考虑在评价控制设计和获取其得到执行的审计证据的同时测试控制运行有效性，以提高审计效率；同时注册会计师应当考虑这些审计证据是否足以实现控制测试的目的。

如被审计单位采用预算管理制度，以防止或发现并纠正与费用有关的重大错报风险。通过询问管理层是否编制预算，观察管理层对月度预算费用与实际发生费用的比较，并检查预算金额与实际金额之间的差异报告，注册会计师可能获取有关被审计单位费用预算管理制度的设计及其是否得到执行的审计证据，同时也可能获取相关制度运行有效性的审计证据。当然，注册会计师需要考虑所实施的风险评估程序获取的审计证据是否能够充分、适当地反映被审计单位费用预算管理制度在各个不同时点按照既定设计得以一贯执行。

2. 控制测试的要求

作为进一步审计程序的类型之一，控制测试并非在任何情况下都需要实施。当存在下列情形之一时，注册会计师应当实施控制测试：①在评估认定层次重大错报风险时，预期控制的运行是有效的；②仅实施实质性程序并不能够提供认定层次充分、适当的审计证据。

如果在评估认定层次重大错报风险时预期控制的运行是有效的，注册会计师应当实施控制测试，就控制在相关期间或时点的运行有效性获取充分、适当的审计证据。

注册会计师通过实施风险评估程序，可能发现某项控制的设计是存在的，也是合理的，同时得到了执行。在这种情况下，出于成本效益的考虑，注册会计师可能预期，如果相关控制在不同时点都得到了一贯执行，与该项控制有关的财务报表认定发生重大错报的可能性就不会很大，也就不需要实施很多的实质性程序。为此，注册会计师可能会认为值得对相关控制在不同时点是否得到了一贯执行进行测试，即实施控制测试。这种测试主要是出于成本效益的考虑，其前提是注册会计师通过了解内部控制以后认为某项控制存在着被信赖和利用的可能。因此，只有认为控制设计合理、能够防止或发现和纠正认定层次的重大错报，注册会计师才有必要对控制运行的有效性实施测试。

如果认为仅实施实质性程序获取的审计证据无法将认定层次重大错报风险降至可接受的低水平，注册会计师应当实施相关的控制测试，以获取控制运行有效性的审计证据。

此外，需要说明的是，被审计单位在所审计期间内可能由于技术更新或组织管理变更而更换了信息系统，从而导致在不同时期使用了不同的控制。如果被审计单位在所审计期间内的不同时期使用了不同的控制，注册会计师应当考虑不同时期控制运行的有效性。

二、控制测试的性质

1. 控制测试的性质的含义

控制测试的性质是指控制测试所使用的审计程序的类型及其组合。

计划从控制测试中获取的保证水平是决定控制测试性质的主要因素之一。注册会计师应当选择适当类型的审计程序以获取有关控制运行有效性的保证。在计划和实施控制测试时，对控制有效性的信赖程度越高，注册会计师应当获取越有说服力的审计证据。当拟实施的进一步审计程序主要以控制测试为主，尤其是仅实施实质性程序无法或不能获取充分、适当的审计证据时，注册会计师应当获取有关控制运行有效性的更高的保证水平。

虽然控制测试与了解内部控制的目的不同，但两者采用审计程序的类型通常相同，包括询问、观察、检查和重新执行。

（1）询问。注册会计师可以向被审计单位适当员工询问，获取与内部控制运行情况相关的信息。如询问信息系统管理人员有无未经授权接触计算机硬件和软件，向负责复核银行存款余额调节表的人员询问如何进行复核，包括复核的要点是什么、发现不符事项如何处理等。然而，仅仅通过询问不能为控制运行的有效性提供充分的证据，注册会计师通常需要印证被询问者的答复，如向其他人员询问和检查执行控制时所使用的报告、手册或其他文件等。因此，虽然询问是一种有用的手段，但它必须和其他测试手段结合使用才能发挥作用。在询问过程中，注册会计师应当保持职业怀疑。

（2）观察。观察是测试不留下书面记录的控制（如职责分离）运行情况的有效方法。如观察存货盘点控制的执行情况。观察也可运用于实物控制，如查看仓库门是否锁好，或空白支票是否妥善保管。通常情况下，注册会计师通过观察直接获取的证据比间接获取的证据更可靠。但是，注册会计师还要考虑其所观察到的控制在注册会计师不在场时可能未被执行的情况。

（3）检查。对运行情况留有书面证据的控制，检查非常适用。书面说明、复核时留下的记号，或其他记录在偏差报告中的标志，都可以被当作控制运行情况的证据。如检查销售发票是否有复核人员签字，检查销售发票是否附有客户订购单和出库单等。

（4）重新执行。通常只有当询问、观察和检查程序结合在一起仍无法获得充分的证据时，注册会计师才考虑通过重新执行来证实控制是否有效运行。如为了合理保证计价认定的准确性，被审计单位的一项控制是由复核人员核对销售发票上的价格与统一价格单上的价格是否一致。但是，要检查复核人员有没有认真执行核对，仅仅检查复核人员是否在相关文件上签字是不够的，注册会计师还需要自己选取一部分销售发票进行核对，这就是重新执行程序。如果需要进行大量的重新执行，注册会计师就要考虑通过实施控制测试以缩小实质性程序的范围是否有效率。

询问本身并不足以测试控制运行的有效性。因此，注册会计师需要将询问与其他审计程序结合使用。而观察所提供的证据仅限于观察发生的时点，因此，将询问与检查或重新执行结合使用，可能比仅实施询问和观察获取更高水平的保证。如被审计单位针对处理收到的邮政汇款单设计和执行了相关的内部控制，注册会计师通过询问和观察程序往往不足以测试此类控制的运行有效性，还需要检查能够证明此类控制在所审计期间的其他时段有效运行的文件和凭证，以获取充分、适当的审计证据。

2. 确定控制测试性质时的要求

（1）考虑特定控制的性质。注册会计师应当根据特定控制的性质选择所需实施审计程序的类型。如某些控制可能存在反映控制运行有效性的文件记录，在这种情况下，注册会计师可以检查这些文件记录以获取控制运行有效的审计证据；某些控制可能不存在文件记录（如一项自动化的控制活动），或文件记录与能否证实控制运行有效性不相关，注册会计师应当考虑实施检查以外的其他审计程序（如询问和观察）或借助计算机辅助审计技术，以获取有关控制运行有效性的审计证据。

（2）考虑测试与认定直接相关和间接相关的控制。在设计控制测试时，注册会计师不仅应当考虑与认定直接相关的控制，还要考虑这些控制所依赖的与认定间接相关的控制，以获取支持控制运行有效性的审计证据。如被审计单位可能针对超出信用额度的例外赊销交易设置报告和审核制度（与认定直接相关的控制）。在测试该项制度的运行有效性时，注册会计师不仅应当考虑审核的有效性，还应当考虑与例外赊销报告中信息准确性有关的控制（与认定间接相关的控制）是否有效运行。

（3）如何对一项自动化的应用控制实施控制测试。对于一项自动化的应用控制，由于信息技术处理过程的内在一贯性，注册会计师可以利用该项控制得以执行的审计证据和信息技术一般控制（特别是对系统变动的控制）运行有效性的审计证据，作为支持该项控制在相关期间运行有效性的重要审计证据。

3. 实施控制测试时对双重目的的实现

控制测试的目的是评价控制是否有效运行；细节测试的目的是发现认定层次的重大错报。尽管两者目的不同，但注册会计师可以考虑针对同一交易同时实施控制测试和细节测试，以实现双重目的，如注册会计师通过检查某笔交易的发票可以确定其是否经过适当的授权，也可以获取关于该交易的金额、发生时间等细节证据。当然，如果拟实施双重目的测试，注册会计师应当仔细设计和评价测试程序。

4. 实施实质性程序的结果对控制测试结果的影响

如果通过实施实质性程序未发现某项认定存在错报，这本身并不能说明与该认定有关的控制是有效运行的；但如果通过实施实质性程序发现某项认定存在错报，注册会计师应当在评价相关控制的运行有效性时予以考虑。因此，注册会计师应当考虑实施实质性程序发现的错报对评价相关控制运行有效性的影响（如降低对相关控制的信赖程度、调整实质性程序的性质、扩大实质性程序的范围等）。如果实施实质性程序发现被审计单位没有识别出的重大错报，通常表明内部控制存在重大缺陷，注册会计师应当就这些缺陷与管理层和治理层进行沟通。

三、控制测试的时间

1. 控制测试的时间的含义

如前所述，控制测试的时间包含两层含义：一是何时实施控制测试；二是测试所针对的控制适用的时点或期间。一个基本的原理是，如果测试特定时点的控制，注册会计师仅得到该时点控制运行有效性的审计证据；如果测试某一期间的控制，注册会计师可获取控制在该期间有效运行的审计证据。因此，注册会计师应当根据控制测试的目的确定控制测试的时间，并确定拟信赖的相关控制的时点或期间。

关于根据控制测试的目的确定控制测试的时间，如果仅需要测试控制在特定时点的运行有效性（如对被审计单位期末存货盘点进行控制测试），注册会计师只需要获取该时点的审计证据。如果需要获取控制在某一期间有效运行的审计证据，仅获取与时点相关的审计证据是不充分的，注册会计师应当辅以其他控制测试，包括测试被审计单位对控制的监督。换言之，关于控制在多个不同时点的运行有效性的审计证据的简单累加并不能构成控制在某期间的运行有效性的充分、适当的审计证据；而所谓的"其他控制测试"应当具备的功能是，能提供相关控制在所有相关时点都运行有效的审计证据；被审计单位对控制的监督起到的就是一种检验相关控制在所有相关时点是否都有效运行的作用，因此，注册会计师测试这类活动能够强化控制在某期间运行有效性的审计证据效力。

2. 如何考虑期中审计证据

对于控制测试，注册会计师在期中实施此类程序具有更积极的作用。但需要说明的是，即使注册会计师已获取有关控制在期中运行有效性的审计证据，仍然需要考虑如何能够将控制在期中运行有效性的审计证据合理延伸至期末，一个基本的考虑是针对期中至期末这段剩余期间获取充分、适当的审计证据。因此，如果已获取有关控制在期中运行有效性的审计证据，并拟利用该证据，注册会计师应当实施下列审计程序：①获取这些控制在剩余期间发生重大变化的审计证据；②确定针对剩余期间还需获取的补充审计证据。

上述两项审计程序中，第一项是针对期中已获取审计证据的控制，考察这些控制在剩余期间的变化情况（包括是否发生了变化以及如何变化）；如果这些控制在剩余期间没有发生变化，注册会计师可能决定信赖期中获取的审计证据；如果这些控制在剩余期间发生了变化（如信息系统、业务流程或人事管理等方面发生变动），注册会计师需要了解并测试控制的变化对期中审计证据的影响。

上述两项审计程序中，第二项是针对期中证据以外的、剩余期间的补充证据。在执行该项规定时，注册会计师应当考虑下列因素：

（1）评估的认定层次重大错报风险的重要程度。评估的重大错报风险对财务报表的影响越大，注册会计师需要获取的剩余期间的补充证据越多。

（2）在期中测试的特定控制以及自期中测试后发生的重大变动。如对自动化运行的控制，注册会计师更可能测试信息系统一般控制的运行有效性，以获取控制在剩余期间运行有效性的审计证据。

（3）在期中对有关控制运行有效性获取的审计证据的程度。如果注册会计师在期中对有关控制运行有效性获取的审计证据比较充分，可以考虑适当减少需要获取的剩余期间的补充证据。

（4）剩余期间的长度。剩余期间越长，注册会计师需要获取的剩余期间的补充证据越多。

（5）在信赖控制的基础上拟缩小实质性程序的范围。注册会计师对相关控制的信赖程度越高，通常在信赖控制的基础上拟减少进一步实质性程序的范围就越大。在这种情况下，注册会计师需要获取的剩余期间的补充证据越多。

（6）控制环境。在注册会计师总体上拟信赖控制环境的前提下，控制环境越薄弱（或把握程度越低），注册会计师需要获取的剩余期间的补充证据越多。

除了上述的测试剩余期间控制的运行有效性，测试被审计单位对控制的监督也能够作为一项有益的补充证据，以便更有把握地将控制在期中运行有效性的审计证据延伸至期末。如前所述，被审计单位对控制的监督起到的是一种检验相关控制在所有相关时点是否都有效运行的作用，因此，通过测试剩余期间控制的运行有效性或测试被审计单位对控制的监督，注册会计师可以获取补充审计证据。

3. 如何考虑以前审计获取的审计证据

注册会计师考虑以前审计获取的有关控制运行有效性的审计证据，其意义在于：一方面，内部控制中的诸多要素对于被审计单位往往是相对来说稳定的（相对于具体的交易、账户余额和披露），因此，注册会计师在本期审计时还是可以适当考虑利用以前审计获取的有关控制运行有效性的审计证据；另一方面，内部控制在不同期间可能发生重大变化，注册会计师在利用以前审计获取的有关控制运行有效性的审计证据时需要格外慎重，充分考虑各种因素。

关于如何考虑以前审计获取的有关控制运行有效性的审计证据，基本思路是考虑拟信赖的以前审计中测试的控制在本期是否发生变化，因为考虑与控制变化有关的审计证据有助于注册会计师决定合理调整拟在本期获取的有关控制运行有效性的审计证据。

（1）基本思路：考虑拟信赖的以前审计中测试的控制在本期是否发生变化。如果拟信赖以前审计获取的有关控制运行有效性的审计证据，注册会计师应当通过实施询问并结合观察或检查程序，获取这些控制是否已经发生变化的审计证据。如在以前审计中，注册会计师可能确定被审计单位某项自动控制能够发挥预期作用。那么在本期审计中，注册会计师需要获取审计证据以确定是否发生了影响该自动控制持续有效发挥作用的变化。如注册会计师可以通过询问管理层或检查日志，确定哪些控制已经发生变化。

注册会计师可能面临两种结果：控制在本期发生变化；控制在本期没有发生变化。

（2）当控制在本期发生变化时注册会计师的做法。如果控制在本期发生变化，注册会计师应当考虑以前审计获取的有关控制运行有效性的审计证据是否与本期审计相关。如果系统的变化仅仅使被审计单位从中获取新的报告，这种变化通常不影响以前审计所获取证据的相关性；如果系统的变化引起数据累积或计算发生改变，这种变化可能影响以前审计所获取证据的相关性。如果拟信赖的控制自上次测试后已发生变化，注册会计师应当在本期审计中测试这些控制的运行有效性。

（3）当控制在本期未发生变化时注册会计师的做法。如果拟信赖的控制自上次测试后未发生变化，且不属于旨在减轻特别风险的控制，注册会计师应当运用职业判断确定是否在本期审计中测试其运行有效性，以及本次测试与上次测试的时间间隔，但每三年至少对控制测试一次。

在确定利用以前审计获取的有关控制运行有效性的审计证据是否适当以及再次测试控制的时间间隔时，注册会计师应当考虑的因素或情况包括：

1）内部控制其他要素的有效性，包括控制环境、对控制的监督以及被审计单位的风险评估过程。如当被审计单位控制环境薄弱或对控制的监督薄弱时，注册会计师应当缩短再次测试控制的时间间隔或完全不信赖以前审计获取的审计证据。

2）控制特征（人工控制还是自动化控制）产生的风险。当相关控制中人工控制的成分较大时，考虑到人工控制一般稳定性较差，注册会计师可能决定在本期审计中继续测试该控制的运行有效性。

3）信息技术一般控制的有效性。当信息技术一般控制薄弱时，注册会计师可能更少地依赖以前审计获取的审计证据。

4）控制设计及其运行的有效性，包括在以前审计中测试控制运行有效性时发现的控制运行偏差的性质和程度。如当所审计期间发生了对控制运行产生重大影响的人事变动时，注册会计师可能决定在本期审计中不依赖以前审计获取的审计证据。

5）由于环境发生变化而特定控制缺乏相应变化导致的风险。当环境的变化表明需要对控制做出相应的变动，但控制却没有做出相应变动时，注册会计师应当充分意识到控制不再有效，从而导致本期财务报表发生重大错报的可能，此时不应再依赖以前审计获取的有关控制运行有效性的审计证据。

6）重大错报的风险和对控制的信赖程度。如果重大错报风险较大或对控制的信赖程度较高，注册会计师应当缩短再次测试控制的时间间隔或完全不信赖以前审计获取的审计证据。

如果拟信赖以前审计获取的某些控制运行有效性的审计证据，注册会计师应当在每次审计时从中选取足够数量的控制，测试其运行有效性；不应将所有拟信赖控制的测试集中于某一次审计，而在之后的两次审计中不进行任何测试。这主要是为了尽量降低审计风险，毕竟注册会计师可能难以充分识别以前审计中测试过的控制在本期是否发生变化。此外，在每一次审计中选取足够数量的部分控制进行测试，除了能够提供这些以前审计中测试过的控制在当期运行有效性的审计证据外，还可提供控制环境持续有效性的旁证，从而有助于注册会计师判断其信赖以前审计获取的审计证据是否恰当。

（4）不得依赖以前审计所获取证据的情形。鉴于特别风险的特殊性，对于旨在减轻特别风险的控制，不论该控制在本期是否发生变化，注册会计师都不应依赖以前审计获取的证据。因此，如果确定评估的认定层次重大错报风险是特别风险，并拟信赖旨在减轻特别风险的控制，注册会计师不应依赖以前审计获取的审计证据，而应在本期审计中测试这些控制的运行有效性。也就是说，如果注册会计师拟信赖针对特别风险的控制，那么，所有关于该控制运行有效性的审计证据必须来自当年的控制测试。相应地，注册会计师应当在每次审计中都测试这类控制。

四、控制测试的范围

对于控制测试的范围，其含义主要是指某项控制活动的测试次数。注册会计师应当设计控制测试，以获取控制在整个拟信赖的期间有效运行的充分、适当的审计证据。

1. 确定控制测试范围的考虑因素

当针对控制运行的有效性需要获取更具说服力的审计证据时，可能需要扩大控制测试的范围。在确定控制测试的范围时，除考虑对控制的信赖程度外，注册会计师还可能考虑以下因素：

（1）在拟信赖期间，被审计单位执行控制的频率。控制执行的频率越高，控制测试的范围越大。

（2）在所审计期间，注册会计师拟信赖控制运行有效性的时间长度。拟信赖控制运行有效性的时间长度不同，在该时间长度内发生的控制活动次数也不同。注册会计师需要根据拟信赖控制的时间长度确定控制测试的范围。拟信赖期间越长，控制测试的范围越大。

（3）控制的预期偏差。预期偏差可以用控制未得到执行的预期次数占控制应当得到执行次数的比率加以衡量（也可称为预期偏差率）。考虑该因素，是因为在考虑测试结果是否可以得出控制运行有效性的结论时，不可能只要出现任何控制执行偏差就认定控制运行无效，所以需要确定一个合理水平的预期偏差率。控制的预期偏差率越高，需要实施控制测试的范围越大。如果控制的预期偏差率过高，注册会计师应当考虑控制可能不足以将认定层次的重大错报风险降至可接受的低水平，从而针对某一认定实施的控制测试可能是无效的。

（4）通过测试与认定相关的其他控制获取的审计证据的范围。针对同一认定，可能存在不同的控制。当针对其他控制获取审计证据的充分性和适当性较高时，测试该控制的范围可适当缩小。

（5）拟获取的有关认定层次控制运行有效性的审计证据的相关性和可靠性。

2. 对自动化控制的测试范围的特别考虑

除非系统（包括系统使用的表格、文档或其他永久性数据）发生变动，注册会计师通常不需要增加自动化控制的测试范围。

信息技术处理具有内在一贯性，除非系统发生变动，一项自动化应用控制应当一贯运行。对于一项自动化应用控制，一旦确定被审计单位正在执行该控制，注册会计师通常无须扩大控制测试的范围，但需要考虑执行下列测试以确定该控制持续有效运行：

（1）测试与该应用控制有关的一般控制的运行有效性。

（2）确定系统是否发生变动，如果发生变动，是否存在适当的系统变动控制。

（3）确定对交易的处理是否使用授权批准的软件版本。如注册会计师可以检查信息系统安全控制记录，以确定是否存在未经授权的接触系统硬件和软件，以及系统是否发生变动。

3. 测试两个层次控制时注意的问题

控制测试可用于被审计单位每个层次的内部控制。整体层次控制测试通常更加主观（如管理层对胜任能力的重视）。对整体层次控制进行测试，通常比业务流程层次控制（如检查付款是否得到授权）更难以记录。因此，整体层次控制和信息技术一般控制的评价通常记录的是文件备忘录和支持性证据。注册会计师最好在审计的早期测试整体层次控制。原因在于对这些控制测试的结果会影响其他计划审计程序的性质和范围。

第四节　实质性程序

一、实质性程序的含义和要求

1. 实质性程序的含义

实质性程序是指用于发现认定层次重大错报的审计程序，包括对各类交易、账户余额和披露的细节测试以及实质性分析程序。

注册会计师实施的实质性程序应当包括下列与财务报表编制完成阶段相关的审计程序：

（1）将财务报表与其所依据的会计记录进行核对或调节。

（2）检查财务报表编制过程中做出的重大会计分录和其他调整。注册会计师对会计分录和其他会计调整检查的性质和范围，取决于被审计单位财务报告过程的性质和复杂程度以及由此产生的重大错报风险。

由于注册会计师对重大错报风险的评估是一种判断，可能无法充分识别所有的重大错报风险，并且由于内部控制存在固有局限性，无论评估的重大错报风险结果如何，注册会计师都应当针对所有重大的各类交易、账户余额和披露实施实质性程序。

2. 针对特别风险实施的实质性程序

如果认为评估的认定层次重大错报风险是特别风险，注册会计师应当专门针对该风险实施实质性程序。如果认为管理层面临实现盈利指标的压力而可能提前确认收入，注册会计师在设计询证函时不仅应当考虑函证应收账款的账户余额，还应当考虑询证销售协议的细节条款（如交货、结算及退货条款）；注册会计师还可考虑在实施函证的基础上针对销售协议及其变动情况询问被审计单位的非财务人员。如果针对特别风险实施的程序仅为实质性程序，这些程序应当包括细节测试，或将细节测试和实质性分析程序结合使用，以获取充分、适当的审计证据。作此规定的考虑是，为应对特别风险需要获取具有高度相关性和可靠性的审计证据，仅实施实质性分析程序不足以获取有关特别风险的充分、适当的审计证据。

特别风险应对措施及结果汇总示例如表 8-1 所示。

表 8-1　特别风险应对措施及结果汇总

项目	简要填写说明	举例
经营目标	记录对当期审计有影响的经营目标	被审计单位通过发展中小城市的新客户和放宽授信额度争取销售收入比上年增长 25%
经营风险	只记录那些对当期审计有影响的经营风险，或注册会计师认为对未来审计产生影响并有必要向被审计单位报告的经营风险	不严格执行对新客户的信用记录调查和筛选、放宽授信额度都会增加坏账风险
特别风险	记录源自经营风险的特别风险，或在审计过程中发现的并非由经营目标和经营风险导致的特别风险	应收账款坏账准备的计提可能不足
管理层应对或控制措施	记录管理层认为有助于降低特别风险的控制及其评价。如果评价结果显示注册会计师不能信赖这些内部控制，应相应调整审计方案，并考虑把这个问题报告给被审计单位	财务部每月编制账龄分析报告 对超过一年未收回的账款由销售人员与客户签订还款协议，其条款须经区域销售经理和销售总监批准 销售部每月编制逾期应收账款还款协议签订及执行情况报告，经销售总监审阅并决定是否降低授信额度或暂停供货 财务经理根据该报告并结合账龄分析报告，对有可能难以收回的应收账款计提坏账准备
财务报表项目及认定	记录受特别风险影响的财务报表项目和认定	应收账款 （相关认定：计价）
审计措施	记录应对特别风险的审计措施，即综合性方案或实质性方案。根据控制测试和实质性程序的结果对本栏内容予以更新	与销售总监讨论所执行的坏账风险评估程序 与财务经理讨论坏账准备的计提 审阅账龄分析报告和还款协议签订及执行报告 抽查还款协议和货款收回情况
向被审计单位报告的事项	汇总记录向被审计单位报告的事项，并注明与相关工作底稿的勾稽关系	无或详见管理建议书

（1）经营目标。被审计单位的经营目标可以是高层次的战略目标，如被审计单位的宗旨；也可以是低层次的目标，如为了实现高层次目标而制定的经

营方面、财务方面或遵守法规方面的具体目标。为了从被审计单位高层次的经营目标中识别出经营风险和审计风险，审计项目组通常需要了解被审计单位的经营目标。

如被审计单位制定了一个通过增加毛利来改善盈利状况的总目标。注册会计师可以了解与提高售价和降低成本相关的具体目标和行动措施，如通过从国外新供应商购货的方式降低原材料成本。

只有那些对审计有影响的经营目标，包括注册会计师发现应报告给被审计单位的事项，才需要记录在该表格上。在实务中，当注册会计师初次识别被审计单位的经营目标时，可能难以确定其潜在的审计影响。因此，注册会计师可以先记录这些经营目标。当注册会计师确认该目标对审计没有直接影响，也没有必要向被审计单位报告时，可以将它们从该表格内删去。

（2）经营风险。经营风险是指任何可能导致被审计单位不能实现经营目标的风险。并非所有的经营风险都与审计相关，而且与审计相关的经营风险中也并不都是特别风险。该表格应记录那些对审计有重大影响的经营风险，可以是当期经营风险或可能需要报告给被审计单位的潜在经营风险。因此，该表格不应记录与审计没有关系的经营风险。

如被审计单位从国外新供应商处购货发生潜在的经营风险，如产品质量和产品供货问题，或外汇兑换风险。这些经营风险会导致重大错报风险，应当在该表格中予以记录。

注册会计师还应注意，一个经营风险可能产生多个重大错报风险，而多个经营风险也可能只产生一个重大错报风险。该表格应该把这些密切关系以一种易于理解的方式记录下来。

（3）特别风险。特别风险是用来记录需要特别考虑的重大错报风险。记录的特别风险应当明确具体，并与所影响的财务报表项目和具体认定相联系。

如被审计单位的产能严重过剩并连续数年亏损，管理层按照固定资产的未来现金流量现值计提固定资产减值准备。由于涉及较多的假设和人为判断因素，注册会计师认为这是一个影响固定资产计价认定的特别风险。

在对被审计单位的经营目标和经营风险作初步评估之后，如果在审计过程中又发现了新的特别风险，注册会计师还需要考虑之间相对应的经营风险及其对经营目标的影响，以决定是否需要报告给被审计单位。

（4）管理层应对或控制措施。采用适当的方法来应对经营风险是管理层的责任。否认是否信赖管理层应对特别风险的控制，注册会计师需要了解和评价这些应对措施。因此，管理层应对特别风险所采取的控制措施都需要在该表格内予以记录。注册会计师还应注明是否已经测试或准备去测试哪些控制。如果测试结果证明这些控制不可信赖，那么，注册会计师就需要修正进一步审计程序，如测试替代性的控制或实施实质性程序。

在考虑管理层针对特别风险采取的应对措施时，注册会计师需要评价被审计单位的目标、风险和控制是否匹配，即管理层是否在被审计单位的各个层次配置合适的人员，设计并实施风险管理程序和内部控制，以降低妨碍被审计单位实现目标的风险。

在控制测试中，注册会计师可能会发现应当报告给被审计单位的事项。因此，注册会计师应根据需要更新最后一行的内容，即"向被审计单位报告的事项"。

（5）财务报表项目及认定。财务报表审计的目标是对财务报表发表审计意见，因此，注册会计师需要将特别风险与财务报表项目及认定相联系。

表格的这一行应填写财务报表项目或其他可能受特别风险影响的财务信息。审计准则要求注册会计师评估财务报表认定层次的风险，并获取充分、适当的审计证据以应对这些风险。因此，这一行也应记录受影响的财务报表的具体认定。

（6）审计措施。这一行至少要列出应对特别风险的进一步审计程序的方案，即综合性方案或实质性方案。

表格内列举的审计措施还需细化成审计工作底稿中具体的审计程序。注册会计师要根据被审计单位具体的特别风险和应对措施设计有针对性的审计程序。根据了解、评估和测试内部控制的结果，注册会计师要随时调整审计措施。

除特别风险外的其他重大错报风险无须记录在该表格中，这样能保证注册会计师集中关注特别风险。对特别风险之外的其他财务报表认定错报风险的审计应对措施可以反映在具体审计计划中。

即使项目组根据已实施的工作，确认某项原本认定的特别风险不会导致重大错报，对该特别风险和相应审计应对措施的工作记录也应保留在该表格中。但是，如果项目组根据后来的信息，认为在业务承接与保持阶段中识别的特别风险不是特别风险，则这个风险可以从该表格中删除，并在工作底稿中注明该风险不再被认为是特别风险的原因（如由于受影响的账户不重要）。

（7）向被审计单位报告事项。该列记录向被审计单位报告的事项。如注册会计师发现被审计单位未能恰当应对重大经营风险、内部控制存在重大缺陷，或者被审计单位的目标、风险和控制存在不匹配的情况。

如果管理层没有通过实施控制来正确应对特别风险，由此注册会计师判断被审计单位的控制存在重大缺陷，注册会计师应与管理层和治理层沟通。同时，注册会计师还要考虑这些控制存在的重大缺陷对审计方案造成的影响。

二、实质性程序的性质

1. 实质性程序的性质的含义

实质性程序的性质，是指实质性程序的类型及其组合。前已述及，实质性程序的两种基本类型包括细节测试和实质性分析程序。

细节测试是对各类交易、账户余额和披露的具体细节进行测试，目的在于直接识别财务报表认定是否存在错报。细节测试被用于获取与某些认定相关的审计证据，如存在、准确性、计价等。

实质性分析程序从技术特征上讲仍然是分析程序，主要是通过研究数据间关系评价信息，将该技术方法用作实质性程序，即用以识别各类交易、账户余额和披露及相关认定是否存在错报。实质性分析程序通常更适用于在一段时间内存在可预期关系的大量交易。

2. 细节测试和实质性分析程序的适用性

由于细节测试和实质性分析程序的目的和技术手段存在一定差异，因此，各自有不同的适用领域。注册会计师应根据各类交易、账户余额和披露的性质选择实质性程序的类型。细节测试适用于对各类交易、账户余额和披露认定的测试，尤其是对存在或发生、计价认定的测试；对在一段时间内存在可预期关系的大量交易，注册会计师可以考虑实施实质性分析程序。

3. 细节测试的方向

对于细节测试，注册会计师应当针对评估的风险设计细节测试，获取充分、适当的审计证据，以达到认定层次所计划的保证水平。该规定的含义是，注册会计师需要根据不同的认定层次的重大错报风险设计有针对性的细节测试。如在针对存在或发生认定设计细节测试时，注册会计师应当选择包含在财务报表金额中的项目，并获取相关审计证据；又如在针对完整性认定设计细节测试时，注册会计师应当选择有证据表明应包含在财务报表金额中的项目，并调查这些项目是否确实包括在内。如为应对被审计单位漏记本期应付账款的风险，注册会计师可以检查其后付款记录。

4. 设计实质性分析程序时考虑的因素

注册会计师在设计实质性分析程序时应当考虑的因素包括：①对特定认定使用实质性分析程序的适当性；②对已记录的金额或比率做出预期时，所依据的内部或外部数据的可靠性；③做出预期的准确程度是否足以在计划的保证水平上识别重大错报；④已记录金额与预期值之间可接受的差异额。考虑到数据及分析的可靠性，当实施实质性分析程序时，如果使用被审计单位编制的信息，注册会计师应当考虑测试与信息编制相关的控制，以及这些信息是否在本期或前期经过审计。

三、实质性程序的时间

实质性程序的时间选择与控制测试的时间选择有共同点，也有很大差异。共同点在于，两类程序都面临着对期中审计证据和对以前审计获取的审计证据的考虑。两者的差异在于：①在控制测试中，期中实施控制测试并获取期中关于控制运行有效性审计证据的做法更具有一种"常态"；而由于实质性程序的目的在于更直接地发现重大错报，在期中实施实质性程序时更需要考虑其成本效益的权衡。②在本期控制测试中，拟信赖以前审计获取的有关控制运行有效性的审计证据，已经受到了很大的限制；而对于以前审计中通过实质性程序获取的审计证据，则采取了更加慎重的态度和更严格的限制。

1. 如何考虑是否在期中实施实质性程序

如前所述，在期中实施实质性程序，一方面消耗了审计资源，另一方面期中实施实质性程序获取的审计证据又不能直接作为期末财务报表认定的审计证据，注册会计师仍然需要消耗进一步的审计资源，使期中审计证据能够合理延伸至期末。于是这两部分审计资源的总和是否能够显著小于完全在期末实施实质性程序所需消耗的审计资源，是注册会计师需要权衡的。因此，注册会计师在考虑是否在期中实施实质性程序时应当考虑以下因素：

（1）控制环境和其他相关的控制。控制环境和其他相关的控制越薄弱，注册会计师越不宜在期中实施实质性程序。

（2）实施审计程序所需信息在期中之后的可获得性。如果实施实质性程序所需信息在期中之后可能难以获取（如系统变动导致某类交易记录难以获取），注册会计师应考虑在期中实施实质性程序；但如果实施实质性程序所需信息在期中之后的获取并不存在明显困难，该因素不应成为注册会计师在期中实施实质性程序的重要影响因素。

（3）实质性程序的目的。如果针对某项认定实施实质性程序的目的包括获取该认定的期中审计证据（从而与期末比较），注册会计师应在期中实施实质性程序。

（4）评估的重大错报风险。注册会计师评估的某项认定的重大错报风险越高，针对该认定所需获取的审计证据的相关性和可靠性要求也就越高，注册会计师越应当考虑将实质性程序集中于期末（或接近期末）实施。

（5）特定类别交易或账户余额以及相关认定的性质。如某些交易或账户余额以及相关认定的特殊性质（如收入截止认定、未决诉讼）决定了注册会计师必须在期末（或接近期末）实施实质性程序。

（6）针对剩余期间，能否通过实施实质性程序或将实质性程序与控制测试相结合，降低期末存在错报而未被发现的风险。如果针对剩余期间，注册会计师可以通过实施实质性程序或将实质性程序与控制测试相结合，较有把握地降低期末存在错报而未被发现的风险（如注册会计师在 10 月份实施预审时考虑是否使用一定的审计资源实施实质性程序，从而形成的剩余期间不是很长），注册会计师可以考虑在期中实施实质性程序；但如果针对剩余期间注册会计师认为还需要消耗大量审计资源才有可能降低期末存在错报而未被发现的风险，甚至没有把握通过适当的进一步审计程序降低期末存在错报而未被发现的风险（如被审计单位于 8 月份发生管理层变更，注册会计师接受后任管理层邀请实施预审时，考虑是否使用一定的审计资源实施实质性程序），注册会计师就不宜在期中实施实质性程序。

2. 如何考虑期中审计证据

如果在期中实施了实质性程序，注册会计师应针对剩余期间实施进一步的实质性程序，或将实质性程序和控制测试结合使用，以将期中测试得出的结论合理延伸至期末。在将期中实施的实质性程序得出的结论合理延伸至期末时，注册会计师有两种选择：一是针对剩余期间实施进一步的实质性程序；二是将实质性程序和控制测试结合使用。

如果拟将期中测试得出的结论延伸至期末，注册会计师应当考虑针对剩余期间仅实施实质性程序是否足够。如果认为实施实质性程序本身不充分，注册会计师还应测试剩余期间相关控制运行的有效性或针对期末实施实质性程序。

对于舞弊导致的重大错报风险（作为一类重要的特别风险），被审计单位存在故意错报或操纵的可能性，那么注册会计师更应慎重考虑能否将期中测试得出的结论延伸至期末。因此，如果已识别出由于舞弊导致的重大错报风险，为将期中得出的结论延伸至期末而实施的审计程序通常是无效的，注册会计师应当考虑在期末或者接近期末实施实质性程序。

3. 如何考虑以前审计获取的审计证据

在以前审计中实施实质性程序获取的审计证据，通常对本期只有很弱的证据效力或没有证据效力，不足以应对本期的重大错报风险。只有当以前获取的审计证据及其相关事项未发生重大变动时（如以前审计通过实质性程序测试过的某项诉讼在本期没有任何实质性进展），以前获取的审计证据才可能用作本期的有效审计证据。但即便如此，如果拟利用以前审计中实施实质性程序获取的审计证据，注册会计师应当在本期实施审计程序，以确定这些审计证据是否具有持续相关性。

四、实质性程序的范围

评估的认定层次重大错报风险和实施控制测试的结果是注册会计师在确定实质性程序的范围时的重要考虑因素。因此，在确定实质性程序的范围时，注册会计师应当考虑评估的认定层次：重大错报风险和实施控制测试的结果。注册会计师评估的认定层次的重大错报风险越高，需要实施实质性程序的范围越广。如果对控制测试结果不满意，注册会计师应当考虑扩大实质性程序的范围。

在设计细节测试时，注册会计师除了从样本量的角度考虑测试范围外，还要考虑选样方法的有效性等因素。如从总体中选取大额或异常项目，而不是进行代表性抽样或分层抽样。

实质性分析程序的范围有两层含义：一是对什么层次上的数据进行分析，注册会计师可以选择在高度汇总的财务数据层次进行分析，也可以根据重大错报风险的性质和水平调整分析层次。如按照不同产品线、不同季节或月份、不同经营地点或存货存放地点等实施实质性分析程序。二是需要对什么幅度或性质的偏差展开进一步调查。实施分析程序可能发现偏差，但并非所有的偏差都值得展开进一步调查。可容忍或可接受的偏差（即预期偏差）越大，作为实质性分析程序一部分的进一步调查的范围就越小。于是确定适当的预期偏差幅度同样属于实质性分析程序的范畴。因此，在设计实质性分析程序时，注册会计师应确定已记录金额与预期值之间可接受的差异额。在确定该差异额时，注册会计师应主要考虑各类交易、账户余额和披露及相关认定的重要性和计划的保证水平。

第九章　销售与收款循环的审计

学习目标

　　通过本章的学习，理解销售和收款循环的主要业务活动与审计目标；熟悉销售与收款循环所涉及的会计报表项目、关键控制及控制风险评估；掌握主营业务收入、应收账款等的实质性测试程序；能够运用所介绍的知识对销售与收款循环进行实质性测试。

导读案例

　　四大会计师事务所中的德勤曾经深陷"科龙门"，其在对科龙应收账款及主营业务收入审计过程中有很多的问题，主要有执行的程序不充分，函证方法不当；收入的确认应该以货物的风险和报酬是否转移为标准，一般来说仅以"出库开票"确认收入明显不符合会计准则。德勤对科龙电器2003年度审计时，就存货已出库未开票项目向四家客户所发的询证函中，客户仅对询证函的首页盖章确认，但该首页没有对后附明细列表进行金额或数量的综述。因此，调查人员认为该类询证函的回函结果不能满足发函的目的。如果一项销售行为不符合收入确认原则，就不应确认为收入。未曾实现的销售确认为当期收入必然导致利润虚增。科龙销售收入确认问题，体现出德勤未能恰当地解释和应用会计准则，同时这也说明德勤未能收集充分适当的审计证据。对较敏感的"销售退回"这一块，德勤也没有实施必要的审计程序，致使科龙通过关联交易利用销售退回大做文章，转移资产，虚增利润，这也是德勤所不能回避的错误。德勤审计科龙电器分公司时，没有对各年未进行现场审计的分公司执行其他必要审计程序，无法有效确认其主营业务收入实现的真实性及应收账款等资产的真实性。

第一节　销售与收款循环的特点

一、不同行业类型的收入来源

企业的收入主要来自出售商品、提供服务等，由于所处行业不同，企业具体的收入来源有所不同（见表9-1）。

表9-1　不同行业类型的主要收入来源

行业类别	收入来源
贸易业	作为零售商向普通大众（最终消费者）零售商品；作为批发商向零售商供应商品
一般制造业	通过采购原材料并将其用于生产流程制造产品卖给客户取得收入
专业服务业	律师、会计师、商业咨询等主要通过提供专业服务取得收入；医疗服务机构通过提供医疗服务取得收入，包括给住院病人提供病房和医护设备，为病人提供精细护理、手术和药品等取得收入
金融服务业	向客户提供金融服务取得银行手续费；向客户发放贷款取得利息收入；通过协助客户对其资金进行投资取得相关理财费用
建筑业	通过提供建筑服务完成建筑合同取得收入

可见，一个企业所处的行业和经营性质决定了该企业的收入来源，以及为获取收入而相应产生的各项费用支出。注册会计师需要对被审计单位的相关行业活动和经营性质有比较全面的了解，才能胜任被审计单位收入、支出的审计工作。

二、涉及的主要凭证与会计记录

在内部控制比较健全的企业，处理销售与收款业务通常需要使用很多凭证与会计记录。典型的销售与收款循环所涉及的主要凭证与会计记录有以下几种：

1. 客户订购单

客户订购单即客户提出的书面购货要求。企业可以通过销售人员或其他途径，如采用电话、信函和向现有的及潜在的客户发送订购单等方式接受订货，取得客户订购单。

2. 销售单

销售单是列示客户所订商品的名称、规格、数量以及其他客户订购单有关信息的凭证，作为销售方内部处理客户订购单的凭证。

3. 发运凭证

发运凭证即在发运货物时编制的，用以反映发出商品的规格、数量和其他有关内容的凭据。发运凭证的一联寄送给客户，其余联（一联或数联）由企业保留。这种凭证可用作向客户开具账单的依据。

4. 销售发票

销售发票是一种用来表明已销售商品的名称、规格、数量、价格、销售金额、运费和保险费、开票日期、付款条件等内容的凭证。销售发票的一联寄送给客户，其余联由企业保留。销售发票也是在会计账簿中登记销售交易的基本凭据。

5. 商品价目表

商品价目表是列示已经授权批准的、可供销售的各种商品的价格清单。

6. 贷项通知单

贷项通知单是一种用来表示由于销售退回或经批准的折让而引起的应收销货款减少的凭证。这种凭证的格式通常与销售发票的格式相同，只不过它不是用来证明应收账款的增加，而是用来证明应收账款的减少。

7. 应收账款账龄分析表

通常，应收账款账龄分析表按月编制，反映月末尚未收回的应收账款总额和账龄，并详细反映每个客户月末尚未偿还的应收账款数额和账龄。

8. 应收账款明细账

应收账款明细账是用来记录每个客户各项赊销、还款、销售退回及折让的明细账。各应收账款明细账的余额合计数应与应收账款总账的余额相等。

9. 主营业务收入明细账

主营业务收入明细账是一种用来记录销售交易的明细账。它通常记载和反映不同类别商品或服务的营业收入的明细发生情况和总额。

10. 折扣与折让明细账

折扣与折让明细账是一种用来核算企业销售商品时，按销售合同规定为了及早收回货款而给予客户的销售折扣和因商品品种、质量等原因而给予客户的销售折让情况的明细账。当然，企业也可以不设置折相与折扣明细账，而将该类业务直接记录于主营业务收入明细账。

11. 汇款通知书

汇款通知书是一种与销售发票一起寄给客户，由客户在付款时再寄回销售单位的凭证。这种凭证注明了客户的姓名、销售发票号码、销售单位开户银行账号以及金额等内容。

12. 库存现金日记账和银行存款日记账

库存现金日记账和银行存款日记账是用来记录应收账款的收回或现销收入以及其他各种现金、银行存款收入和支出的日记账。

13. 坏账审批表

坏账审批表是一种用来批准将某些应收款项注销为坏账，仅在企业内部使用的凭证。

14. 客户月末对账单

客户月末对账单是一种按月定期寄送给客户的用于购销双方定期核对账目的凭证。客户月末对账单上应注明应收账款的月初余额、本月各项销售交易的金额、本月已收到的货款、各贷项通知单的数额以及月末余额等内容。

15. 转账凭证

转账凭证是指记录转账业务的记账凭证，它是根据有关转账业务（即不涉及现金、银行存款收付的各项业务）的原始凭证编制的。

16. 收款凭证

收款凭证是指用来记录现金和银行存款收入业务的记账凭证。

三、涉及的主要业务活动

了解企业在销售与收款循环中的典型活动，对该业务循环的审计非常必要。下面简单介绍销售与收款循环所涉及的主要业务活动。

1. 接受客户订购单

客户提出订货要求是整个销售与收款循环的起点，是购买某种货物或接受某种劳务的一项申请。

客户的订购单只有在符合企业管理层的授权标准时才能被接受。如管理层一般有已批准销售的客户名单。销售单管理部门在决定是否同意接受某客户的订购单时，应追查该客户是否被列入这张名单。如果该客户未被列入，则通常需要由销售单管理部门的主管来决定是否同意销售。

很多企业在批准了客户订购单之后，下一步就应编制一式多联的销售单。销售单是证明管理层有关销售交易的"发生"认定的凭据之一，也是此笔销售的交易轨迹的起点之一。此外，由于客户订购单也是来自外部的引发销售交易的文件之一，有时也能为有关销售交易的"发生"认定提供凭据。

2. 批准赊销信用

对于赊销业务的批准是由信用管理部门根据管理层的赊销政策在每个客户的已授权信用额度内进行的。信用管理部门的职员在收到销售单管理部门的销售单后，应将销售单与该客户已被授权的赊销信用额度以及至今尚欠的账款余额加以比较。执行人工赊销信用检查时，还应合理划分工作职责，以避免销售人员为扩大销售而使企业承受不适当的信用风险。

企业的信用管理部门通常应对每个新客户进行信用调查，包括获取信用评审机构对客户信用等级的评定报告。无论是否批准赊销，都要求被授权的信用管理部门人员在销售单上签署意见，然后再将已签署意见的销售单送回销售单管理部门。

设计信用批准控制的目的是为了降低坏账风险，因此，这些控制与应收账款账面余额的"计价和分摊"认定有关。

3. 按销售单供货

企业管理层通常要求商品仓库只有在收到经过批准的销售单时才能供货。设立这项控制程序的目的是为了防止仓库在未经授权的情况下擅自发货。因此，已批准销售单的一联通常应送达仓库，作为仓库按销售单供货和发货给装运部门的授权依据。

4. 按销售单装运货物

将按经批准的销售单供货与按销售单装运货物职责相分离，有助于避免负责装运货物的职员在未经授权的情况下装运产品。此外，装运部门职员在装运之前，还必须进行独立验证，以确定从仓库提取的商品都附有经批准的销售单，并且，所提取商品的内容与销售单一致。

5. 向客户开具账单

开具账单是指开具并向客户寄送事先连续编号的销售发票。这项功能所针对的主要问题是：①是否对所有装运的货物都开具了账单（即"完整性"认定问题）；②是否只对实际装运的货物才开具账单，有无重复开具账单或虚构交易（即"发生"认定问题）；③是否按已授权批准的商品价目表所列价格计价开具账单（即"准确性"认定问题）。

为了降低开具账单过程中出现遗漏、重复、错误计价或其他差错的风险，应设立以下控制程序：

（1）开具账单部门职员在开具每张销售发票之前，独立检查是否存在装运凭证和相应的经批准的销售单。

（2）依据已授权批准的商品价目表开具销售发票。

（3）独立检查销售发票计价和计算的正确性。

（4）将装运凭证上的商品总数与相对应的销售发票上的商品总数进行比较。

上述控制程序有助于确保用于记录销售交易的销售发票的正确性。因此，这些控制与销售交易的"发生"、"完整性"以及"准确性"认定有关。销售发票副联通常由开具账单部门保管。

6. 记录销售

在手工会计系统中，记录销售的过程包括区分赊销、现销，按销售发票编制转账凭证或现金、银行存款收款凭证，再据以登记销售明细账和应收账款明细账或库存现金、银行存款日记账。

记录销售的控制程序包括以下内容：

（1）只依据附有有效装运凭证和销售单的销售发票记录销售。这些装运凭证和销售单应能证明销售交易的发生及其发生的日期。

（2）控制所有事先连续编号的销售发票。

（3）独立检查已处理销售发票上的销售金额与会计记录金额的一致性。

（4）记录销售的职责应与处理销售交易的其他功能相分离。

（5）对记录过程中所涉及的有关记录的接触予以限制，以减少未经授权批准的记录发生。

（6）定期独立检查应收账款的明细账与总账的一致性。

（7）定期向客户寄送对账单，并要求客户将任何例外情况直接向指定的未执行或记录销售交易的会计主管报告。

以上这些控制与"发生"、"完整性"、"准确性"以及"计价和分摊"认定有关。

对这项职能，注册会计师主要关心的问题是销售发票是否记录正确，并归属适当的会计期间。

7. 办理和记录现金、银行存款收入

这项业务涉及的是有关货款收回，现金、银行存款增加以及应收账款减少的活动。在办理和记录现金、银行存款收入时,最应关心的是货币资金失窃的可能性。货币资金失窃可能发生在货币资金收入登记入账之前或登记入账之后。处理货币资金收入时最重要的是要保证全部货币资金都必须如数、及时地记入库存现金、银行存款日记账或应收账款明细账,并如数、及时地将现金存入银行。在这方面,汇款通知单起着很重要的作用。

8. 办理和记录销售退回、销售折扣与折让

客户如果对商品不满意,销售企业一般都会同意接受退货,或给予一定的销售折让;客户如果提前支付货款,销售企业则会给予一定的销售折扣。发生此类事项时,必须经授权批准,并应确保与办理此事有关的部门和职员各司其职,分别控制实物流和会计处理。在这方面,严格使用贷项通知单无疑会起到关键的作用。

9. 注销坏账

不管赊销部门的工作如何主动,客户因经营不善、宣告破产、死亡等原因而不支付货款的事仍可能发生。销售企业若认为某项货款再也无法收回,就必须注销这笔货款。对这些坏账,正确的处理方法应该是获取货款无法收回的确凿证据,经适当审批后及时作会计调整。

10. 提取坏账准备

坏账准备提取的数额必须能够抵补企业以后无法收回的销货款。

第二节　销售与收款循环的内部控制和控制测试

一、销售交易的内部控制

1. 销售交易的内部控制

(1)适当的职责分离有助于防止各种有意或无意的错误。如主营业务收入账如果系由记录应收账款之外的职员独立登记,并由另一位不负责账簿记录的职员定期调节总账和明细账,就构成了一项自动交互牵制;规定负责主营业务收入和应收账款记账的职员不得经手货币资金,也是防止舞弊的一项重要措施。另外,销售人员通常有一种追求更大销售数量的自然倾向,而不问它是否将以巨额坏账损失为代价,赊销的审批则在一定程度上可以抑制这种倾向。因

此，赊销批准职能与销售职能的分离，也是一种理想的控制。

为确保办理销售与收款业务的不相容岗位相互分离、制约和监督，一个企业有关销售与收款业务相关职责适当分离的基本要求通常包括：企业应当将办理销售、发货、收款三项业务的部门（或岗位）分别设立；企业在销售合同订立前，应当指定专门人员就销售价格、信用政策、发货及收款方式等具体事项与客户进行谈判。谈判人员至少应在两人以上，并与订立合同的人员相分离；编制销售发票通知单的人员与开具销售发票的人员应相互分离；销售人员应当避免接触销货现款；企业应收票据的取得和贴现必须经由保管票据以外的主管人员的书面批准。

（2）恰当的授权审批。对于授权审批问题，注册会计师应当关注以下四个关键点上的审批程序：①在销售发生之前，赊销已经正确审批；②非经正当审批，不得发出货物；③销售价格、销售条件、运费、折扣等必须经过审批；④审批人应当根据销售与收款授权批准制度的规定，在授权范围内进行审批，不得超越审批权限。对于超过企业既定销售政策和信用政策规定范围的特殊销售交易，企业应当进行集体决策。前两项控制的目的在于防止企业因向虚构的或者无力支付货款的客户发货而蒙受损失；价格审批控制的目的在于保证销售交易按照企业定价政策规定的价格开票收款；对授权审批范围设定权限的目的则在于防止因审批人决策失误而造成严重损失。

（3）充分的凭证和记录。每个企业交易的产生、处理和记录等制度都有其特点，因此，也许很难评价其各项控制是否足以发挥最大的作用。然而，只有具备充分的记录手续，才有可能实现其他各项控制目标。如企业在收到客户订购单后，就立即编制一份预先编号的一式多联的销售单，分别用于批准赊销、审批发货、记录发货数量以及向客户开具账单和销售发票等。在这种制度下，只要定期清点销售单和销售发票，漏开账单的情形几乎就不太会发生。相反的情况是，有的企业只在发货以后才开具账单，如果没有其他控制措施，这种制度下漏开账单的情况就很可能会发生。

（4）对凭证预先进行编号，旨在防止销售以后遗漏向客户开具账单或登记入账，也可防止重复开具账单或重复记账。当然，如果对凭证的编号不作清点，预先编号就会失去其控制意义。由收款员对每笔销售开具账单后，将发运凭证按顺序归档；而由另一位职员定期检查全部凭证的编号，并调查凭证缺号的原因，就是实施这项控制的一种方法。

（5）按月寄出对账单。由不负责现金出纳和销售及应收账款记账的人员按月向客户寄发对账单，能促使客户在发现应付账款余额不正确后及时反馈有关信息。为了使这项控制更加有效，最好将账户余额中出现的所有核对不符的账项，指定一位既不掌管货币资金也不记录主营业务收入和应收账款的主管人员处理，然后由独立人员按月编制对账情况汇总报告并交管理层审阅。

（6）内部核查程序。由内部审计人员或其他独立人员核查销售交易的处理和记录，是实现内部控制目标所不可缺少的一项控制措施。

2. 销售与收款内部控制检查的主要内容

（1）销售与收款交易相关岗位及人员的设置情况。重点检查是否存在销售与收款交易不相容职务混岗的现象。

（2）销售与收款交易授权批准制度的执行情况。重点检查授权批准手续是否健全，是否存在越权审批行为。

（3）销售的管理情况。重点检查信用政策、销售政策的执行是否符合规定。

（4）收款的管理情况。重点检查销售收入是否及时入账，应收账款的催收是否有效，坏账核销和应收票据的管理是否符合规定。

（5）销售退回的管理情况。重点检查销售退回手续是否齐全，退回货物是否及时入库。

在确定被审计单位的内部控制中可能存在的薄弱环节，并且对其控制风险做出评价后，注册会计师应当判断继续实施控制测试的成本是否会低于因此而减少对交易、账户余额实施实质性程序所需的成本。如果被审计单位的相关内部控制不存在，或被审计单位的相关内部控制未得到有效执行，则注册会计师不应再继续实施控制测试，而应直接实施实质性程序。

这说明，作为进一步审计程序的类型之一，控制测试并非在任何情况下都需要实施。但当存在下列情形之一时，注册会计师应当实施控制测试：①在评估认定层次重大错报风险时，预期控制的运行是有效的；②仅实施实质性程序不足以提供认定层次充分、适当的审计证据。

二、收款交易的内部控制

收款交易的内部控制有：

（1）企业应当按照《现金管理暂行条例》、《支付结算办法》等规定，及时办理销售收款业务。

（2）企业应将销售收入及时入账，不得账外设账，不得擅自坐支现金。

销售人员应当避免接触销售现款。

（3）企业应当建立应收账款账龄分析制度和逾期应收账款催收制度。销售部门应当负责应收账款的催收，财会部门应当督促销售部门加紧催收。对催收无效的逾期应收账款可通过法律程序予以解决。

（4）企业应当按客户设置应收账款台账，及时登记每一客户应收账款余额增减变动情况和信用额度使用情况。对长期往来客户应当建立起完善的客户资料，并对客户资料实行动态管理，及时更新。

（5）企业对于可能成为坏账的应收账款应当报告有关决策机构，由其进行审查，确定是否确认为坏账。企业发生的各项坏账，应查明原因，明确责任，并在履行规定的审批程序后做出会计处理。

（6）企业注销的坏账应当进行备查登记，做到账销案存。已注销的坏账又收回时应当及时入账，防止形成账外资金。

（7）企业应收票据的取得和贴现必须经由保管票据以外的主管人员的书面批准。应有专人保管应收票据，对于即将到期的应收票据，应及时向付款人提示付款；已贴现票据应在备查簿中登记，以便日后追踪管理；并应制定逾期票据的冲销管理程序和逾期票据追踪监控制度。

（8）企业应当定期与往来客户通过函证等方式核对应收账款、应收票据、预收款项等往来款项。如有不符，应查明原因，及时处理。

三、评估重大错报风险

被审计单位可能有各种各样的收入来源，处于不同的控制环境，存在复杂的合同安排，这些情况对收入交易的会计核算可能存在诸多影响，如不同交易安排下的收入确认的时间和依据可能不尽相同。

注册会计师应当考虑影响收入交易的重大错报风险，并对被审计单位经营活动中可能发生的重大错报风险保持警觉。收入交易和余额存在的固有风险可能包括：

1. 管理层对收入造假的偏好和动因

被审计单位管理层可能为了完成预算，满足业绩考核要求，保证从银行获得额外的资金，吸引潜在投资者，或影响公司股价，而在财务报告中虚增收入。

2. 收入的复杂性

被审计单位可能针对一些特定的产品或者服务提供一些特殊的交易安排

（如特殊的退货约定、特殊的服务期限安排等），但管理层可能对这些不同安排下所涉及的交易风险的判断缺乏经验，收入确认上就容易发生错误。

3. 管理层凌驾于控制之上的风险

被审计单位在年末编造虚假销售，然后在次年转回，可能导致当年收入以及当年年末应收账款余额、货币资金余额和应交税费余额的高估。

4. 采用不正确的收入截止

将属于下一会计期间的收入有意或无意地计入本期，或者将属于本期的收入有意或无意地计入下一会计期间，可能导致本期收入以及本期期末应收账款余额、货币资金余额和应交税费余额的高估或低估。

5. 低估应收账款坏账准备的压力

尤其是当欠款金额较大的几个主要客户面临财务困难，或者整体经济环境出现恶化时，这种压力更大。可能导致资产负债表中应收账款余额的高估。

6. 舞弊和盗窃的风险

如果被审计单位从事贸易业务，并且销售货款较多地以现金结算时，被审计单位员工发生舞弊和盗窃的风险较高；如果被审计单位拥有多个资金端口，如超市，由于每天通过多个端口采用人工方式处理大量货币资金，资金端口的安全问题和人工控制的风险便会增加。可能导致货币资金的损失。

7. 款项无法收回的风险

这可能产生于向没有良好付款能力的客户销售产品，或客户用无效的支票或盗取的信用卡进行货款结算。可能导致货币资金或应收账款的高估。

8. 发生错误的风险

没有及时更新商品价目表，商品可能以错误的价格销售；销售量较大时，如果扫描时没有读取商品条形码，收款员使用错误的手册，售出商品的数量发生错误，或收款员给客户的找零发生错误，错误均会发生。

9. 隐瞒盗窃的风险

在被审计单位员工利用销售调整和销售退回隐瞒盗窃现金行为时，将发生隐瞒盗窃的风险。可能导致收入、应收账款的高估和货币资金的低估。

归根结底，与收入交易和余额相关的重大错报风险主要存在于销售交易、现金收款交易的发生、完整性、准确性、截止和分类认定，以及会计期末应收账款、货币资金和应交税费的存在、权利和义务、完整性、计价和分摊认定。

在实施用以识别和评估重大错报风险相关的审计程序后，注册会计师应当充分关注可能表明被审计单位存在重大错报风险的事项和情况，考虑由于上述事项和情况导致的风险是否重大，以及该风险导致财务报表发生重大错报的可能性。并且，应当确定，识别的重大错报风险是与特定的某类交易、账户余额和披露的认定相关，还是与财务报表整体广泛相关，进而影响多项认定。

某些重大错报风险可能与财务报表整体广泛相关，进而影响多项认定。如前述管理层凌驾于控制之上或承受异常的压力可能引发舞弊风险；某些重大错报风险可能与特定的某类交易、账户余额和披露的认定相关。如前述管理层承受低估应收账款坏账准备的压力，该事项表明应收账款账户余额的认定可能存在重大错报风险。

在评估重大错报风险时，注册会计师还应当将所了解的控制与特定认定相联系，并且，应当考虑对识别的销售与收款交易、账户余额和披露认定层次的重大错报风险予以汇总和评估，以确定进一步审计程序的性质、时间安排和范围。

四、控制测试

1. 概述

如果在评估认定层次重大错报风险时预期控制的运行是有效的，注册会计师应当实施控制测试，就控制在相关期间或时点的运行有效性获取充分、适当的审计证据。这意味着注册会计师无须测试针对销售与收款交易的所有控制活动。只有认为控制设计合理、能够防止或发现并纠正认定层次的重大错报，注册会计师才有必要对控制运行的有效性实施测试。

在对被审计单位销售与收款交易实施控制测试时，还应注意以下几点：

（1）注册会计师应把测试重点放在被审计单位是否设计了由人工执行或计算机系统运行的更高层次的调节和比对控制，是否生成例外报告，管理层是否及时调查所发现的问题并采取管理措施；而不是全部只测试员工执行数据输入的预防性控制。

（2）注册会计师应当询问管理层用于监控销售与收款交易的关键业绩指标，如销售额和毛利率预算、应收账款平均收款期等。

（3）注册会计师应当考虑通过执行分析程序和截止测试，可以对应收账款的存在、准确性和计价等认定获取多大程度的保证。如果能够获得充分保证，则意味着不需要执行大量的控制测试。

（4）为获取相关重大错报风险是否可能被评估为低的有关证据，注册会计师通常需要对被审计单位重要的控制，尤其是对易出现高舞弊风险的现金收款和存储的控制的有效运行进行测试。因为这些控制大多采取人工控制。注册会计师主要的审计程序可能包括观察控制的执行，检查每日现金汇总表上是否有执行比对控制的员工的签名，询问针对不一致的情况所采取的措施。

（5）如果注册会计师计划信赖的内部控制是由计算机执行的，那么需要就下列事项获取审计证据：①相关一般控制的设计和运行的有效性；②认定层次控制的特定应用，如收款折扣的计算；③采用人工控制的后续措施，如将打印输出的现金收入日记账与对应的由银行盖章的存款记录进行比对，以及根据银行存款对账单按月调节现金收入日记账。

（6）在控制风险被评估为低时，注册会计师需要考虑评估的控制要素的所有主要方面和控制测试的结果，以便能够得出这样的结论：控制能够实施有效的管理，并发现和纠正重大错误和舞弊。

如果将固有风险和控制风险评估为中或高，注册会计师可能仅仅需要在对控制活动的处理情况进行询问时记录对控制活动的了解，并检查已实施控制的相关证据。

（7）如果在期中实施了控制测试，注册会计师应当在年末审计时选择项目测试控制在剩余期间的运行情况，以确定控制是否在整个会计期间持续运行有效。

（8）控制测试所使用的审计程序的类型主要包括询问、观察、检查、重新执行和穿行测试等，注册会计师应当根据特定控制的性质选择所需实施审计程序的类型。

上述有关实施销售与收款循环的控制测试时的基本要求，就其原理而言，对其他业务循环的控制测试同样适用，因此，在后面讨论其他业务循环的控制测试时将不再重复。

2. 以内部控制目标为起点的控制测试

内部控制程序和活动是企业针对需要实现的内部控制目标而设计和执行的，控制测试则是注册会计师针对企业的内部控制程序和活动而实施的。因此，在审计实务中，注册会计师可以考虑以被审计单位的内部控制目标为起点实施控制测试。下面按照销售与收款交易内部控制的讨论顺序，择要简单阐述销售与收款交易的控制测试。

（1）对于职责分离，注册会计师通常通过观察被审计单位有关人员的活动，以及与这些人员进行讨论，来实施职责分离的控制测试。

（2）对于授权审批，内部控制通常存在前述的四个关键点上的审批程序，注册会计师主要通过检查凭证在这四个关键点上是否经过审批，可以很容易地测试出授权审批方面的内部控制效果。

（3）对于充分的凭证和记录以及凭证预先编号这两项控制，常用的控制测试程序可清点各种凭证。如从主营业务收入明细账中选取样本，追查至相应的销售发票存根，进而检查其编号是否连续，有无不正常的缺号发票和重号发票。视检查顺序和范围的不同，这种测试程序往往可同时提供有关发生和完整性目标的证据。

（4）对于按月寄出对账单这项控制，观察指定人员寄送对账单，并检查客户复函档案和管理层的审阅记录，是注册会计师十分有效的一项控制测试。

（5）对于内部核查程序，注册会计师可以通过检查内部审计人员的报告，或检查其他独立人员在所核查的凭证上的签字等方法实施控制测试。

3. 以风险为起点的控制测试

在审计实务中，注册会计师还可以考虑以识别的重大错报风险为起点实施控制测试。注册会计师需要结合被审计单位的相关控制实际情况，有针对性地设计和实施控制测试。

第三节　营业收入和应收账款审计

一、营业收入的实质性程序

1. 营业收入的审计目标

营业收入项目核算企业在销售商品、提供劳务等主营业务活动中所产生的收入，以及企业确认的除主营业务活动以外的其他经营活动实现的收入，包括出租固定资产、出租无形资产、出租包装物和商品、销售材料等实现的收入。其审计目标一般包括：确定利润表中记录的营业收入是否已发生，且与被审计单位有关；确定所有应当记录的营业收入是否均已记录；确定与营业收入有关的金额及其他数据是否已恰当记录，包括对销售退回、销售折扣与折让的处理是否适当；确定营业收入是否已记录于正确的会计期间；确定营业收入是否已按照企业会计准则的规定在财务报表中做出恰当的列报。

营业收入包括主营业务收入和其他业务收入，下面分别介绍这两部分的实质性程序。

2. 主营业务收入的实质性程序

主营业务收入的实质性程序一般包括以下内容：

（1）获取或编制主营业务收入明细表。

1）复核加计是否正确，并与总账数和明细账合计数核对是否相符，结合其他业务收入科目与报表数核对是否相符。

2）检查以非记账本位币结算的主营业务收入的折算汇率及折算是否正确。

（2）检查主营业务收入的确认条件、方法是否符合企业会计准则，前后期是否一致；关注周期性、偶然性的收入是否符合既定的收入确认原则、方法。按照《企业会计准则第 14 号——收入》的要求，企业商品销售收入应在下列条件均能满足时予以确认：①企业已将商品所有权上的主要风险和报酬转移给购货方；②企业既没有保留通常与所有权相联系的继续管理权，也没有对已售出的商品实施有效控制；③收入的金额能够可靠地计量；④相关的经济利益很可能流入企业；⑤相关的已发生或将发生的成本能够可靠地计量。因此，对主营业务收入的实质性程序，应在了解被审计单位确认产品销售收入的会计政策的基础上，重点测试被审计单位是否依据上述五个条件确认产品销售收入。具体来说，被审计单位采取的销售方式不同，确认销售的时点也是不同的：

1）采用交款提货销售方式，通常应于货款已收到或取得收取货款的权利，同时已将发票账单和提货单交给购货单位时确认收入的实现。对此，注册会计师应着重检查被审计单位是否收到货款或取得收取货款的权利，发票账单和提货单是否已交付购货单位。应注意有无相压结算凭证，将当期收入转入下期入账的现象，或者虚记收入、开具假发票、虚列购货单位，将当期未实现的收入虚转为收入记账，在下期予以冲销的现象。

2）采用预收账款销售方式，通常应于商品已经发出时，确认收入的实现。对此，注册会计师应重点检查被审计单位是否收到了货款，商品是否已经发出。应注意是否存在对已收货款并已将商品发出的交易不入账、转为下期收入，或开具虚假出库凭证、虚增收入等现象。

3）采用托收承付结算方式，通常应于商品已经发出，劳务已经提供，并已将发票账单提交银行、办妥收款手续时确认收入的实现。对此，注册会计师应重点检查被审计单位是否发货，托收手续是否办妥，货物发运凭证是否真实，托收承付结算回单是否正确。

4）销售合同或协议明确销售价款的收取采用递延方式，可能实质上具有融资性质的，应当按照应收的合同或协议价款的公允价值确定销售商品收入金额。应收的合同或协议价款与其公允价值之间的差额，通常应当在合同或协议期间内采用实际利率法进行摊销，计入当期损益。

5）长期工程合同收入，如果合同的结果能够可靠估计，通常应当根据完工百分比法确认合同收入。注册会计师应重点检查收入的计算、确认方法是否合乎规定，并核对应计收入与实际收入是否一致，注意查明有无随意确认收入、虚增或虚减本期收入的情况。

6）销售商品房的，通常应在商品房已经移交并将发票结算账单提交对方时确认收入。对此，注册会计师应重点检查已办理的移交手续是否符合规定要求，发票账单是否已交对方。如果被审计单位事先与买方签订了不可撤销合同，按合同要求开发房地产，则通常应按建造合同的处理原则处理。

（3）必要时实施实质性分析程序。

1）针对已识别需要运用分析程序的有关项目，并基于对被审计单位及其环境的了解，通过进行以下比较，同时考虑有关数据间关系的影响，以建立有关数据的期望值：①将本期的主营业务收入与上期的主营业务收入、销售预算或预测数等进行比较，分析主营业务收入及其构成的变动是否异常，并分析异常变动的原因。②计算本期重要产品的毛利率，与上期或预算或预测数据比较，检查是否存在异常，各期之间是否存在重大波动，查明原因。③比较本期各月各类主营业务收入的波动情况，分析其变动趋势是否正常，是否符合被审计单位季节性、周期性的经营规律，查明异常现象和重大波动的原因。④将本期重要产品的毛利率与同行业企业进行对比分析，检查是否存在异常。⑤根据增值税发票中报表或普通发票，估算全年收入，与实际收入金额比较。

2）确定可接受的差异额。

3）将实际的情况与期望值相比较，识别需要进一步调查的差异。

4）如果其差额超过可接受的差异额，调查并获取充分的解释和恰当的、佐证性质的审计证据（如通过检查相关的凭证等）。

5）评估分析程序的测试结果。

（4）获取产品价格目录，抽查售价是否符合价格政策，并注意销售给关联方或关系密切的重要客户的产品价格是否合理，有无以低价或高价结算的方法相互之间转移利润的现象。

（5）抽取本期一定数量的发运凭证，审查存货出库日期、品名、数量等是否与销售发票、销售合同、记账凭证等一致。

（6）抽取本期一定数量的记账凭证，审查入账日期、品名、数量、单价、金额等是否与销售发票、发运凭证、销售合同等一致。

（7）结合对应收账款实施的函证程序，选择主要客户函证本期销售额。

（8）对于出口销售，应当将销售记录与出口报关单、货运提单、销售发票等出口销售单据进行核对，必要时向海关函证。

（9）实施销售的截止测试。

1）选取资产负债表日前后若干天一定金额以上的发运凭证，与应收账款和收入明细账进行核对；同时，从应收账款和收入明细账选取在资产负债表日前后若干天一定金额以上的凭证，与发运凭证核对，以确定销售是否存在跨期现象。

2）复核资产负债表日前后销售和发货水平，确定业务活动水平是否异常，并考虑是否有必要追加实施截止测试程序。

3）取得资产负债表日后所有的销售退回记录，检查是否存在提前确认收入的情况。

4）结合对资产负债表日应收账款的函证程序，检查有无未取得对方认可的大额销售。

5）调整重大跨期销售。对销售实施截止测试，其目的主要在于确定被审计单位主营业务收入的会计记录归属期是否正确：应记入本期或下期的主营业务收入是否被推延至下期或提前至本期。

我国《企业会计准则——基本准则》规定："企业对于已经发生的交易或者事项，应当及时进行会计确认、计量和报告，不得提前或者延后。"并规定"收入只有在经济利益很可能流入从而导致企业资产增加或者负债减少，且经济利益的流入能够可靠计量时才能予以确认"。据此，注册会计师在审计中应该注意把握三个与主营业务收入确认有着密切关系的日期：一是发票开具日期；二是记账日期；三是发货日期（服务业则是提供劳务的日期）。这里的发票开具日期是指开具增值税专用发票或普通发票的日期；记账日期是指被审计单位确认主营业务收入实现并将该笔经济业务记入主营业务收入账户的日期；发货日期是指仓库开具出库单并发出库存商品的日期。检查三者是否归属于同一适当会计期间常常是主营业务收入截止测试的关键所在。

围绕上述三个重要日期，在审计实务中，注册会计师可以考虑选择三条审计路径实施主营业务收入的截止测试。

一是以账簿记录为起点。从资产负债表日前后若干天的账簿记录查至记账凭证，检查发票存根与发运凭证，目的是证实已入账收入是否在同一期间已开具发票并发货，有无多记收入。这种方法的优点是比较直观，容易追查至相关凭证记录，以确定其是否应在本期确认收入，特别是在连续审计两个以上会计期间时，检查跨期收入十分便捷，可以提高审计效率。缺点是缺乏全面性和连贯性，只能查多记，无法查漏记，尤其是与本期漏记收入延至下期而审计时被审计单位尚未及时登账时，不易发现应记入而未记入报告期收入的情况。因此，使用这种方法主要是为了防止多计收入。

二是以销售发票为起点。从资产负债表日前后若干天的发票存根查至发运凭证与账簿记录，确定已开具发票的货物是否已发货并于同一会计期间确认收入。具体做法是，抽取若干张在资产负债表日前后开具的销售发票的存根，追查至发运凭证和账簿记录，查明有无漏记收入现象。这种方法也有其优缺点，优点是较全面、连贯，容易发现漏记的收入；缺点是较费时费力，有时难以查找相应的发货及账簿记录，而且不易发现多记的收入。使用该方法时应注意两点：①相应的发运凭证是否齐全，特别应注意有无报告期内已作收入而下期初用红字冲回，并且无发货、收货记录，以此来调节前后期利润的情况；②被审计单位的发票存根是否已全部提供，有无隐瞒。为此，应查看被审计单位的销售发票存根的连续编号是否完整，并考虑查看发票领购簿，尤其应关注普通发票的领购和使用情况。因此，使用这种方法主要是为了防止少计收入。

三是以发运凭证为起点。从资产负债表日前后若干天的发运凭证查至发票开具情况与账簿记录，确定主营业务收入是否已记入恰当的会计期间。该方法的优缺点与方法二类似，使用这种方法主要也是为了防止少计收入。

上述三条审计路径在实务中均被广泛采用，它们并不是孤立的，注册会计师可以考虑在同一被审计单位财务报表审计中并用这三条路径，甚至可以在同一主营业务收入科目审计中并用。实际上，由于被审计单位的具体情况各异，管理层意图各不相同，有的为了完成利润目标、承包指标，更多地享受税收等优惠政策，便于筹资等目的，可能会多计收入；有的则为了以丰补歉、留有余地、推迟缴税时间等目的而少计收入。因此，为提高审计效率，注册会计师应当凭借专业经验和所掌握的信息、资料做出正确判断，选择其中的一条或两条审计路径实施更有效的收入截止测试。

（10）存在销货退回的，检查相关手续是否符合规定，结合原始销售凭证检查其会计处理是否正确，结合存货项目审计关注其真实性。

（11）检查销售折扣与折让。企业在销售交易中，往往会因产品品种不符、质量不符合要求以及结算方面的原因发生销售折扣与折让。尽管引起销售折扣与折让的原因不尽相同，其表现形式也不尽一致，但都是对收入的抵减，直接影响收入的确认和计量。因此，注册会计师应重视折扣与折让的审计。销售折扣与折让的实质性程序主要包括：

1）获取或编制折扣与折让明细表，复核加计正确，并与明细账合计数核对相符。

2）取得被审计单位有关折扣与折让的具体规定和其他文件资料，并抽查较大的折扣与折让发生额的授权批准情况，与实际执行情况进行核对，检查其是否经授权批准，是否合法、真实。

3）销售折扣与折让是否及时足额提交对方，有无虚设中介、转移收入、私设账外"小金库"等情况。

4）检查折扣与折让的会计处理是否正确。

（12）检查有无特殊的销售行为，如附有销售退回条件的商品销售、委托代销、售后回购、以旧换新、商品需要安装和检验的销售、分期收款销售、出口销售、售后租回等，选择恰当的审计程序进行审核：

1）附有销售退回条件的商品销售，如果对退货部分能作合理估计的，确定其是否按估计不会退货部分确认收入；如果对退货部分不能作合理估计的，确定其是否在退货期满时确认收入。

2）售后回购，分析特定销售回购的实质，判断其是属于真正的销售交易，还是属于融资行为。

3）以旧换新销售，确定销售的商品是否按照商品销售的方法确认收入，回收的商品是否作为购进商品处理。

4）出口销售，确定其是否按离岸价格、到岸价格或成本加运费价格等不同的成交方式，确认收入的时点和金额。

（13）调查向关联方销售的情况，记录其交易品种、价格、数量、金额以及占主营业务收入总额的比例。对于合并范围内的销售活动，记录应予合并抵消的金额。

（14）调查集团内部销售的情况，记录其交易价格、数量和金额，并追查在编制合并财务报表时是否已予以抵消。

（15）确定主营业务收入的列报是否恰当。

3. 其他业务收入的实质性程序

其他业务收入的实质性程序一般包括以下内容：

（1）获取或编制其他业务收入明细表，复核加计是否正确，并与总账数和明细账合计数核对是否相符，结合主营业务收入科目与营业收入报表数核对是否相符。

（2）计算本期其他业务收入与其他业务成本的比率，并与上期该比率比较，检查是否有重大波动，如有，应查明原因。

（3）检查其他业务收入内容是否真实、合法，收入确认原则及会计处理是否符合规定，择要抽查原始凭证予以核实。

（4）对异常项目，应追查入账依据及有关法律文件是否充分。

（5）抽查资产负债表日前后一定数量的记账凭证，实施截止测试，追踪到销售发票、收据等，确定入账时间是否正确，对于重大跨期事项作必要的调整建议。

（6）确定其他业务收入在财务报表中的列报是否恰当。

二、应收账款的实质性程序

应收账款余额一般包括应收账款账面余额和相应的坏账准备两部分。

应收账款指企业因销售商品、提供劳务而形成的债权，即由于企业销售商品、提供劳务等原因，应向购货客户或接受劳务的客户收取的款项或代垫的运杂费，是企业的债权性资产。

企业的应收账款是在销售交易或提供劳务过程中产生的。因此，应收账款的审计应结合销售交易进行。

坏账是指企业无法收回或收回可能性极小的应收款项（包括应收票据、应收账款、预付款项、其他应收款和长期应收款等）。由于发生坏账而产生的损失称为坏账损失。企业通常应采用备抵法按期估计坏账损失。

企业通常应当定期或者至少于每年年度终了，对应收款项进行全面检查，预计各项应收款项可能发生的坏账，相应计提坏账准备。坏账准备通常是审计的重点领域，并且，由于坏账准备与应收账款的联系非常紧密，我们把对坏账准备的审计与对应收账款的审计合在一起予以阐述。

1. 应收账款的审计目标

应收账款的审计目标一般包括：确定资产负债表中记录的应收账款是否存在；确定所有应当记录的应收账款是否均已记录；确定记录的应收账款是否被

审计单位拥有或控制；确定应收账款是否可收回，坏账准备的计提方法和比例是否恰当，计提是否充分；确定应收账款及其坏账准备期末余额是否正确；确定应收账款及其坏账准备是否已按照企业会计准则的规定在财务报表中做出恰当列报。

2. 应收账款的实质性程序

（1）取得或编制应收账款明细表。

1）复核加计正确，并与总账数和明细账合计数核对是否相符；结合坏账准备科目与报表数核对是否相符。应当注意，应收账款报表数反映企业因销售商品、提供劳务等应向购买单位收取的各种款项，减去已计提的相应的坏账准备后的净额。因此，其报表数应同应收账款总账数和明细账数分别减去与应收账款相应的坏账准备总账数和明细账数后的余额核对相符。

2）检查非记账本位币应收账款的折算汇率及折算是否正确。对于用非记账本位币（通常为外币）结算的应收账款，注册会计师应检查被审计单位外币应收账款的增减变动是否采用交易发生日的即期汇率将外币金额折算为记账本位币金额，或者采用按照系统合理的方法确定的、与交易发生日即期汇率近似的汇率折算，选择采用汇率的方法前后各期是否一致；期末外币应收账款余额是否采用期末即期汇率折合为记账本位币金额；折算差额的会计处理是否正确。

3）分析有贷方余额的项目，查明原因，必要时，建议做重分类调整。

4）结合其他应收款、预收款项等往来项目的明细余额，调查有无同一客户多处挂账、异常余额或与销售无关的其他款项（如代销账户、关联方账户或员工账户）。如有，应做出记录，必要时提出调整建议。

（2）检查涉及应收账款的相关财务指标。

1）复核应收账款借方累计发生额与主营业务收入关系是否合理，并将当期应收账款借方发生额占销售收入净额的百分比，与管理层考核指标比较和被审计单位相关赊销政策比较，如存在异常应查明原因。

2）计算应收账款周转率、应收账款周转天数等指标，并与被审计单位相关赊销政策、被审计单位以前年度指标、同行业同期相关指标对比分析，检查是否存在重大异常。

（3）检查应收账款账龄分析是否正确。

1）获取或编制应收账款账龄分析表。注册会计师可以通过获取或编制应收账款账龄分析表来分析应收账款的账龄，以便了解应收账款的可收回性。

应收账款的账龄，通常是指资产负债表中的应收账款从销售实现、产生应收账款之日起，至资产负债表日止所经历的时间。编制应收账款账龄分析表时，可以考虑选择重要的客户及其余额列示，而将不重要的或余额较小的汇总列示。应收账款账龄分析表的合计数减去已计提的相应坏账准备后的净额，应该等于资产负债表中的应收账款项目余额。

2）测试应收账款账龄分析表计算的准确性，并将应收账款账龄分析表中的合计数与应收账款总分类账余额相比较，并调查重大调节项目。

3）检查原始凭证，如销售发票、运输记录等，测试账龄划分的准确性。

（4）向债务人函证应收账款。

函证应收账款的目的在于证实应收账款账户余额的真实性、正确性，防止或发现被审计单位及其有关人员在销售交易中发生的错误或舞弊行为。通过函证应收账款，可以比较有效地证明被询证者（即债务人）的存在和被审计单位记录的可靠性。

注册会计师应当考虑被审计单位的经营环境、内部控制的有效性、应收账款账户的性质、被询证者处理询证函的习惯做法及回函的可能性等，以确定应收账款函证的范围、对象、方式和时间。

1）函证的范围和对象。除非有充分证据表明应收账款对被审计单位财务报表而言是不重要的，或者函证很可能是无效的，否则，注册会计师应当对应收账款进行函证。如果注册会计师不对应收账款进行函证，应当在审计工作底稿中说明理由。如果认为函证很可能是无效的，注册会计师应当实施替代审计程序，获取相关、可靠的审计证据。函证数量的多少、范围是由诸多因素决定的，主要有：①应收账款在全部资产中的重要性。若应收账款在全部资产中所占的比重较大，则函证的范围应相应大一些。②被审计单位内部控制的强弱。若内部控制制度较健全，则可以相应减少函证量；反之，则应相应扩大函证范围。③以前期间的函证结果。若以前期间函证中发现过重大差异，或欠款纠纷较多，则函证范围应相应扩大一些。

一般情况下，注册会计师应选择以下项目作为函证对象：大额或账龄较长的项目；与债务人发生纠纷的项目；重大关联方项目；主要客户（包括关系密切的客户）项目；交易频繁但期末余额较小甚至余额为零的项目；可能产生重大错报或舞弊的非正常的项目。

2）函证的方式。注册会计师可采用积极的或消极的函证方式实施函证，也可将两种方式结合使用。

参考格式9-1、参考格式9-2提供了积极式询证函的格式；参考格式9-3列示了消极式询证函的格式。

参考格式 9-1　积极式询证函（格式一）

企业询证函

编号：

×× （公司）：

本公司聘请的××会计师事务所正在对本公司××年度财务报表进行审计，按照中国注册会计师审计准则的要求，应当询证本公司与贵公司的往来账项等事项。下列数据出自本公司账簿记录，如与贵公司记录相符，请在本函下端"信息证明无误"处签章证明；如有不符，请在"信息不符"处列明不符金额。回函请直接寄至××会计师事务所。

回函地址：

邮编：　　　电话：　　　传真：　　　联系人：

1. 本公司与贵公司的往来账项列示如下：

单位：元

截止日期	贵公司欠	欠贵公司	备注

2. 其他事项。

本函仅为复核账目之用，并非催款结算。若款项在上述日期之后已经付清，仍请及时函复为盼。

（公司盖章）

年　月　日

结论：1. 信息证明无误。

（公司盖章）

年　月　日

经办人：

2. 信息不符，请列明不符的详细情况：

（公司盖章）

年　月　日

经办人：

参考格式 9-2　积极式询证函（格式二）

企业询证函

编号：

××（公司）：

本公司聘请的××会计师事务所正在对本公司××年度财务报表进行审计，按照中国注册会计师审计准则的要求，应当询证本公司与贵公司的往来账项等事项。请列示截至××年×月×日贵公司与本公司往来款项余额。回函请直接寄至××会计师事务所。

回函地址：

邮编：　　　　电话：　　　　传真：　　　　联系人：

本函仅为复核账目之用，并非催款结算。若款项在上述日期之后已经付清，仍请及时函复为盼。

（公司盖章）

年　月　日

1. 贵公司与本公司的往来账项列示如下：

单位：元

截止日期	贵公司欠	欠贵公司	备　注

2. 其他事项。

（公司盖章）

年　月　日

经办人：

参考格式 9-3　消极式询证函格式

企业询证函

编号：

××（公司）：

本公司聘请的××会计师事务所正在对本公司××年度财务报表进行审计，按照中国注册会计师审计准则的要求，应当询证本公司与贵公司的往来账项等事项。下列数据出自本公司账簿记录，如与贵公司记录相符，则无须回复；如有不符，请直接通知会计师事务所，并请在空白处列明贵公司认为是正确的信息。回函请直接寄至××会计师事务所。

回函地址：

邮编：　　　　电话：　　　　传真：　　　　联系人：

1. 本公司与贵公司的往来账项列示如下：

单位：元

截止日期	贵公司欠	欠贵公司	备　注

2. 其他事项。

本函仅为复核账目之用，并非催款结算。若款项在上述日期之后已经付清，仍请及时核对为盼。

(公司盖章)

年　月　日

××会计师事务所：

上面的信息不正确，差异如下：

(公司盖章)

年　月　日

经办人：

3）函证时间的选择。注册会计师通常以资产负债表日为截止日，在资产负债表日后适当时间内实施函证。如果重大错报风险评估为低水平，注册会计师可选择资产负债表日前适当日期为截止日实施函证，并对所函证项目自该截止日起至资产负债表日止发生的变动实施实质性程序。

4）函证的控制。注册会计师通常利用被审计单位提供的应收账款明细账户名称及客户地址等资料据以编制询证函，但注册会计师应当对确定需要确认或填列的信息、选择适当的被询证者、设计询证函以及发出和跟进（包括收回）询证函保持控制。

注册会计师可通过函证结果汇总表的方式对询证函的收回情况加以控制（见表9-2）。

表9-2 应收账款函证结果汇总表

被审计单位名称： 制表： 日期：

结账日： 年 月 日 复核： 日期：

询证函编号	债务人名称	债务人地址及联系方式	账面金额	函证方式	函证日期		回函日期	替代程序	确认余额	差异金额及说明	备注
					第一次	第二次					
合　计											

5）对不符事项的处理。对应收账款而言，登记入账的时间不同而产生的不符事项主要表现为：①询证函发出时，债务人已经付款，而被审计单位尚未收到货款；②询证函发出时，被审计单位的货物已经发出并已作销售记录，但货物仍在途中，债务人尚未收到货物；③债务人由于某种原因将货物退回，而被审计单位尚未收到；④债务人对收到的货物的数量、质量及价格等方面有异议而全部或部分拒付货款等。如果不符事项构成错报，注册会计师应当评价该错报是否表明存在舞弊，并重新考虑所实施审计程序的性质、时间和范围。

6）对函证结果的总结和评价。注册会计师对函证结果可进行如下评价：①重新考虑对内部控制的原有评价是否适当，控制测试的结果是否适当；分析程序的结果是否适当；相关的风险评价是否适当等。②如果函证结果表明没有审计差异，则可以合理地推论，全部应收账款总体是正确的。③如果函证结果表明存在审计差异，则应当估算应收账款总额中可能出现的累计差错是多少，估算未被选中进行函证的应收账款的累计差错是多少。为取得对应收账款累计差错更加准确的估计，也可以进一步扩大函证范围。

需要指出的是，注册会计师应当将询证函回函作为审计证据，纳入审计工作底稿管理，询证函回函的所有权归属所在会计师事务所。除法院、检察院及其他有关部门依法查阅审计工作底稿，注册会计师协会对执业情况进行检查以及前后任注册会计师沟通等情形外，会计师事务所不得将询证函回函提供给被审计单位作为法律诉讼证据。

（5）确定已收回的应收账款金额。请被审计单位协助，在应收账款账龄明细表中标出至审计时已收回的应收账款金额，对已收回金额较大的款项进行常规检查，如核对收款凭证、银行对账单、销货发票等，并注意凭证发生日期的合理性，分析收款时间是否与合同相关要素一致。

（6）对未函证应收账款实施替代审计程序。通常，注册会计师不可能对所有应收账款进行函证，因此，对于未函证应收账款，注册会计师应抽查有关原始凭据，如销售合同、销售订购单、销售发票副本、发运凭证及回款单据等，以验证与其相关的应收账款的真实性。

（7）检查坏账的确认和处理。首先，注册会计师应检查有无债务人破产或者死亡的，以及破产或以遗产清偿后仍无法收回的，或者债务人长期未履行清偿义务的应收账款；其次，应检查被审计单位坏账的处理是否经授权批准，有关会计处理是否正确。

（8）抽查有无不属于结算业务的债权。不属于结算业务的债权，不应在应收账款中进行核算。因此，注册会计师应抽查应收账款明细账，并追查有关原始凭证，查证被审计单位有无不属于结算业务的债权。如有，应建议被审计单位作适当调整。

（9）检查应收账款的贴现、质押或出售。检查银行存款和银行借款等询证函的回函、会议纪要、借款协议和其他文件，确定应收账款是否已被贴现、质押或出售，应收账款贴现业务是否满足金融资产转移终止确认条件，其会计处理是否正确。

（10）对应收账款实施关联方及其交易审计程序。标明应收关联方〔包括持股5%以上（含5%）股东〕的款项，实施关联方及其交易审计程序，并注明合并财务报表时应予抵消的金额；对关联企业、有密切关系的主要客户的交易事项作专门核查：

1）了解交易事项目的、价格和条件，作比较分析。

2）检查销售合同、销售发票、发运凭证等相关文件资料。

3）检查收款凭证等货款结算单据。

4）向关联方或有密切关系的主要客户函询，以确认交易的真实性、合理性。

（11）确定应收账款的列报是否恰当。如果被审计单位为上市公司，则其财务报表附注通常应披露期初、期末余额的账龄分析，期末欠款金额较大的单位账款，以及持有5%以上（含5%）股份的股东单位账款等情况。

3. 坏账准备的实质性程序

企业会计准则规定，企业应当在期末对应收款项进行检查，并合理预计可能产生的坏账损失。应收款项包括应收票据、应收账款、预付款项、其他应收款和长期应收款等，下面以应收账款相关的坏账准备为例，阐述坏账准备审计常用的实质性程序。

（1）取得或编制坏账准备明细表，复核加计是否正确，与坏账准备总账数、明细账合计数核对是否相符。

（2）将应收账款坏账准备本期计提数与资产减值损失相应明细项目的发生额核对是否相符。

（3）检查应收账款坏账准备计提和核销的批准程序，取得书面报告等证明文件，评价计提坏账准备所依据的资料、假设及方法。

企业应根据所持应收账款的实际可收回情况，合理计提坏账准备，不得多提或少提，否则应视为滥用会计估计，按照重大会计差错更正的方法进行会计处理。

对于单项金额重大的应收账款，企业应当单独进行减值测试，如客观证据证明其实已发生减值，应当计提坏账准备。对于单项金额不重大的应收账款，可以单独进行减值测试，或包括在具有类似信用风险特征的应收账款组合中（如账龄分析）进行减值测试。此外，单独测试未发生减值的应收账款，应当包括在具有类似信用风险特征的应收账款组合中（如账龄分析）再进行减值测试。

采用账龄分析法时，收到债务单位当期偿还的部分债务后，剩余的应收账款，不应改变其账龄，仍应按原账龄加上本期应增加的账龄确定：在存在多笔应收账款且各笔应收账款账龄不同的情况下，收到债务单位当期偿还的部分债务，应当逐笔认定收到的是哪一笔应收账款；如果确实无法认定的，按照先发生先收回的原则确定，剩余应收账款的账龄按上述同一原则确定。

在确定坏账准备的计提比例时，企业应当在综合考虑以往的经验、债务单位的实际财务状况和预计未来现金流量（不包括尚未发生的未来信用损失）等因素，以及其他相关信息的基础上做出合理估计。

（4）实际发生坏账损失的，检查转销依据是否符合有关规定，会计处理是否正确。对于被审计单位在被审计期间内发生的坏账损失，注册会计师应检查其原因是否清楚，是否符合有关规定，有无授权批准，有无已作坏账处理后又重新收回的应收账款，相应的会计处理是否正确。对有确凿证据表明确实无法收回的应收账款，如债务单位已撤销、破产、资不抵债、现金流量严重不足等，企业应根据管理权限，经股东（大）会或董事会，或经理（厂长）办公会或类似机构批准作为坏账损失，冲销提取的坏账准备。

（5）已经确认并转销的坏账重新收回的，检查其会计处理是否正确。

（6）检查函证结果。对债务人回函中反映的例外事项及存在争议的余额，注册会计师应查明原因并作记录。必要时，应建议被审计单位作相应的调整。

（7）实施分析程序。通过比较前期坏账准备计提数和实际发生数，以及检查期后事项，评价应收账款坏账准备计提的合理性。

（8）确定应收账款坏账准备的披露是否恰当。企业应当在财务报表附注中清晰地说明坏账的确认标准、坏账准备的计提方法和计提比例。并且，上市公司还应在财务报表附注中分项披露如下事项：

1）本期全额计提坏账准备，或计提坏账准备的比例较大的（计提比例一般超过40%及以上的，下同），应说明计提的比例以及理由。

2）以前期间已全额计提坏账准备，或计提坏账准备的比例较大但在本期又全额或部分收回的，或通过重组等其他方式收回的，应说明其原因、原估计计提比例的理由以及原估计计提比例的合理性。

3）本期实际冲销的应收款项及其理由，其中，实际冲销的关联交易产生的应收账款应单独披露。

第十章 采购与付款循环的审计

学习目标

通过本章的学习，理解购货和付款循环的主要业务活动与审计目标；熟悉购货与付款循环所涉及的会计报表项目、关键控制及控制风险评估；掌握应付款项、固定资产和累计折旧的实质性测试程序；能在具体的审计环境中恰当地运用购货与付款循环审计的理论和方法。

导读案例

巨人零售公司是美国一家大型的零售折扣商店，也是一家上市公司。由于竞争的压力，该公司在应付账款、销售退回以及进价差额的退回方面弄虚作假，将 1971 年发生的 250 万美元的经营损失篡改为 150 万美元的收益。而审计该公司的塔奇·罗斯会计师事务所的有关合伙人由于屈服于客户施加的压力，在该公司的控制下对有关单位进行询证，执行并无实效的审计程序；对该公司提出的更换审计合伙人、将某位助理审计人员赶出事务所等无理要求"委曲求全"；对审计助理人员发现的公司舞弊嫌疑听之任之。更有甚者，当塔奇·罗斯会计师事务所在与巨人零售公司讨论审计中所发现的问题时，巨人零售公司的有关人员是当面计算各种财务指标，以能否达到预期目标作为是否接受塔奇·罗斯会计师事务所调整意见的原则。

第一节　采购与付款循环的特点

一、不同行业类型的采购和费用支出

企业的采购与付款循环包括购买商品、劳务和固定资产，以及企业在经营活动中为获取收入而发生的直接或间接的支出。部分支出可能与产品收入直接相关，部分支出可能会形成企业资产，而这些资产又形成了企业经营活动的基础。

一个企业的支出从性质、数量和发生频率上看是多种多样的。本章主要关注与购买货物和劳务以及应付账款的支付有关的控制活动以及重大交易。

除了经营用房产支出和人工费用支出，一些经常性交易发生的支出通常构成较重要的交易，因而须由较正式的控制活动来预防或检查、纠正错误和舞弊，如广告促销费用、研究开发费用和税费、电费、通信费等其他与经营相关的费用。其他一些非经常性支出如与法律相关的费用或其他专业服务费用，发生频率较低，相应就没有太多较正式的控制活动。

不同的企业性质决定企业除了有一些共性的费用支出外，还会发生一些不同类型的支出。

二、涉及的主要凭证与会计记录

采购与付款交易通常要经过请购—订货—验收—付款这样的程序，同销售与收款交易一样，在内部控制比较健全的企业，处理采购与付款交易通常也需要使用很多凭证与会计记录。典型的采购与付款循环所涉及的主要凭证与会计记录有以下几种：

1. 请购单

请购单是由产品制造、资产使用等部门的有关人员填写，送交采购部门，申请购买商品、劳务或其他资产的书面凭证。

2. 订购单

订购单是由采购部门填写，向另一企业购买订购单上所指定的商品、劳务或其他资产的书面凭证。

3. 验收单

验收单是收到商品、资产时所编制的凭证，列示从供应商处收到的商品、资产的种类和数量等内容。

4. 卖方发票

卖方发票（供应商发票）是供应商开具的，交给买方以载明发运的货物或提供的劳务、应付款金额和付款条件等事项的凭证。

5. 付款凭单

付款凭单是采购方企业的应付凭单部门编制的，载明已收到的商品、资产或接受的劳务、应付款金额和付款日期的凭证。付款凭单是采购方企业内部记录和支付负债的授权证明文件。

6. 转账凭证

转账凭证是指记录转账交易的记账凭证，它是根据有关转账交易（即不涉及库存现金、银行存款收付的各项交易）的原始凭证编制的。

7. 付款凭证

付款凭证包括现金付款凭证和银行存款付款凭证，是指用来记录库存现金和银行存款支出交易的记账凭证。

8. 应付账款明细账

应付账款明细账根据应付给客户的款项而记录。

9. 库存现金日记账和银行存款日记账

日记账记录了每天库存现金和银行存款的交易情况。

10. 供应商对账单

供应商对账单是由供应商按月编制的，标明期初余额、本期购买、本期支付给供应商的款项和期末余额的凭证。供应商对账单是供应商对有关交易的陈述，如果不考虑买卖双方在收发货物上可能存在的时间差等因素，其期末余额通常应与采购方相应的应付账款期末余额一致。

三、涉及的主要业务活动

在一个企业，如可能的话，应将各项职能活动指派给不同的部门或职员来完成。这样，每个部门或职员都可以独立检查其他部门和职员工作的正确性。下面以采购商品为例，分别阐述采购与付款循环所涉及的主要业务活动及其适当的控制程序和相关的认定。

1. 请购商品和劳务

仓库负责对需要购买的已列入存货清单的项目填写请购单，其他部门也可以对所需要购买的未列入存货清单的项目编制请购单。大多数企业对正常经营所需物资的购买均作一般授权，如仓库在现有库存达到再订购点时就可直接提出采购申请，其他部门也可为正常的维修工作和类似工作直接申请采购有关物品。但对资本支出和租赁合同，企业则通常要求作特别授权，只允许指定人员提出请购。请购单可由手工或计算机编制。由于企业内不少部门都可以填列请购单，可能不便事先编号，为加强控制，每张请购单必须经过对这类支出预算负责的主管人员签字批准。

请购单是证明有关采购交易的"发生"认定的凭据之一，也是采购交易轨迹的起点。

2. 编制订购单

采购部门在收到请购单后，只能对经过批准的请购单发出订购单。对每张订购单，采购部门应确定最佳的供应来源。对一些大额、重要的采购项目，应采取竞价方式来确定供应商，以保证供货的质量、及时性和成本的低廉。

订购单应正确填写所需要的商品品名、数量、价格、厂商名称和地址等，预先予以顺序编号并经过被授权的采购人员签名。其正联应送交供应商，副联则送至企业内部的验收部门、应付凭单部门和编制请购单的部门。随后，应独立检查订购单的处理，以确定是否确实收到商品并正确入账。这项检查与采购交易的"完整性"认定有关。

3. 验收商品

有效的订购单代表企业已授权验收部门接受供应商发运来的商品。验收部门首先应比较所收商品与订购单上的要求是否相符，如商品的品名、规格、数量、到货时间等，然后再盘点商品并检查商品有无损坏。

验收后，验收部门应对已收货的每张订购单编制一式多联、预先按顺序编号的验收单，作为验收和检验商品的依据。验收人员将商品送交仓库或其他请购部门时，应取得经过签字的收据，或要求其在验收单的副联上签收，以确立他们对所采购的资产应负的保管责任。验收人员还应将其中的一联验收单送交应付凭单部门。

验收单是支持资产或费用以及与采购有关的负债的"存在或发生"认定的重要凭证。定期独立检查验收单的顺序以确定每笔采购交易都已编制凭单，则与采购交易的"完整性"认定有关。

4. 储存已验收的商品

将已验收商品的保管与采购的其他职责相分离，可减少未经授权的采购和盗用商品的风险。存放商品的仓储区应相对独立，限制无关人员接近。这些控制与商品的"存在"认定有关。

5. 编制付款凭单

记录采购交易之前，应付凭单部门应编制付款凭单。这项功能的控制包括：

（1）确定供应商发票的内容与相关的验收单、订购单的一致性。

（2）确定供应商发票计算的正确性。

（3）编制有预先顺序编号的付款凭单，并附上支持性凭证（如订购单、验收单和供应商发票等）。这些支持性凭证的种类，因交易对象的不同而不同。

（4）独立检查付款凭单计算的正确性。

（5）在付款凭单上填入应借记的资产或费用账户名称。

（6）由被授权人员在凭单上签字，以示批准照此凭单要求付款。所有未付凭单的副联应保存在未付凭单档案中，以待日后付款。经适当批准和有预先编号的凭单为记录采购交易提供了依据，因此，这些控制与"存在"、"发生"、"完整性"、"权利和义务"和"计价和分摊"等认定有关。

6. 确认与记录负债

正确确认已验收货物和已接受劳务的债务，要求准确、及时地记录负债。该记录对企业财务报表和实际现金支出具有重大影响。与应付账款确认和记录相关的部门一般有责任核查购置的财产，并在应付凭单登记簿或应付账款明细账中加以记录。在收到供应商发票时，应付账款部门应将发票上所记载的品名、规格、价格、数量、条件及运费与订购单上的有关资料核对，如有可能，还应与验收单上的资料进行比较。

应付账款确认与记录的一项重要控制是要求记录现金支出的人员不得经手现金、有价证券和其他资产。恰当的凭证、记录与记账手续，对业绩的独立考核和应付账款职能而言是必不可少的控制。

在手工系统下，应将已批准的未付款凭单送达会计部门，据以编制有关记账凭证和登记有关账簿。会计主管应监督为采购交易而编制的记账凭证中账户分类的适当性；通过定期核对编制记账凭证的日期与凭单副联的日期，监督入账的及时性。而独立检查会计人员则应核对所记录的凭单总数与应付凭单部门送来的每日凭单汇总表是否一致，并定期独立检查应付账款总账余额与应付凭单部门未付款凭单档案中的总金额是否一致。

7. 付款

通常是由应付凭单部门负责确定未付凭单在到期日付款。企业有多种款项结算方式，以支票结算方式为例，编制和签署支票的有关控制包括：

（1）独立检查已签发支票的总额与所处理的付款凭单的总额的一致性。

（2）应由被授权的财务部门的人员负责签署支票。

（3）被授权签署支票的人员应确定每张支票都附有一张已经适当批准的未付款凭单，并确定支票收款人姓名和金额与凭单内容一致。

（4）支票一经签署就应在其凭单和支持性凭证上用加盖印戳或打洞等方式将其注销，以免重复付款。

（5）支票签署人不应签发无记名甚至空白的支票。

（6）支票应预先顺序编号，保证支出支票存根的完整性和作废支票处理的恰当性。

（7）应确保只有被授权的人员才能接近未经使用的空白支票。

8. 记录现金、银行存款支出

仍以支票结算方式为例，在手工系统下，会计部门应根据已签发的支票编制付款记账凭证，并据以登记银行存款日记账及其他相关账簿。以记录银行存款支出为例，有关控制包括：

（1）会计主管应独立检查记入银行存款日记账和应付账款明细账的金额的一致性，以及与支票汇总记录的一致性。

（2）通过定期比较银行存款日记账记录的日期与支票副本的日期，独立检查入账的及时性。

（3）独立编制银行存款余额调节表。

第二节 采购与付款循环的内部控制和控制测试

一、采购交易的内部控制

应付账款、固定资产等财务报表项目均属采购与付款循环。在正常的审计中，如果忽视采购与付款循环的控制测试及相应的交易实质性程序，仅仅依赖对这些具体财务报表项目余额实施实质性程序，则可能不利于审计效率和审计质量的提高。如果被审计单位具有健全并且运行良好的相关内部控制，注册会计师把审计重点放在控制测试和交易的实质性程序上，则既可以降低审计风险，又可大大减少报表项目实质性程序的工作量，提高审计效率。

对每一项内部控制目标，也就是注册会计师实施相应控制测试和交易实质性程序所要达到的审计目标，审计时都需按前面有关章节已讨论过的逻辑过程处理。注册会计师必须了解被审计单位的内部控制，确定其存在哪些关键的内部控制。一旦注册会计师确认了每一目标的有效控制和薄弱环节，就要对每一目标的控制风险做出初步评估，通过制定计划确定对哪些控制实施控制测试。而对与这些目标有关的、旨在发现金额错误的交易实质性程序，则应根据对控制风险的初步评估和计划实施的控制测试加以确定。当注册会计师对每一项目标均制定了审计测试程序后，把这些审计测试程序综合起来即可构成一个能够有效执行的审计方案。

很显然，采购与付款循环的交易测试包括采购交易测试和付款交易测试两个部分。采购交易测试与业务活动中的六项有关，即请购商品、劳务，编制订购单，验收商品，储存已验收的商品，编制付款凭单，确认与记录债务。以下仅就采购交易内部控制的特殊之处予以说明。

1. 适当的职责分离

如前所述，适当的职责分离有助于防止各种有意或无意的错误。与销售和收款交易一样，采购与付款交易也需要适当的职责分离。企业应当建立采购与付款交易的岗位责任制，明确相关部门和岗位的职责、权限，确保办理采购与付款交易的不相容岗位相互分离、制约和监督。采购与付款交易不相容岗位至少包括：请购与审批；询价与确定供应商；采购合同的订立与审批；采购与验收；采购、验收与相关会计记录；付款审批与付款执行。这些都是对企业提出的、有关采购与付款交易相关职责适当分离的基本要求，以确保办理采购与付款交易的不相容岗位相互分离、制约和监督。

2. 内部核查程序

企业应当建立对采购与付款交易内部控制的监督检查制度。采购与付款交易内部控制监督检查的主要内容通常包括：

（1）采购与付款交易相关岗位及人员的设置情况。重点检查是否存在采购与付款交易不相容职务混岗的现象。

（2）采购与付款交易授权批准制度的执行情况。重点检查大宗采购与付款交易的授权批准手续是否健全，是否存在越权审批的行为。

（3）应付账款和预付账款的管理。重点审查应付账款和预付账款支付的正确性、时效性和合法性。

（4）有关单据、凭证和文件的使用和保管情况。重点检查凭证的登记、领用、传递、保管、注销手续是否健全，使用和保管制度是否存在漏洞。

二、付款交易的内部控制

采购与付款循环包括采购和付款两个方面。在内部控制健全的企业，与采购相关的付款交易即支出交易同样有其内部控制目标和内部控制，注册会计师应针对每个主要的具体内部控制目标确定关键的内部控制，并对此实施相应的控制测试和交易的实质性程序。付款交易中的控制测试的性质取决于内部控制的性质，而付款交易的实质性程序的实施范围，在一定程度上取决于关键控制是否存在以及控制测试的结果。由于采购和付款交易同属一个交易循环，联系紧密，因此，对付款交易的部分测试可与测试采购交易一并实施。当然，另一些付款交易测试仍需单独实施。

需要指出的是，对于每个企业而言，由于性质、所处行业、规模以及内部控制健全程度等不同，而使得与付款交易相关的内部控制内容能有所不同，但以下与付款交易相关的内部控制内容是通常应当共同遵循的：

（1）企业应当按照《现金管理暂行条例》、《支付结算办法》等有关货币资金内部会计控制的规定办理采购付款交易。

（2）企业财会部门在办理付款交易时，应当对采购发票、结算凭证、验收证明等相关凭证的真实性、完整性、合法性及合规性进行严格审核。

（3）企业应当建立预付账款和定金的授权批准制度，加强预付账款和定金的管理。

（4）企业应当加强应付账款和应付票据的管理，由专人按照约定的付款日期、折扣条件等管理应付款项。已到期的应付款项需经有关授权人员审批后方可办理结算与支付。

（5）企业应当建立退货管理制度，对退货条件、退货手续、货物出库、退货货款回收等做出明确规定，及时收回退货款。

（6）企业应当定期与供应商核对应付账款、应付票据、预付款项等往来款项。如有不符，应查明原因，及时处理。

三、固定资产的内部控制

在本书的业务循环划分中,固定资产归属采购与付款循环,固定资产与一般的商品在内部控制和控制测试问题上固然有许多共性的地方,但固定资产还具有不少特殊性,有必要对其单独加以说明。

就许多从事制造业的被审计单位而言,固定资产在其资产总额中占有很大的比重,固定资产的购建会影响其现金流量,而固定资产的折旧、维修等费用则是影响其损益的重要因素。固定资产管理一旦失控,所造成的损失将远远超过一般的商品存货等流动资产。所以,为了确保固定资产的真实、完整、安全和有效利用,被审计单位应当建立和健全固定资产的内部控制。

1. 固定资产的预算制度

预算制度是固定资产内部控制中最重要的部分。通常,大中型企业应编制旨在预测与控制固定资产增减和合理运用资金的年度预算;小规模企业即使没有正规的预算,对固定资产的购建也要事先加以计划。

2. 授权批准制度

完善的授权批准制度包括:企业的资本性预算只有经过董事会等高层管理机构批准方可生效;所有固定资产的取得和处置均需经企业管理层书面认可。

3. 账簿记录制度

除固定资产总账外,被审计单位还需设置固定资产明细分类账和固定资产登记卡,按固定资产类别、使用部门和每项固定资产进行明细分类核算。固定资产的增减变化均应有充分的原始凭证。

4. 职责分工制度

对固定资产的取得、记录、保管、使用、维修、处置等,均应明确划分责任,由专门部门和专人负责。

5. 资本性支出和收益性支出的区分制度

企业应制定区分资本性支出和收益性支出的书面标准。通常需明确资本性支出的范围和最低金额,凡不属于资本性支出的范围、金额低于下限的任何支出,均应列作费用并抵减当期收益。

6. 固定资产的处置制度

固定资产的处置,包括投资转出、报废、出售等,均要有一定的申请报批程序。

7. 固定资产的定期盘点制度

对固定资产的定期盘点，是验证账面各项固定资产是否真实存在、了解固定资产放置地点和使用状况以及发现是否存在未入账固定资产的必要手段。

8. 固定资产的维护保养制度

固定资产应有严密的维护保养制度，以防止其因各种自然和人为的因素而遭受损失，并应建立日常维护和定期检修制度，以延长其使用寿命。

严格地讲，固定资产的保险不属于企业固定资产的内部控制范围，但它作为一项针对企业重要资产的特别保障，往往对企业非常重要。

作为与固定资产密切相关的一个项目，在建工程项目有其特殊性。在建工程的内部控制通常包括以下内容：

（1）岗位分工与授权批准。

1）企业应当建立工程项目业务的岗位责任制，明确相关部门和岗位的职责、权限，确保办理工程项目业务的不相容岗位相互分离、制约和监督。工程项目业务不相容岗位一般包括：项目建议、可行性研究与项目决策；概预算编制与审核；项目实施与价款支付；竣工决算与竣工审计。

2）企业应当对工程项目相关业务建立严格的授权批准制度，明确审批人的授权批准方式、权限、程序、责任及相关控制措施，规定经办人的职责范围和工作要求。审批人应当根据工程项目相关业务授权批准制度的规定，在授权范围内进行审批，不得超越审批权限。经办人应当在职责范围内，按照审批人的批准意见办理工程项目业务。对于审批人超越授权范围审批的工程项目业务，经办人有权拒绝办理，并及时向审批人的上级授权部门报告。

3）企业应当制定工程项目业务流程，明确项目决策、概预算编制、价款支付、竣工决算等环节的控制要求，并设置相应的记录或凭证，如实记载各环节业务的开展情况，确保工程项目全过程得到有效控制。

（2）项目决策控制。企业应当建立工程项目决策环节的控制制度，对项目建议书和可行性研究报告的编制、项目决策程序等做出明确规定，确保项目决策科学、合理。

（3）概预算控制。企业应当建立工程项目概预算环节的控制制度，对概预算的编制、审核等做出明确规定，确保概预算编制科学、合理。

（4）价款支付控制。企业应当建立工程进度价款支付环节的控制制度，对价款支付的条件、方式以及会计核算程序做出明确规定，确保价款支付及时、正确。

（5）竣工决算控制。企业应当建立竣工决算环节的控制制度，对竣工清理、竣工决算、竣工审计、竣工验收等做出明确规定，确保竣工决算真实、完整、及时。

（6）监督检查。企业应当建立对工程项目内部控制的监督检查制度，明确监督检查机构或人员的职责权限，定期或不定期地进行检查。检查内容主要包括：

1）工程项目业务相关岗位及人员的设置情况。

2）工程项目业务授权批准制度的执行情况。

3）工程项目决策责任制的建立及执行情况。

4）概预算控制制度的执行情况。

5）各类款项支付制度的执行情况。

6）竣工决算制度的执行情况。

四、评估重大错报风险

在实施控制测试和实质性程序之前，注册会计师需要了解被审计单位采购与付款交易和相关余额的内部控制的设计、执行情况，评估认定层次的财务报表重大错报风险，并对被审计单位特殊的交易活动和可能影响财务报表真实反映的事项保持职业怀疑态度。这将影响注册会计师决定采取何种适当的审计方法。

影响采购与付款交易和余额的重大错报风险可能包括：

1. 管理层错报费用支出的偏好和动因

被审计单位管理层可能为了完成预算，满足业绩考核要求，保证从银行获得额外的资金，吸引潜在投资者，误导股东，影响公司股价，或通过把私人费用计入公司费用进行个人盈利而错报支出。常见的方法可能有：

（1）把通常应当及时计入损益的费用资本化，然后通过资产的逐步摊销予以消化。这对增加当年的利润和留存收益都将产生影响。

（2）平滑利润。通过多计准备或少计负债和准备，把损益控制在被审计单位管理层希望的程度。

（3）利用特别目的的实体把负债从资产负债表中剥离，或利用关联方之间的费用定价优势制造虚假的收益增长趋势。

（4）通过复杂的税务安排推延或隐瞒所得税和增值税。

（5）被审计单位管理层把私人费用计入企业费用，把企业资金当作私人资金运作。

2. 费用支出的复杂性

如被审计单位以复杂的交易安排购买一定期间的多种服务，管理层对于涉及的服务受益与付款安排的复杂性缺乏足够的了解。这可能导致费用支出分配或计提的错误。

3. 管理层凌驾于控制之上和员工舞弊的风险

如通过与第三方串通，把私人费用计入企业费用支出，或有意无意地重复付款。

4. 采用不正确的费用支出截止期

将本期采购并收到的商品计入下一会计期间；或者将下一会计期间采购的商品提前计入本期；未及时计提尚未付款的已经购买的服务支出等。

5. 低估

在承受反映较高盈利水平和营运资本的压力下，被审计单位管理层可能试图低估准备和应付账款，包括低估对存货、应收账款应计提的减值以及对已售商品提供的担保（如售后服务承诺）应计提的准备。

6. 不正确地记录外币交易

当被审计单位进口用于出售的商品时，可能由于采用不恰当的外币汇率而导致该项采购的记录出现差错。此外，还存在未能将诸如运费、保险费和关税等与存货相关的进口费用进行正确分摊的风险。

7. 舞弊和盗窃的固有风险

如果被审计单位经营大型零售业务，由于所采购商品和固定资产的数量及支付的款项庞大，交易复杂，容易造成商品发运错误，员工和客户发生舞弊和盗窃的风险较高。如果那些负责付款的会计人员有权接触应付账款主文档，并能够通过在应付账款主文档中擅自添加新的账户来虚构采购交易，风险也会增加。

8. 存货的采购成本没有按照适当的计量属性确认

结果可能导致存货成本和销售成本的核算不正确。

9. 存在未记录的权利和义务

可能导致资产负债表分类错误以及财务报表附注不正确或披露不充分。

在计算机环境下，注册会计师既应当考虑常用的控制活动的有效性，也应当考虑特殊的控制活动对于采购与付款交易的适用性。其中最重要的控制应着眼于计算机程序的更改和供应商主文档中重要数据的变动，因为这会对采购与付款、应付账款带来影响，也会影响对差错和例外事项的处理过程和结果。概言之，针对采购与付款的控制，需要关注：

（1）遗失连续编号的验收单，这表明采购交易可能未予入账。

（2）出现重复的验收单或发票。

（3）供应商发票与订购单或验收单不符。

（4）供应商名称及代码与供应商主文档信息中的名称及代码不符。

（5）在处理供应商发票时出现计算错误。

（6）采购或验收的商品的存货代码无效。

（7）处理采购或付款的会计期间出现差错。

（8）通过电子货币转账系统把货款转入供应商的银行账户，但该账户并非供应商支付文档指定的银行账户。

总之，当被审计单位管理层具有高估利润的动机时，注册会计师应当主要关注费用支出和应付账款的低计。重大错报风险集中体现在遗漏交易，采用不正确的费用支出截止期，以及错误划分资本性支出和费用性支出。这些将对完整性、截止、发生、存在、准确性和分类认定产生影响。

如前所述，为评估重大错报风险，注册会计师应详细了解有关交易或付款的内部控制，这些控制主要是为预防、检查和纠正前面所认定的重大错报的固有风险而设置的。注册会计师可以通过审阅以前年度审计工作底稿、观察内部控制执行情况、询问管理层和员工、检查相关的文件和资料等方法加以了解。对相关文件和资料的检查可以提供审计证据，如通过检查供应商对账表和银行对账单，能够发现差错并加以纠正。

在评估重大错报风险时，注册会计师之所以需要充分了解被审计单位对采购与付款交易的控制活动，目的在于使计划实施的审计程序更加有效。也就是说，注册会计师必须对被审计单位的重大错报风险有一定认识，在此基础上设计并实施进一步审计程序，才能有效应对重大错报风险。

五、控制测试

1. 以内部控制目标为起点的控制测试

前面就采购交易、付款交易和固定资产的内部控制进行了讨论。因此，下面仅仅讨论在实施采购与付款交易的控制测试时应当注意的一些内容。另外，鉴于固定资产和在建工程项目有着不同于一般商品的特殊性，对其控制测试问题也分别单独加以阐述。

（1）注册会计师应当通过控制测试获取支持将被审计单位的控制风险评价为中或低的证据。如果能够获取这些证据，注册会计师就可以接受较高的检查风险，并在很大程度上可以通过实施实质性分析程序获取进一步的审计证据，同时减少对采购与付款交易和相关余额实施细节测试的依赖。

（2）考虑到采购与付款交易控制测试的重要性，注册会计师通常对这一循环采用属性抽样审计方法。在测试该循环中的大多数属性时，注册会计师通常选择相对较低的可容忍误差。另外，由于采购与付款循环中各财务报表项目所涉及的交易业务量和金额的大小往往相差悬殊，使注册会计师在审计时常将其中大额的和不寻常的项目筛选出来，百分之百地加以测试。

（3）注册会计师在实施控制测试时，应抽取请购单、订购单和商品验收单，检查请购单、订购单是否得到适当审批，验收单是否有相关人员的签名，订购单和验收单是否按顺序编号。

有些被审计单位的内部控制要求，应付账款记账员应定期汇总该期间生成的所有订购单并与请购单核对，编制采购信息报告。对此，注册会计师在实施控制测试时，应抽取采购信息报告，检查其是否已复核，如有不符，是否已经及时调查和处理。

（4）对于编制付款凭单、确认与记录负债这两项主要业务活动，被审计单位的内部控制通常要求应付账款记账员将采购发票所载信息与验收单、订购单进行核对，核对相符在发票上加盖"相符"印戳。对此，注册会计师在实施控制测试时，应抽取订购单、验收单和采购发票，检查所载信息是否核对一致，发票上是否加盖了"相符"印戳。

有些被审计单位内部控制要求，每月末，应付账款主管应编制应付账款账龄分析报告，其内容还包括应付账款总额与应付账款明细账合计数以及应付账款明细账与供应商对账单的核对情况。如有差异，应付账款主管应立即进行调查，如调查结果表明需调整账务记录，则应编制应付账款调节表和调整建议。对此，注册会计师在实施控制测试时，应抽取应付账款调节表，检查调节项目与有效的支持性文件是否相符，以及是否与应付账款明细账相符。

（5）对于付款这项主要业务活动，有些被审计单位内部控制要求，由应付账款记账员负责编制付款凭证，并附相关单证，提交会计主管审批。在完成对付款凭证及相关单证的复核后，会计主管在付款凭证上签字，作为复核证据，并在所有单证上加盖"核销"印戳。对此，注册会计师在实施控制测试时，应抽取付款凭证，检查其是否经由会计主管复核和审批，并检查款项支付是否得到适当人员的复核和审批。

（6）固定资产的内部控制测试。结合前面固定资产内部控制的讨论内容和顺序，注册会计师在对被审计单位的固定资产实施控制测试时应注意：

1）对于固定资产的预算制度，注册会计师应选取固定资产投资预算和投资可行性项目论证报告，检查是否编制预算并进行论证，以及是否经适当层次审批；对实际支出与预算之间的差异以及未列入预算的特殊事项，应检查其是否履行特别的审批手续。如果固定资产增减均能处于良好的经批准的预算控制之内，注册会计师即可适当减少针对固定资产增加、减少实施的实质性程序的样本量。

2）对于固定资产的授权批准制度，注册会计师不仅应检查被审计单位固定资产授权批准制度本身是否完善，还应选取固定资产请购单及相关采购合同，检查是否得到适当审批和签署，关注授权批准制度是否得到切实执行。

3）对于固定资产的账簿记录制度，注册会计师应当认识到，一套设置完善的固定资产明细分类账和登记卡，将为分析固定资产的取得和处置、复核折旧费用和修理支出的列支带来帮助。

4）对于固定资产的职责分工制度，注册会计师应当认识到，明确的职责分工制度，有利于防止舞弊，降低注册会计师的审计风险。

5）对于资本性支出和收益性支出的区分制度，注册会计师应当检查该制度是否遵循企业会计准则的要求，是否适应被审计单位的行业特点和经营规模，并抽查实际发生与固定资产相关的支出时是否按照该制度进行恰当的会计处理。

6）对于固定资产的处置制度，注册会计师应当关注被审计单位是否建立有关固定资产处置的分级申请报批程序；抽取固定资产盘点明细表，检查账实之间的差异是否经审批后及时处理；抽取固定资产报废单，检查报废是否经适当批准和处理；抽取固定资产内部调拨单，检查调入、调出是否已进行适当处理；抽取固定资产增减变动情况分析报告，检查是否经复核。

7）对于固定资产的定期盘点制度，注册会计师应了解和评价企业固定资产盘点制度，并应注意查询盘盈、盘亏固定资产的处理情况。

8）对于固定资产的保险情况，注册会计师应抽取固定资产保险单盘点表，检查是否已办理商业保险。

（7）在建工程的内部控制测试。如果被审计单位的在建工程项目比较重要，占其资产总额的比重较大，则对在建工程项目的内部控制测试，注册会计师应注意把握以下几点：

1）对工程项目业务相关岗位及人员的设置情况，应重点检查是否存在不相容职务混岗的现象。

2）对工程项目业务授权批准制度的执行情况，应重点检查重要业务的授权批准手续是否健全，是否存在越权审批行为。

3）对工程项目决策责任制的建立及执行情况，应重点检查责任制度是否健全，奖惩措施是否落实到位。

4）对概预算控制制度的执行情况，应重点检查概预算编制的依据是否真实，是否按规定对概预算进行审核。

5）对各类款项支付制度的执行情况，应重点检查工程款、材料设备款及其他费用的支付是否符合相关法规、制度和合同的要求。

6）对竣工决算制度的执行情况，应重点检查是否按规定办理竣工决算、实施决算审计。

2. 以风险为起点的控制测试

在审计实务中，注册会计师还可以识别的重大错报风险为起点实施控制测试。旨在降低这些风险的计算机控制和人工控制以及相应的控制测试程序。

第三节　应付账款和固定资产审计

一、应付账款的实质性程序

应付账款是企业在正常经营过程中，因购买材料、商品和接受劳务供应等经营活动而应付给供应商的款项。注册会计师应结合赊购交易进行应付账款的审计。

1. 应付账款的审计目标

应付账款的审计目标一般包括：确定资产负债表中记录的应付账款是否存在；确定所有应当记录的应付账款是否均已记录；确定资产负债表中记录的应付账款是否为被审计单位应当履行的现时义务；确定应付账款是否以恰当的金额包括在财务报表中，与之相关的计价调整是否已恰当记录；确定应付账款是否已按照企业会计准则的规定在财务报表中做出恰当的列报。

2. 应付账款的实质性程序

（1）获取或编制应付账款明细表。

1）复核加计是否正确，并与报表数、总账数和明细账合计数核对是否相符。

2）检查非记账本位币应付账款的折算汇率及折算是否正确。·

3）分析出现借方余额的项目，查明原因，必要时，建议做重分类调整。

4）结合预付账款、其他应付款等往来项目的明细余额，调查有无同挂的项目、异常余额或与购货无关的其他款项（如关联方账户或雇员账户），如有，应做出记录，必要时建议做调整。

（2）根据被审计单位实际情况，选择对应付账款执行实质性分析程序的方法。

1）将期末应付账款余额与期初余额进行比较，分析波动原因。

2）分析长期挂账的应付账款，要求被审计单位做出解释，判断被审计单位是否缺乏偿债能力或利用应付账款隐瞒利润，并注意其是否可能无须支付。对确实无须支付的应付账款的会计处理是否正确，依据是否充分；关注账龄超过3年的大额应付账款在资产负债表日后是否偿付，检查偿付记录、单据及披露情况。

3）计算应付账款与存货的比率、应付账款与流动负债的比率，并与以前年度相关比率对比分析，评价应付账款整体的合理性。

4）分析存货和营业成本等项目的增减变动，判断应付账款增减变动的合理性。

（3）函证应付账款。一般情况下，并非必须函证应付账款，这是因为函证不能保证查出未记录的应付账款，况且注册会计师能够取得采购发票等外部凭证来证实应付账款的余额。但如果控制风险较高，某应付账款明细账户金额较大，则应考虑进行应付账款的函证。

进行函证时，注册会计师应选择较大金额的债权人，以及那些在资产负债表日金额不大，甚至为零，但为被审计单位重要供应商的债权人，作为函证对象。函证最好采用积极函证方式，并具体说明应付金额。与应收账款的函证一样，注册会计师必须对函证的过程进行控制，要求债权人直接回函，并根据回函情况编制与分析函证结果汇总表，对未回函的，应考虑是否再次函证。

如果存在未回函的重大项目，注册会计师应采用替代审计程序。如可以检查决算日后应付账款明细账及库存现金和银行存款日记账，核实其是否已支付，同时检查该笔债务的相关凭证资料，如合同、发票、验收单，核实应付账款的真实性。

（4）检查应付账款是否计入了正确的会计期间，是否存在未入账的应付账款。

1）检查债务形成的相关原始凭证，如供应商发票、验收报告或入库单等，查找有无未及时入账的应付账款，确认应付账款期末余额的完整性。

2）检查资产负债表日后应付账款明细账贷方发生额的相应凭证，关注其购货发票的日期，确认其入账时间是否合理。

3）获取被审计单位与其供应商之间的对账单，并将对账单和被审计单位财务记录之间的差异进行调节（如在途款项、在途商品、付款折扣、未记录的负债等），查找有无未入账的应付账款，确定应付账款金额的准确性。

4）针对资产负债表日后付款项目，检查银行对账单及有关付款凭证（如银行汇款通知、供应商收据等），询问被审计单位内部或外部的知情人员，查找有无未及时入账的应付账款。

5）结合存货监盘程序，检查被审计单位在资产负债日前后的存货入库资料（验收报告或入库单），检查是否有大额货到单未到的情况，确认相关负债是否计入了正确的会计期间。

如果注册会计师通过这些审计程序发现某些未入账的应付账款，应将有关情况详细记入审计工作底稿，并根据其重要性确定是否需建议被审计单位进行相应的调整。

（5）针对已偿付的应付账款，追查至银行对账单、银行付款单据和其他原始凭证，检查其是否在资产负债表日前真实偿付。

（6）针对异常或大额交易及重大调整事项（如大额的购货折扣或退回，会计处理异常的交易，未经授权的交易，或缺乏支持性凭证的交易等），检查相关原始凭证和会计记录，以分析交易的真实性、合理性。

（7）被审计单位与债权人进行债务重组的，检查不同债务重组方式下的会计处理是否正确。

（8）标明应付关联方［包括持5%以上（含5%）表决权股份的股东］的款项，执行关联方及其交易审计程序，并注明合并报表时应予抵消的金额。

（9）检查应付账款是否已按照企业会计准则的规定在财务报表中做出恰当列报。一般来说，"应付账款"项目应根据"应付账款"和"预付账款"科目所属明细科目的期末贷方余额的合计数填列。

如果被审计单位为上市公司，则通常在其财务报表附注中应说明有无欠持有5%以上（含5%）表决权股份的股东账款；说明账龄超过3年的大额应付账款未偿还的原因，并在期后事项中反映资产负债表日后是否偿还。

二、固定资产的实质性程序

固定资产是指同时具有下列两个特征的有形资产：①为生产商品、提供劳务、出租或经营管理而持有的；②使用寿命超过一个会计年度。这里的使用寿命是指企业使用固定资产的预计期间，或者该固定资产所能生产产品或提供劳务的数量。固定资产只有同时满足下列两个条件才能予以确认：①与该固定资产有关的经济利益很可能流入企业；②该固定资产的成本能够可靠地计量。

固定资产折旧则是指在固定资产的使用寿命内，按照确定的方法对应计折旧额进行系统分摊。

由于固定资产在企业资产总额中一般都占有较大的比例，固定资产的安全、完整对企业的生产经营影响极大，注册会计师应对固定资产的审计给予高度重视。

固定资产审计的范围很广。固定资产科目余额反映企业所有固定资产的原价，累计折旧科目余额反映企业固定资产的累计折旧数额，固定资产减值准备科目余额反映企业对固定资产计提的减值准备数额，固定资产项目余额由固定资产科目余额扣除累计折旧科目余额和固定资产减值准备科目余额构成，这三项无疑属于固定资产的审计范围。除此之外，由于固定资产的增加包括购置、自行建造、投资者投入、融资租入、更新改造、以非现金资产抵偿债务方式取得或以应收债权换入、以非货币性资产交换方式换入、经批准无偿调入、接受捐赠和盘盈等多种途径，相应涉及货币资金、应付账款、预付款项、在建工程、股本、资本公积、长期应付款、递延所得税负债等项目；企业的固定资产又因出售、报废、投资转出、捐赠转出、抵债转出、以非货币性资产交换方式换出、无偿调出、毁损和盘亏等原因而减少，与固定资产清理、其他应收款、营业外收入和营业外支出等项目有关。另外，企业按月计提固定资产折旧，这又与制造费用、销售费用、管理费用等项目联系在一起。因此，在进行固定资产审计时，应当关注这些相关项目。广义的固定资产审计范围，自然也包括这些相关项目。

1. 固定资产的审计目标

固定资产的审计目标一般包括：确定资产负债表中记录的固定资产是否存

在；确定所有应记录的固定资产是否均已记录；确定记录的固定资产是否由被审计单位拥有或控制；确定固定资产以恰当的金额包括在财务报表中，与之相关的计价或分摊已恰当记录；确定固定资产原价、累计折旧和固定资产减值准备是否已按照企业会计准则的规定在财务报表中做出恰当列报。

2. 固定资产——账面余额的实质性程序

（1）获取或编制固定资产和累计折旧分类汇总表，检查固定资产的分类是否正确，并与总账数和明细账合计数核对是否相符，结合累计折旧、减值准备科目与报表数核对是否相符。

固定资产和累计折旧分类汇总表又称一览表或综合分析表，是审计固定资产和累计折旧的重要工作底稿。

汇总表包括固定资产与累计折旧两部分，应按照固定资产类别分别填列。需要解释的是期初余额栏，注册会计师对其审计分三种情况：一是在连续审计情况下，应注意与上期审计工作底稿中的固定资产和累计折旧的期末余额审定数核对相符。二是在变更会计师事务所时，后任注册会计师应查阅前任注册会计师有关工作底稿。三是如果被审计单位以往未经注册会计师审计，即在首次接受审计情况下，注册会计师应对期初余额进行较全面的审计，尤其是当被审计单位的固定资产数量多、价值高、占资产总额比重大时，最理想的方法是全面审计被审计单位设立以来"固定资产"和"累计折旧"账户中的所有重要的借贷记录。这样，既可核实期初余额的真实性，又可从中加深对被审计单位固定资产管理和会计核算工作的了解。

（2）对固定资产实施实质性分析程序。

1）基于对被审计单位及其环境的了解，通过进行以下比较，并考虑有关数据间关系的影响，建立有关数据的期望值：①分类计算本期计提折旧额与固定资产原值的比率，并与上期比较。②计算固定资产修理及维护费用占固定资产原值的比例，并进行本期各月、本期与以前各期的比较。

2）确定可接受的差异额。

3）将实际情况与期望值相比较，识别需要进一步调查的差异。

4）如果其差额超过可接受的差异额，调查并获取充分的解释和恰当的佐证审计证据，如检查相关的凭证。

5）评估实质性分析程序的测试结果。

（3）实地检查重要固定资产，确定其是否存在，关注是否存在已报废但仍未核销的固定资产。实施实地检查审计程序时，注册会计师可以以固定资产明细分类账为起点，进行实地追查，以证明会计记录中所列固定资产确实存在，并了解其目前的使用状况；也应考虑以实地为起点，追查至固定资产明细分类账，以获取实际存在的固定资产均已入账的证据。

当然，注册会计师实地检查的重点是本期新增加的重要固定资产，有时，观察范围也会扩展到以前期间增加的重要固定资产。观察范围的确定需要依据被审计单位内部控制的强弱、固定资产的重要性和注册会计师的经验来判断。如为首次接受审计，则应适当扩大检查范围。

（4）检查固定资产的所有权或控制权。对各类固定资产，注册会计师应获取、收集不同的证据以确定其是否确归被审计单位所有：对外购的机器设备等固定资产，通常经审核采购发票、采购合同等予以确定；对于房地产类固定资产，需查阅有关的合同、产权证明、财产税单、抵押借款的还款凭据、保险单等书面文件；对融资租入的固定资产，应验证有关融资租赁合同，证实其并非经营租赁；对汽车等运输设备，应验证有关运营证件等；对受留置权限制的固定资产，通常还应审核被审计单位的有关负债项目等予以证实。

（5）检查本期固定资产的增加。被审计单位如果不正确核算固定资产的增加，将对资产负债表和利润表产生长期的影响。因此，审计固定资产的增加，是固定资产实质性程序中的重要内容。固定资产的增加有多种途径，审计中应注意：

1）询问管理层当年固定资产的增加情况，并与获取或编制的固定资产明细表进行核对。

2）检查本年度增加固定资产的计价是否正确，手续是否齐备，会计处理是否正确。①对于外购固定资产，通过核对采购合同、发票、保险单、发运凭证等资料，抽查测试其入账价值是否正确，授权批准手续是否齐备，会计处理是否正确；如果购买的是房屋建筑物，还应检查契税的会计处理是否正确；检查分期付款购买固定资产的入账价值及会计处理是否正确。②对于在建工程转入的固定资产，应检查在建工程转入固定资产的时点是否符合会计准则的规定，入账价值与在建工程的相关记录是否核对相符，是否与竣工决算、验收和移交报告等一致；对已经达到预定可使用状态，但尚未办理竣工决算手续的固定资产，检查其是否已按估计价值入账，相关估价是否合理，并按规定计提折旧。③对于投资者投入的固定资产，检查投资者投入的固定资产是否按投资各方确认的价值入账，并检查确认价值是否公允，交接手续是否齐全；涉及国有资产的，是否有评估报告并经国有资产管理部门评审备案或核准确认。④对于更新改造增加的固定资产，检查通过更新改造而增加的固定资产，增加的原值是否符合资本化条件，是否真实，会计处理是否正确，重新确定的剩余折旧年限是否恰当。⑤对于融资租赁增加的固定资产，获取融资租入固定资产的相关证明文件，检查融资租赁合同的主要内容，并结合长期应付款、未确认融资费用科目检查相关的会计处理是否正确。⑥对于企业合并、债务重组和非货币性资产交换增加的固定资产，检查产权过户手续是否齐备，检查固定资产入账价值及确认的损益和负债是否符合规定。⑦如果被审计单位为外商投资企业，检查其采购国产设备退还增值税的会计处理是否正确。⑧对于通过其他途径增加的固定资产，应检查增加固定资产的原始凭证，核对其计价及会计处理是否正确，法律手续是否齐全。

3）检查固定资产是否存在弃置费用，如果存在弃置费用，检查弃置费用的估计方法和弃置费用现值的计算是否合理，会计处理是否正确。

（6）检查本期固定资产的减少。固定资产的减少主要包括出售、向其他单位投资转出、向债权人抵债转出、报废、毁损、盘亏等。有的被审计单位在全面清查固定资产时，常常会出现固定资产账存实亡现象，这可能是由于固定资产管理或使用部门不了解报废固定资产与会计核算两者间的关系，擅自报废固定资产而未及时通知财务部门作相应的会计核算所致，这样势必造成财务报表反映失真。审计固定资产减少的主要目的就在于查明业已减少的固定资产是否已作适当的会计处理。其审计要点如下：

1）结合固定资产清理科目，抽查固定资产账面转销额是否正确。

2）检查出售、盘亏、转让、报废或毁损的固定资产是否经授权批准，会计处理是否正确。

3）检查因修理，更新改造而停止使用的固定资产的会计处理是否正确。

4）检查投资转出固定资产的会计处理是否正确。

5）检查债务重组或非货币性资产交换转出固定资产的会计处理是否正确。

6）检查转出的投资性房地产账面价值及会计处理是否正确。

7）检查其他减少固定资产的会计处理是否正确。

（7）检查固定资产的后续支出，确定固定资产有关的后续支出是否满足资产确认条件；如不满足，该支出是否在该后续支出发生时计入当期损益。

（8）检查固定资产的租赁。企业在生产经营过程中，有时可能有闲置的固定资产供其他单位租用；有时由于生产经营的需要，又需租用固定资产。租赁一般分为经营租赁和融资租赁两种。

在经营租赁中，租入固定资产的企业按合同规定的时间，交付一定的租金，享有固定资产的使用权，而固定资产的所有权仍属出租单位。因此，租入固定资产的企业的固定资产价值并未因此而增加，企业对以经营性租赁方式租入的固定资产，不在"固定资产"账户内核算，只是另设备查簿进行登记。而租出固定资产的企业，仍继续提取折旧，同时取得租金收入。检查经营性租赁时，应查明：

1）固定资产的租赁是否签订了合同、租约，手续是否完备，合同内容是否符合国家规定，是否经相关管理部门审批。

2）租入的固定资产是否确属企业必需，或出租的固定资产是否确属企业多余、闲置不用的，双方是否认真履行合同，是否存在不正当交易。

3）租金收取是否签有合同，有无多收、少收现象。

4）租入固定资产有无久占不用、浪费损坏的现象；租出的固定资产有无长期不收租金、无人过问，是否有变相馈送、转让等情况。

5）租入固定资产是否已登入备查簿。

6）必要时，向出租人函证租赁合同及执行情况。

7）租入固定资产改良支出的核算是否符合规定。

在融资租赁中，租入企业在租赁期间，对融资租入的固定资产应按企业自有固定资产一样管理，并计提折旧、进行维修。如果被审计单位的固定资产中融资租赁占有相当大的比例，应当复核租赁协议，确定租赁是否符合融资租赁的条件，结合长期应付款、未确认融资费用等科目检查相关的会计处理是否正确（资产的入账价值、折旧、相关负债）。在审计融资租赁固定资产时，除可参照经营租赁固定资产检查要点以外，还应补充实施以下审计程序：

1）复核租赁的折现率是否合理。

2）检查租赁相关税费、保险费、维修费等费用的会计处理是否符合企业会计准则的规定。

3）检查融资租入固定资产的折旧方法是否合理。

4）检查租赁付款情况。

5）检查租入固定资产的成新程度。

6）检查融资租入固定资产发生的固定资产后续支出，其会计处理是否遵循自有固定资产发生的后续支出的处理原则。

（9）获取暂时闲置固定资产的相关证明文件，观察其实际状况，检查是否已按规定计提折旧，相关的会计处理是否正确。

（10）获取已提足折旧仍继续使用固定资产的相关证明文件，并作相应记录。

（11）获取持有待售固定资产的相关证明文件，作相应记录，检查对其预计净残值调整是否正确、会计处理是否正确。

（12）检查固定资产保险情况，复核保险范围是否足够。

（13）检查有无与关联方的固定资产购售活动，是否经适当授权，交易价格是否公允。对于合并范围内的购售活动，记录应予合并抵消的金额。

（14）对应计入固定资产的借款费用，应根据企业会计准则的规定，结合长短期借款、应付债券或长期应付款的审计，检查借款费用（借款利息、折溢价摊销、汇兑差额、辅助费用）资本化的计算方法和资本化金额，以及会计处理是否正确。

（15）检查购置固定资产时是否存在与资本性支出有关的财务承诺。

（16）检查固定资产的抵押、担保情况。结合对银行借款等的检查，了解固定资产是否存在重大的抵押、担保情况。如存在，应取证，并作相应的记录，同时提请被审计单位作恰当披露。

（17）确定固定资产是否已按照企业会计准则的规定在财务报表中做出恰当列报。

财务报表附注通常应说明固定资产的标准、分类、计价方法和折旧方法；融资租入固定资产的计价方法；固定资产的预计使用寿命和预计净残值；对固定资产所有权的限制及金额（这一披露要求是指，企业因贷款或其他原因而以固定资产进行抵押、质押或担保的类别、金额、时间等情况）；已承诺将为购买固定资产支付的金额；暂时闲置的固定资产账面价值（这一披露要求是指，企业应披露暂时闲置的固定资产账面价值，导致固定资产暂时闲置的原因，如开工不足、自然灾害或其他情况等）；已提足折旧仍继续使用的固定资产账面价值；已报废和准备处置的固定资产账面价值。固定资产因使用磨损或其他原因而需报废时，企业应及时对其处置，如果其已处于处置状态而尚未转销时，企业应披露这些固定资产的账面价值。

如果被审计单位是上市公司，则通常应在其财务报表附注中按类别分项列示固定资产期初余额、本期增加额、本期减少额及期末余额；说明固定资产中存在的在建工程转入、出售、置换、抵押或担保等情况；披露通过融资租赁租入的固定资产每类租入资产的账面原值、累计折旧、账面净值；披露通过经营租赁租出的固定资产每类租出资产的账面价值。

3. 固定资产——累计折旧的实质性程序

固定资产可以长期参加生产经营而仍保持其原有实物形态，但其价值将随着固定资产的使用而逐渐转移到生产的产品中，或构成经营成本或费用。这部分在固定资产使用寿命内，按照确定的方法对应计折旧额进行的系统分摊就是固定资产的折旧。

在不考虑固定资产减值准备的前提下，影响折旧的因素有折旧的基数（一般指固定资产的账面原价）、固定资产的残余价值和使用寿命三个方面。在考虑固定资产减值准备的前提下，影响折旧的因素则包括折旧的基数、累计折旧、固定资产减值准备、固定资产预计净残值和固定资产尚可使用年限五个方面。在计算折旧时，对固定资产的残余价值和清理费用只能人为估计；对固定资产的使用寿命，由于固定资产的有形和无形损耗难以准确计算，因而也只能估计；同样，对固定资产减值准备的计提也带有估计的成分。因此，固定资产折旧主要取决于企业根据其固定资产特点制定的折旧政策，在一定程度上具有主观性。

累计折旧的实质性程序通常包括：

（1）获取或编制累计折旧分类汇总表，复核加计是否正确，并与总账数和明细账合计数核对是否相符。

（2）检查被审计单位制定的折旧政策和方法是否符合相关会计准则的规定，确定其所采用的折旧方法能否在固定资产预计使用寿命内合理分摊其成本，前后期是否一致，预计使用寿命和预计净残值是否合理。

（3）复核本期折旧费用的计提和分配。

1）了解被审计单位的折旧政策是否符合规定，计提折旧的范围是否正确，确定的使用寿命、预计净残值和折旧方法是否合理；如采用加速折旧法，是否取得批准文件。

2）检查被审计单位折旧政策前后期是否一致。如果折旧政策或者相关会计估计（如使用寿命、预计净残值）有变更，变更理由是否合理；如果没有变更，是否存在需要提请被审计单位关注的对折旧政策或者会计估计产生重大影响的事项（如重大技术更新或者设备使用环境的恶化等）。

3）复核本期折旧费用的计提是否正确。①已计提部分减值准备的固定资产，计提的折旧是否正确。按照《企业会计准则第4号——固定资产》的规定，已计提减值准备的固定资产的应计折旧额应当扣除已计提的固定资产减值准备累计金额，按照该固定资产的账面价值以及尚可使用寿命重新计算确定折旧率和折旧额。②已全额计提减值准备的固定资产，是否已停止计提折旧。③因更新改造而停止使用的固定资产是否已停止计提折旧，因大修理而停止使用的固定资产是否照提折旧。④对按规定予以资本化的固定资产装修费用是否在两次装修期间与固定资产尚可使用年限两者中较短的期间内，采用合理的方法单独计提折旧，并在下次装修时将该项固定资产装修余额一次全部计入当期营业外支出。⑤对融资租入固定资产发生的、按规定可予以资本化的固定资产装修费用，是否在两次装修期间、剩余租赁期与固定资产尚可使用年限三者中较短的期间内，采用合理的方法单独计提折旧。⑥对采用经营租赁方式租入的固定资产发生的改良支出，是否在剩余租赁期与租赁资产尚可使用年限两者中较短的期间内，采用合理的方法单独计提折旧。⑦未使用、不需用和暂时闲置的固定资产是否按规定计提折旧。⑧持有待售的固定资产折旧计提是否符合规定。

4）检查折旧费用的分配方法是否合理，是否与上期一致；分配计入各项目的金额占本期全部折旧计提额的比例与上期比较是否有重大差异。

5）注意固定资产增减变动时，有关折旧的会计处理是否符合规定，查明通过更新改造、接受捐赠或融资租入而增加的固定资产的折旧费用计算是否正确。

（4）将"累计折旧"账户贷方的本期计提折旧额与相应的成本费用中的折旧费用明细账户的借方相比较，以查明所计提折旧金额是否已全部摊入本期产品成本或费用。若存在差异，应追查原因，并考虑是否应建议作适当调整。

（5）检查累计折旧的减少是否合理、会计处理是否正确。

（6）确定累计折旧的披露是否恰当。

如果被审计单位是上市公司，通常应在其财务报表附注中按固定资产类别分项列示累计折旧期初余额、本期计提额、本期减少额及期末余额。

4. 固定资产——固定资产减值准备的实质性程序

固定资产的可收回金额低于其账面价值称为固定资产减值。这里的可收回金额应当根据固定资产的公允价值减去处置费用后的净额与资产预计未来现金流量的现值两者之间的较高者确定。这里的处置费用包括与固定资产处置有关的法律费用、相关税费、搬运费以及为使固定资产达到可销售状态所发生的直接费用等。

企业应当在资产负债表日判断固定资产是否存在可能发生减值的迹象。根据《企业会计准则第 8 号——资产减值》的规定，如存在下列迹象，表明固定资产可能发生了减值：①固定资产的市价当期大幅度下跌，其跌幅明显高于因时间的推移或正常使用而预计的下跌。②企业经营所处的经济技术或者法律等环境以及固定资产所处的市场在当期或者将在近期发生重大变化，从而对企业产生不利影响。③市场利率或者其他市场投资回报率在当期已经提高，从而影响企业计算固定资产预计未来现金流量现值的折现率，导致固定资产可收回金额大幅度降低。④有证据表明固定资产陈旧过时或者其实体已经损坏。⑤固定资产已经或者将被闲置、终止使用或者计划提前处置。⑥企业内部报告的证据表明固定资产的经济绩效已经低于或者将低于预期，如固定资产所创造的净现金流量或者实现的营业利润（或者损失）远远低于（或者高于）预计金额等。⑦其他表明固定资产可能已经发生减值的迹象。

如果由于该固定资产存在上述迹象，导致其可收回金额低于账面价值的，应当将固定资产的账面金额减记至可收回金额，将减记的金额确认为固定资产减值损失，计入当期损益，同时计提相应的固定资产减值准备。

固定资产减值准备的实质性程序一般包括：

（1）获取或编制固定资产减值准备明细表，复核加计是否正确，并与总账数和明细账合计数核对是否相符。

（2）检查被审计单位计提固定资产减值准备的依据是否充分，会计处理是否正确。

（3）获取闲置固定资产的清单，并观察其实际状况，识别是否存在减值迹象。

（4）检查资产组的认定是否恰当，计提固定资产减值准备的依据是否充分，会计处理是否正确。

（5）计算本期末固定资产减值准备占期末固定资产原值的比率，并与期初该比率比较，分析固定资产的质量状况。

（6）检查被审计单位处置固定资产时原计提的减值准备是否同时结转，会计处理是否正确。

（7）检查是否存在转回固定资产减值准备的情况。按照企业会计准则的规定，固定资产减值损失一经确认，在以后会计期间不得转回。

（8）确定固定资产减值准备的披露是否恰当。

如果企业计提了固定资产减值准备，根据《企业会计准则第 8 号——资产减值》的规定，企业应当在财务报表附注中披露：①当期确认的固定资产减值损失金额；②企业计提的固定资产减值准备累计金额。如果发生重大固定资产减值损失，还应当说明导致重大固定资产减值损失的原因，固定资产可收回金额的确定方法，以及当期确认的重大固定资产减值损失的金额。

如果被审计单位是上市公司，其财务报表附注中通常还应分项列示计提的固定资产减值准备金额、增减变动情况以及计提的原因。

第十一章 生产与存货循环的审计

学习目标

通过本章的学习，理解生产循环的主要业务活动与审计目标；了解对生产循环进行内部控制调整与测试的要点；熟悉生产循环的关键控制及控制风险评估；掌握存货的实质性测试程序；能分析具体生产经营环境中的实质性测试存在的问题。

导读案例

从孩提时代开始，米奇·莫纳斯就喜欢几乎所有的运动，尤其是篮球。但是因天资及身高所限，他没有机会到职业球队打球。然而，莫纳斯确实拥有一个所有顶级球员共有的特征，那就是他有一种无法抑制的求胜欲望。莫纳斯把他无穷的精力从球场上转移到他的董事长办公室里。他首先设法获得了位于（美）俄亥俄州阳土敦市的一家药店，在随后的10年中他又收购了另外299家药店，从而组建了全国连锁的法尔莫公司。不幸的是，这一切辉煌都是建立在资产造假——未检查出来的存货高估和虚假利润的基础上的，这些舞弊行为最终导致了莫纳斯及其公司的破产。同时也使为其提供审计服务的"五大"事务所损失了数百万美元。下面是这起案件的经过：

自获得第一家药店开始，莫纳斯就梦想着把他的小店发展成一个庞大的药品帝国。其所实施的策略就是他所谓的"强力购买"，即通过提供大比例折扣来销售商品。莫纳斯首先做的就是把实际上并不盈利且未经审计的药店报表拿来，用自己的笔为其加上并不存在的存货和利润。然后凭着自己空谈的天分及一套夸大了的报表，在一年之内骗得了足够的投资用以收购8家药店，奠定了他的小型药品帝国的基础。这个帝国后来发展到了拥有 300 家连锁店的规模。一时间，莫纳斯成为金融领域的风云人物，他的公司则在阳土敦市赢得了令人崇拜的地位。

在一次偶然的机会导致这个精心设计的、至少引起 5 亿美元损失的财务舞弊事件浮出水面之时，莫纳斯和他的公司炮制虚假利润已达 10 年之久。这实在并非一件容易的事。当时法尔莫公司的财务总监认为因公司以低于成本出售商品而招致了严重的损失，但是莫纳斯认为通过"强力购买"，公司完全可以发展得足够大以便能顺利地坚持它的销售方式。最终在莫纳斯的强大压力下，这位财务总监卷入了这起舞弊案件。在随后的数年中，他和他的几位下属保持了两套账簿，一套用以应付注册会计师的审计，一套反映糟糕的现实。

他们先将所有的损失归入一个所谓的"水桶账户"，然后再将该账户的金额通过虚增存货的方式重新分到公司的数百家成员药店中。他们仿造购货发票、制造增加存货并减少销售成本的虚假记账凭证、确认购货却不同时确认负债、多计或加倍计算存货的数量。财务部门之所以可以隐瞒存货短缺是因为注册会计师只对 300 家药店中的 4 家进行存货监盘，而且他们会提前数月通知法尔莫公司他们将检查哪些药店。管理人员随之将那 4 家药店堆满实物存货，而把那些虚增的部分分配到其余的 296 家药店。如果不考虑其会计造假，法尔莫公司实际已濒临破产。在最近一次审计中，其现金已紧缺到供应商因其未能及时支付购货款而威胁取消对其供货的地步。

注册会计师们一直未能发现这起舞弊，他们为此付出了昂贵的代价。这项审计失败使会计师事务所在民事诉讼中损失了 3 亿美元。那位财务总监被判 33 个月的监禁，莫纳斯本人则被判入狱 5 年。

第一节　生产与存货循环的特点

本节包括三部分内容：一是不同行业类型的存货性质；二是本循环涉及的主要凭证和会计记录；三是本循环涉及的主要业务活动。

一、不同行业类型的存货性质

不同行业类型的存货性质有很大的区别（见表 11–1）。

表 11–1　不同行业类型的存货性质

行业类型	存货性质
贸易业	从厂商、批发商或其他零售商处采购的商品
一般制造商	采购原材料、易耗品和配件等，生成半成品和产成品
金融服务业	一般只有消耗品存货，如仅有文具、教学器材以及行政用的计算机设备等
建筑业	建筑材料、在建项目成本（一般包括建造活动发生的直接人工成本和间接费用，以及支付给分包商的建造成本等）

总的来说，存货代表了不同企业的类型和交易或生产流程。也就是说，存货的计价和相关销售成本都会对利润表和财务状况产生重大的影响。注册会计师应当确认在财务报表中列示的存货金额，存货在财务报表日是否实际存在和归被审计单位所有（满足完整性、存在性、权利和义务认定），金额是否符合计价认定。期末库存价值的高估虚增税前净利润，若低估则相反。期末存货单位成本核算不准确，很有可能导致销售价格低于实际成本，长此以往，企业将很难持续经营。

二、涉及的主要凭证与会计记录

以制造业为例，生产与存货循环由将原材料转化为产成品的有关活动组成。该循环包括制定生产计划，控制、保持存货水平以及与制造过程有关的交易和事项，涉及领料、生产加工、销售产成品等主要环节。生产与存货循环所涉及的凭证和记录主要包括：

1. 生产指令

生产指令又称生产任务通知单或生产通知单，是企业下达制造产品等生产任务的书面文件，用以通知供应部门组织材料发放，生产车间组织产品制造，会计部门组织成本计算。广义的生产指令也包括用于指导产品加工的工艺规程，如机械加工企业的"路线图"等。

2. 领发料凭证

领发料凭证是企业为控制材料发出所采用的各种凭证，如材料发出汇总表、领料单、限额领料单、领料登记簿、退料单等。

3. 产量和工时记录

产量和工时记录是登记工人或生产班组在出勤时间内完成产品数量、质量和生产这些产品所耗费工时数量的原始记录。产量和工时记录的内容与格式是多种多样的，在不同的生产企业中，甚至在同一企业的不同生产车间中，由于生产类型不同而采用不同格式的产量和工时记录。常见的产量和工时记录主要有工作通知单、工序进程单、工作班产量报告、产量通知单、产量明细表、废品通知单等。

4. 工薪汇总表及工薪费用分配表

工薪汇总表是为了反映企业全部工薪的结算情况，并据以进行工薪总分类核算和汇总整个企业工薪费用而编制的，它是企业进行工薪费用分配的依据。工薪费用分配表反映了各生产车间各产品应负担的生产工人工薪及福利费。

5. 材料费用分配表

材料费用分配表是用来汇总反映各生产车间各产品所耗费的材料费用的原始记录。

6. 制造费用分配汇总表

制造费用分配汇总表是用来汇总反映各生产车间各产品所应负担的制造费用的原始记录。

7. 成本计算单

成本计算单是用来归集某一成本计算对象所应承担的生产费用，计算该成本计算对象的总成本和单位成本的记录。

8. 存货明细账

存货明细账是用来反映各种存货增减变动情况和期末库存数量及相关成本信息的会计记录。

三、涉及的主要业务活动

同样以制造业为例，生产与存货循环所涉及的主要业务活动包括：计划和安排生产；发出原材料；生产产品；核算产品成本；储存产成品；发出产成品等。上述业务活动通常涉及生产计划部门、仓库部门、生产部门、人事部门、销售部门、会计部门等。

1. 计划和安排生产

生产计划部门的职责是根据客户订购单或者对销售预测和产品需求的分析来决定生产授权。如决定授权生产，即签发预先顺序编号的生产通知单。该部门通常应将发出的所有生产通知单顺序编号并加以记录控制。此外，通常该部门还需要编制一份材料需求报告，列示所需要的材料和零件及其库存。

2. 发出原材料

仓库部门的责任是根据从生产部门收到的领料单发出原材料。领料单上必须列示所需的材料数量和种类，以及领料部门的名称。领料单可以一料一单，也可以多料一单，通常需一式三联。仓库发料后，将其中一联连同材料交给领料部门，一联留在仓库登记材料明细账，一联交会计部门进行材料收发核算和成本核算。

3. 生产产品

生产部门在收到生产通知单及领取原材料后，便将生产任务分解到每一个生产工人，并将所领取的原材料交给生产工人，据以执行生产任务。生产工人在完成生产任务后，将完成的产品交生产部门查点，然后转交检验员验收并办理入库手续；或是将所完成的产品移交下一个部门，作进一步加工。

4. 核算产品成本

为了正确核算并有效控制产品成本，必须建立健全的成本会计制度，将生产控制和成本核算有机结合在一起。一方面，生产过程中的各种记录、生产通知单、领料单、计工单、入库单等文件资料都要汇集到会计部门，由会计部门对其进行检查和核对，了解和控制生产过程中存货的实物流转；另一方面，会计部门要设置相应的会计账户，会同有关部门对生产过程中的成本进行核算和控制。成本会计制度可以非常简单，只是在期末记录存货余额；也可以是完善的标准成本制度，持续地记录所有材料处理、在产品和产成品，并形成对成本差异的分析报告。完善的成本会计制度应该提供原材料转为在产品，在产品转为产成品，以及按成本中心、分批次生产任务通知单或生产周期所消耗的材料、人工和间接费用的分配与归集的详细资料。

5. 储存产成品

产成品入库，须由仓库部门先行点验和检查，然后签收。签收后，将实际入库数量通知会计部门。据此，仓库部门确立了本身应承担的责任，并对验收部门的工作进行验证。除此之外，仓库部门还应根据产成品的品质特征分类存放，并填制标签。

6. 发出产成品

产成品的发出须由独立的发运部门进行。装运产成品时必须持有经有关部门核准的发运通知单，并据此编制出库单。出库单一般为一式四联，一联交仓库部门；一联由发运部门留存；一联送交顾客；一联作为给顾客开发票的依据。

第二节　生产与存货循环的内部控制和控制测试

一、生产与存货交易的内部控制

总体看，生产与存货循环的内部控制主要包括存货的内部控制和成本会计制度的内部控制两项内容。

关于存货的内部控制，需要作以下两方面的说明：一方面，如前所述，由于生产与存货循环同其他业务循环的内在联系，生产与存货循环中某些审计测试，特别是对存货的审计测试，与其他相关业务循环的审计测试同时进行将更有效。如原材料的取得和记录是作为采购与付款循环的一部分进行测试的，而装运产成品和记录营业收入与成本则是作为销售与收款循环审计的一部分进行测试的。另一方面，尽管不同的企业对其存货可能采取不同的内部控制，但从根本上说，均可概括为存货的数量和计价两个关键因素的控制。基于上述原因，本节对生产与存货循环的内部控制的讨论，以及对以控制目标和认定为起点的相关控制测试的讨论，主要关注成本会计制度，较少涉及存货方面的相关内容。

表 11-2 列示了成本会计制度的目标、关键内部控制和审计测试的关系。

表 11-2　成本会计制度的目标、关键内部控制和测试一览表

内部控制目标	关键内部控制	常用的控制测试	常用的交易实质性程序
生产业务是根据管理层一般或特定的授权进行的（发生）	对以下三个关键点，应履行恰当手续，经过特别审批或一般审批：①生产指令的授权批准；②领料单的授权批准；③工薪的授权批准	检查凭证中是否包括这三个关键点恰当审批	检查生产指令、领料单、工薪等是否经过授权
记录的成本为实际发生的而非虚构的（发生）	成本的核算是以经过审核的生产通知单、领发料凭证、产量和工时记录、工薪费用分配表、材料费用分配表、制造费用分配表为依据的	检查有关成本的记账凭证是否附有生产通知单、领发料凭证、产量和工时记录、工薪费用分配表、材料费用分配表、制造费用分配表等，原始凭证的顺序编号是否完整	对成本实施分析程序；将成本明细账与生产通知单、领发料凭证、产量和工时记录、工薪费用分配表、材料费用分配表、制造费用分配表相核对

续表

内部控制目标	关键内部控制	常用的控制测试	常用的交易实质性程序
所有耗费和物化劳动均已反映在成本中（完整性）	生产通知单、领发料凭证、产量和工时记录、工薪费用分配表、材料费用分配表、制造费用分配表均事先编号并已经登记入账	检查生产通知单、领发料凭证、产量和工时记录、工薪费用分配表、材料费用分配表、制造费用分配表的顺序编号是否完整	对成本实施分析程序；将生产通知单、领发料凭证、产量和工时记录、工薪费用分配表、材料费用分配表、制造费用分配表与成本明细账相核对
成本以正确的金额，在恰当的会计期间及时记录于适当的账户（发生、完整性、准确性、计价和分摊）	采用适当的成本核算方法，并且前后各期一致；采用适当的费用分配方法，并且前后各期一致；采用适当的成本核算流程和账务处理流程；内部核查	选取样本测试各种费用的归集和分配以及成本的计算；测试是否按照规定的成本核算流程进行核算和账务处理	对成本实施分析程序；抽查成本计算单，检查各种费用的归集和分配以及成本的计算是否正确；对重大在产品项目进行计价测试
对存货实施保护措施，保管人员与记录、批准人员相互独立（存在、完整性）	存货保管人员与记录人员职务相分离	询问和观察存货与记录的接触控制以及相应的批准程序	
账面存在与实际存货定期核对（存在、完整性、计价和分摊）	定期进行存货盘点	询问和观察存货盘点程序	以存货实施监盘程序

二、评估重大错报风险

注册会计师应当清楚了解被审计单位管理层管理生产与存货交易的关键因素和关键业绩指标，因为这些将为识别潜在的重大错报风险提供线索。当生产流程得到良好控制时，注册会计师可以将重大错报风险评价为中或低，并且，可以了解不同级别的管理层收到的例外报告的类型，实施的不同监督活动，以及是否有证据表明所选取的控制的设计和运行是适当的，是否能够保证管理层采取及时有效的措施来识别错误并处理舞弊。

生产与存货交易也有其自身的特点，以制造类企业为例，影响生产与存货交易和余额的重大错报风险还可能包括：

1. 交易的数量和复杂性

制造类企业交易的数量庞大，业务复杂，这就增加了错误和舞弊的风险。

2. 成本基础的复杂性

制造类企业的成本基础是复杂的。虽然原材料和直接人工等直接费用的分配比较简单，但间接费用的分配就可能较为复杂，并且，同一行业中的不同企业也可能采用不同的认定和计量基础。

3. 产品的多元化

这可能要求聘请专家来验证其质量、状况或价值。另外，计算库存存货数量的方法也可能是不同的。如计量煤堆、筒仓里的谷物或糖、钻石或者其他贵重的宝石、化工品和药剂产品的存储量的方法都可能不一样。这并不是要求注册会计师每次清点存货都需要专家配合，如果存货容易辨认，存货数量容易清点，就无须专家帮助。

4. 某些存货项目的可变现净值难以确定

如价格受全球经济供求关系影响的存货，由于其可变现净值难以确定，会影响存货采购价格和销售价格的确定，并将影响注册会计师对与存货计价认定有关的风险进行的评估。

5. 将存货存放在很多地点

大型企业可能将存货存放在很多地点，并且可以在不同的地点之间配送存货，这将增加商品途中毁损或遗失的风险，或者导致存货在两个地点被重复列示，也可能产生转移定价的错误或舞弊。

6. 寄存的存货

有时候存货虽然还存放在企业，但可能已经不归企业所有。反之，企业的存货也可能被寄存在其他企业。

注册会计师应当了解被审计单位对生产与存货的管理程序。如果注册会计师认为被审计单位可能存在销售成本和存货的重大错报风险，通常需要考虑对已选取的控制活动的运行有效性进行测试，以证实计划依赖的认定层次上的控制已经在整个期间内运行了。

很显然，控制是否适当直接关乎其预防、发现和纠正错报的能力。预防性的控制经常在交易初期和记录过程中实施。而作为管理层的监督程序的组成部分，检查性控制通常在交易执行和记录过程之后实施，以便检查、纠正错误与舞弊。测试已选取的、涉及几项认定的监督控制，要比测试交易初期的预防性控制更有效。

注册会计师对于生产过程和存货管理中的控制的了解，来自观察控制活动执行情况、询问员工以及检查文件和资料。这些文件和资料包括以前年度审计工作底稿、原材料领料单上记录的各个生产流程的制造成本、人工成本记录和间接费用分配表以及例外报告和所及时采取的相应的纠正行动。

三、控制测试

1. 以内部控制目标为起点的控制测试

前面提供了"成本会计制度的目标、关键内部控制和测试一览表"，以内部控制目标和相关认定为起点，列示了相应的关键内部控制和常用的控制测试程序。由于表 11-2 中列示的常用的控制测试程序比较清晰，无须逐一解释，因此，下面对实施生产与存货交易的控制测试时应当注意的一些内容展开讨论，并对成本会计制度的控制测试单独进行讨论。

（1）注册会计师应当通过控制测试获取支持，将被审计单位的控制风险评价为中或低的证据。如果能够获取这些证据，注册会计师就可以接受较高的检查风险，并在很大程度上可以通过实施实质性分析程序获取进一步的审计证据，减少对生产与存货交易和营业成本、存货等相关项目的细节测试的依赖。

（2）对于计划和安排生产这项主要业务活动，有些被审计单位的内部控制要求，根据经审批的月度生产计划书，由生产计划经理签发预先按顺序编号的生产通知单。对此，注册会计师在实施控制测试时，应抽取生产通知单检查是否与月度生产计划书中的内容一致。

（3）对于发出原材料这项主要业务活动，有些被审计单位的内部控制要求：

1）仓库管理员应把领料单编号、领用数量、规格等信息输入计算机系统，经仓储经理复核并以电子签名方式确认后，系统自动更新材料明细台账。

2）原材料仓库分别于每月、每季和年度终了，对原材料存货进行盘点，会计部门对盘点结果进行复盘。由仓库管理员编写原材料盘点明细表，发现差异及时处理，经仓储经理、财务经理和生产经理复核后调整入账。

相应地，注册会计师在实施控制测试时应当：

1）抽取出库单及相关的领料单，检查是否正确输入并经适当层次复核。

2）抽取原材料盘点明细表并检查是否经适当层次复核，有关差异是否得到处理。

（4）对于生产产品和核算产品成本这两项主要业务活动，有些被审计单位的内部控制要求：

1）生产成本记账员应根据原材料出库单，编制原材料领用凭证，与计算机系统自动生成的生产记录日报表核对材料耗用和流转信息；由会计主管审核无误后，生成记账凭证并过账至生产成本及原材料明细账和总分类账。

2）每月末，由生产车间与仓库核对原材料、半成品、产成品的转出和转入记录，如有差异，仓库管理员应编制差异分析报告，经仓储经理和生产经理签字确认后交会计部门进行调整。

3）每月末，由计算机系统对生产成本中各项组成部分进行归集，按照预设的分摊公式和方法，自动将当月发生的生产成本在完工产品和在产品中按比例分配；同时，将完工产品成本在各不同产品类别中分配，由此生成产品成本计算表和生产成本分配表；由生产成本记账员编制成生产成本结转凭证，经会计主管审核批准后进行账务处理。

相应地，注册会计师在实施控制测试时应当：

1）抽取原材料领用凭证，检查是否与生产记录日报表一致，是否经适当审核，如有差异是否及时处理。

2）抽取核对记录，检查差异是否已得到处理。

3）抽取生产成本结转凭证检查与支持性文件是否一致并经适当复核。

4）预设的分摊公式和方法是否存在变更，变更是否经适当审批。当然，必要时应当考虑利用计算机专家的工作。

（5）对于储存产成品和发出产成品这两项主要业务活动，有些被审计单位的内部控制要求：

1）产成品入库时，质量检验员应检查并签发预先按顺序编号的产成品验收单，由生产小组将产成品送交仓库。仓库管理员应检查产成品验收单，并清点产成品数量，填写预先顺序编号的产成品入库单，经质检经理、生产经理和仓储经理签字确认后，由仓库管理员将产成品入库单信息输入计算机系统，计算机系统自动更新产成品明细台账并与采购订购单编号核对。

2）产成品出库时，由仓库管理员填写预先顺序编号的出库单，并将产成品出库单信息输入计算机系统，经仓储经理复核并以电子签名方式确认后，计算机系统自动更新产成品明细台账并与发运通知单编号核对。

3）产成品装运发出前，由运输经理独立检查出库单、销售订购单和发运通知单，确定从仓库提取的商品附有经批准的销售订购单，并且，所提取商品的内容与销售订购单一致。

4）每月末，生产成本记账员根据计算机系统内状态为"已处理"的订购单数量，编制销售成本结转凭证，结转相应的销售成本，经会计主管审核批准后进行账务处理。

5）产成品仓库分别于每月、每季和年度终了，对产成品存货进行盘点，由会计部门对盘点结果进行复盘，仓库管理员应编写产成品存货盘点明细表，发现差异及时处理，经仓储经理、财务经理和生产经理复核后调整入账。

相应地，注册会计师在实施控制测试时应当：

1）抽取产成品验收单、产成品入库单并检查输入信息是否准确。

2）抽取发运通知单、出库单并检查是否一致。

3）抽取发运单和相关销售订购单，检查内容是否一致。

4）抽取销售成本结转凭证检查与支持性文件是否一致并适当复核。

5）抽取产成品存货盘点报告并检查是否经适当层次复核，有关差异是否得到处理。

（6）成本会计制度的控制测试。包括直接材料成本控制测试、直接人工成本控制测试、制造费用控制测试和生产成本在当期完工产品与在产品之间分配的控制测试四项内容。

1）直接材料成本控制测试。对采用定额单耗的企业，可选择某一成本报告期若干种具有代表性的产品成本计算单，获取样本的生产指令或产量统计记录及其直接材料单位消耗定额，根据材料明细账或采购业务测试工作底稿中各该直接材料的单位实际成本，计算直接材料的总消耗量和总成本，与该样本成本计算单中的直接材料成本核对，并注意下列事项：生产指令是否经过授权批准；单位消耗定额和材料成本计价方法是否适当，在当年度有无重大变更。

对未采用定额单耗的企业，可获取材料费用分配汇总表、材料发出汇总表（或领料单）、材料明细账（或采购业务测试工作底稿）中各该直接材料的单位成本，作如下检查：成本计算单中直接材料成本与材料费用分配汇总表中该产品负担的直接材料费用是否相符，分配标准是否合理；将抽取的材料发出汇总表或领料单中若干种直接材料的发出总量和各该种材料的实际单位成本之积，与材料费用分配汇总表中各该种材料费用进行比较，并注意领料单的签发是否经过授权批准，材料发出汇总表是否经过适当的人员复核，材料单位成本计价方法是否适当，在当年有无重大变更。

对采用标准成本法的企业，获取样本的生产指令或产量统计记录、直接材料单位标准用量、直接材料标准单价及发出材料汇总表或领料单，检查下列事项：根据生产量、直接材料单位标准用量和标准单价计算的标准成本与成本计算单中的直接材料成本核对是否相符；直接材料成本差异的计算与账务处理是否正确，并注意直接材料的标准成本在当年度内有无重大变更。

2）直接人工成本控制测试。对采用计时工资制的企业，获取样本的实际工时统计记录、职员分类表和职员工薪手册（工资率）及人工费用分配汇总表，作如下检查：成本计算单中直接人工成本与人工费用分配汇总表中该样本的直接人工费用核对是否相符；样本的实际工时统计记录与人工费用分配汇总表中该样本的实际工时核对是否相符；抽取生产部门若干天的工时台账与实际工时统计记录核对是否相符；当没有实际工时统计记录时，则可根据职员分类表及职员工薪手册中的工资率，计算复核人工费用分配汇总表中该样本的直接人工费用是否合理。

对采用计件工资制的企业，获取样本的产量统计报告、个人（小组）产量记录和经批准的单位工薪标准或计件工资制度，检查下列事项：根据样本的统计产量和单位工薪标准计算的人工费用与成本计算单中直接人工成本核对是否相符；抽取若干个直接人工（小组）的产量记录，检查是否被汇总记入产量统计报告。

对采用标准成本法的企业，获取样本的生产指令或产量统计报告、工时统计报告和经批准的单位标准工时、标准工时工资率、直接人工的工薪汇总表等资料，检查下列事项：根据产量和单位标准工时计算的标准工时总量与标准工时工资率之积同成本计算单中直接人工成本核对是否相符；直接人工成本差异的计算与账务处理是否正确，并注意直接人工的标准成本在当年内有无重大变更。

3）制造费用控制测试。获取样本的制造费用分配汇总表、按项目分列的制造费用明细账、与制造费用分配标准有关的统计报告及其相关原始记录，作如下检查：制造费用分配汇总表中，样本分担的制造费用与成本计算单中的制造费用核对是否相符；制造费用分配汇总表中的合计数与样本所属成本报告期的制造费用明细账总计数核对是否相符；制造费用分配汇总表选择的分配标准（机器工时数、直接人工工资、直接人工工时数、产量等）与相关的统计报告或原始记录核对是否相符，并对费用分配标准的合理性做出评估；如果企业采用预计费用分配率分配制造费用，则应针对制造费用分配过多或过少的差额，检查其是否作了适当的账务处理；如果企业采用标准成本法，则应检查样本中标准制造费用的确定是否合理，记入成本计算单的数额是否正确，制造费用差异的计算与账务处理是否正确，并注意标准制造费用在当年度内有无重大变更。

4）生产成本在当期完工产品与在产品之间分配的控制测试。检查成本计算单中在产品数量与生产统计报告或在产品盘存表中的数量是否一致；检查在产品约当产量计算或其他分配标准是否合理；计算复核样本的总成本和单位成本，最终对当年采用的成本会计制度做出评价。

2. 以风险为起点的控制测试

在审计实务中，注册会计师还可以以识别的重大错报风险为起点实施控制测试。生产与存货交易相关的风险、旨在降低这些风险的计算机控制和人工控制以及相应的控制测试程序。

第三节　存货的审计

一、存货审计概述

《企业会计准则第 1 号——存货》规定，存货是指企业在日常活动中持有以备出售的产成品或商品、处在生产过程中的在产品、在生产过程或提供劳务过程中耗用的材料和物料等。

在通常情况下，存货对企业经营特点的反映能力强于其他资产项目。存货对于生产制造业、贸易行业一般十分重要。存货的重大错报对于财务状况和经营成果都会产生直接的影响。审计中许多复杂和重大的问题都与存货有关。存货、产品生产和销售成本构成了会计、审计乃至企业管理中最为普遍、重要和复杂的问题。

存货审计尤其是对年末存货余额的测试，通常是审计中最复杂也最费时的部分。对存货存在性和存货价值的评估常常十分困难。

二、存货监盘

1. 存货监盘的作用

如果存货对财务报表是重要的，注册会计师应当实施下列审计程序，对存货的存在和状况获取充分、适当的审计证据：

（1）在存货盘点现场实施监盘（除非不可）。

（2）对期末存货记录实施审计程序，以确定其是否准确反映实际的存货盘点结果。

具体来说，存货监盘涉及：

（1）检查存货以确定其是否存在，评价存货状况，并对存货盘点结果进行测试。

（2）观察管理层指令的遵守情况，以及用于记录和控制存货盘点结果的程序的实施情况。

（3）获取有关管理层存货盘点程序可靠性的审计证据。

这些程序用作控制测试还是实质性程序，取决于注册会计师的风险评估结果、审计方案和实施的特定程序。

2. 存货监盘的计划

（1）制定存货监盘计划的基本要求。注册会计师应当就审计单位存货的特点、盘存制度和存货内部控制的有效性等情况，在评价被审计单位管理层制定的存货盘点程序的基础上，编制存货监盘计划，对存货监盘做出合理安排。

有效的存货监盘需要制定周密、细致的计划。为了避免误解并有助于有效地实施存货监盘，注册会计师通常需要与被审计单位就存货监盘等问题达成一致意见。因此，注册会计师首先应当充分了解被审计单位存货的特点、盘存制度和存货内部控制的有效性等情况，并考虑获取、审阅和评价被审计单位预定的盘点程序。存货存在与完整性的认定具有较高的重大错报风险，而且注册会计师通常只有一次机会通过存货的实地监盘对有关认定做出评价。根据计划过程所收集到的信息，有助于注册会计师合理确定参与监盘的地点以及存货监盘的程序。

（2）制定存货监盘计划应考虑的相关事项。在编制存货监盘计划时，注册会计师需要考虑以下事项：

1）与存货相关的重大错报风险。存货通常具有较高水平的重大错报风险，影响重大错报风险的因素具体包括：存货的数量和种类、成本归集的难易程度、陈旧过时的速度或易损坏程度、遭受失窃的难易程度。由于制造过程和成本归集制度的差异，制造企业的存货与其他企业（如批发企业）的存货相比往往具有更高的重大错报风险，对于注册会计师的审计工作而言则更具复杂性。外部因素也会对重大错报风险产生影响。如技术进步可能导致某些产品过时，从而导致存货价值更容易发生高估。

2）与存货相关的内部控制的性质。在制定存货监盘计划时，注册会计师应当了解被审计单位与存货相关的内部控制，并根据内部控制的完善程度确定进一步审计程序的性质、时间安排和范围。与存货相关的内部控制涉及被审计单位供、产、销各个环节，包括采购、验收、仓储、领用、加工、装运出库等方面。需要说明的是，与存货内部控制相关的措施有很多，其有效程度也存在差异。

3）对存货盘点是否制定了适当的程序，并下达了正确的指令。注册会计师一般需要复核或与管理层讨论其存货盘点程序。在复核或与管理层讨论其存货盘点程序时，注册会计师应当考虑下列主要因素，以评价其能否合理地确定存货的数量和状况：盘点的时间安排；存货盘点范围和场所的确定；盘点人员的分工及胜任能力；盘点前的会议及任务布置；存货的整理和排列，对毁损、陈旧、过时、残次及所有权不属于被审计单位的存货的区分；存货的计量工具和计量方法；在产品完工程度的确定方法；存放在外单位的存货的盘点安排；存货收发截止的控制；盘点期间存货移动的控制；盘点表单的设计、使用与控制；盘点结果的汇总以及盘盈或盘亏的分析、调查与处理。

如果认为被审计单位的存货盘点程序存在缺陷，注册会计师应当提请被审计单位调整。

4）存货盘点的时间安排。如果存货盘点在财务报表日以外的其他日期进行，注册会计师除实施存货监盘机关审计程序外，还应当实施其他审计程序，以获取审计证据，确定存货盘点日与财务报表日之间的存货变动是否已得到恰当的记录。

5）被审计单位是否一贯采用永续盘存制。存货数量的盘存制度一般为实地盘存制和永续盘存制。存货盘存制度不同，注册会计师需要做出的存货监盘安排也不同。如果被审计单位通过实地盘存制确定数量，则注册会计师要参加此种盘点。如果被审计单位采用永续盘存制，注册会计师应在年度中一次或多次参加盘点。

6）存货的存放地点（包括不同存放地点的存货的重要性和重大错报风险），以确定适当的监盘地点。注册会计师应了解所有的存货存放地点，既可以防止被审计单位或自己发生任何遗漏，也有助于恰当地分配审计资源。注册会计师通常应当重点考虑被审计单位的重要存货存放地点，特别是金额较大可能存在重大错报风险（如存货性质特殊）的存货地点，将这些存货地点列入监盘地点。对其他无法在存货盘点现场实施存货监盘的存货存放地点,注册会计师应当实施替代审计程序,以获取有关存货的存在和状况的充分、适当的审计证据。

7)是否需要专家协助。注册会计师可能不具备其他专业领域专长与技能。在确定资产数量或资产实物状况(如矿石堆),或在收集特殊类别存货(如艺术品、稀有玉石、房地产、电子器件、工程设计等)的审计证据时,注册会计师可以考虑利用专家的工作。

(3)存货监盘计划的主要内容。存货监盘计划应当包括以下主要内容:

1)存货监盘的目标、范围及时间安排。存货监盘的主要目标包括获取被审计单位资产负债表日有关存货数量和状况以及有关管理层存货盘点程序可靠性的审计证据,检查存货的数量是否真实完整,是否归属被审计单位,存货有无毁损、陈旧、过时、残次和短缺等状况。

存货监盘范围的大小取决于存货的内容、性质以及与存货相关的内部控制的完善程度和重大错报风险的评估结果。

存货监盘的时间包括实地查看盘点现场的时间、观察存货盘点的时间和对已盘点存货实施检查的时间等,应当与被审计单位实施存货盘点的时间相协调。

2)存货监盘的要点及关注事项。存货监盘的要点主要包括注册会计师实施存货监盘程序的方法、步骤,各个环节应注意的问题以及所要解决的问题。注册会计师需要重点关注的事项包括盘点期间的存货移动、存货的状况、存货的截止确认、存货的各个存放地点及金额等。

3)参加存货监盘人员的分工。注册会计师应当根据被审计单位参加存货盘点人员分工、分组情况、存货监盘工作量的大小和人员素质情况,确定参加存货监盘的人员组成以及各组成人员的职责和具体的分工情况,并加强督导。

4)检查存货的范围。注册会计师应当根据对被审计单位存货盘点和对被审计单位内部控制的评价结果确定检查存货的范围。在实施观察程序后,如果认为被审计单位内部控制设计良好且得到有效实施,存货盘点组织良好,可以相应缩小实施检查程序的范围。

3. 存货监盘程序

在存货盘点现场实施监盘时,注册会计师应当实施下列审计程序:

(1)评价管理层用以记录和控制存货盘点结果的指令和程序。注册会计师需要考虑这些指令和程序是否包括下列方面:

1）适当控制活动的运用，如收集已使用的存货盘点记录，清点未使用的存货盘点表单，实施盘点和复盘程序。

2）准确认定在产品的完工程度，流动缓慢（呆滞）、过时或毁损的存货项目，以及第三方拥有的存货（如寄存货物）。

3）在适用的情况下用于估计存货数量的方法，如可能需要估计煤堆的重量。

4）对存货在不同存放地点之间的移动以及截止日前后出入库的控制。

（2）观察管理层制定的盘点程序（如对盘点时及其前后的存货移动的控制程序）的执行情况。这有助于注册会计师获取有关管理层指令和程序是否得到适当设计和执行的审计证据。尽管盘点存货时最好能保持存货不发生移动，但在某些情况下存货的移动是难以避免的。如果在盘点过程中被审计单位的生产经营仍将持续进行，注册会计师应通过实施必要的检查程序，确定被审计单位是否已经对此设置了相应的控制程序，确保在适当的期间内对存货做出准确记录。

此外，注册会计师可以获取有关截止性信息（如存货移动的具体情况）的复印件，有助于日后对存货移动的会计处理实施审计程序。具体来说，注册会计师一般应当获取盘点日前后存货收发及移动的凭证，检查库存记录与会计记录期末截止是否正确。注册会计师在对期末存货进行截止测试时，通常应当关注：

1）所有在截止日期以前入库的存货项目是否均已包括在盘点范围内，并已反映在截止日以前的会计记录中。任何截止日期以后入库的存货项目是否均未包括在盘点范围内，也未反映在截止日以前的会计记录中。

2）所有截止日以前装运出库的存货商品是否均未包括在盘点范围内，且未包括在截止日的存货账面余额中；所有已记录为购货但尚未入库的存货是否均已包括在盘点范围内，并已反映在会计记录中。

3）所有已确认为销售但尚未装运出库的商品是否均未包括在盘点范围内，且未包括在截止日的存货账面余额中；所有已记录为购货但尚未入库的存货是否均已包括在盘点范围内，并已反映在会计记录中。

4）在途存货和被审计单位直接向顾客发运存货是否均已得到了适当的会计处理。

注册会计师通常可观察存货的验收入库地点和装运出库地点以执行截止测试。在存货入库和装运过程中采用连续编号的凭证时，注册会计师应当关注截止日期前的最后编号。如果被审计单位没有使用连续编号的凭证，注册会计师应当列出截止日期以前的最后几笔装运和入库记录。如果被审计单位使用运货车或拖车进行存储、运输或验收入库，注册会计师应当详细列出存货场地上满载和空载的车或拖车，并记录各自的存货状况。

（3）检查存货。在存货监盘过程中检查存货，虽然不一定确定存货的所有权，但有助于确定存货的存在，以及识别过时、毁损或陈旧的存货。注册会计师应当把所有过时、毁损或陈旧存货的详细情况记录下来，这既便于进一步追查这些存货的处置情况，也能为测试被审计单位存货跌价资金准备计提的准确性提供证据。

（4）执行抽盘。在对存货盘点结果进行测试时，注册会计师可以从存货盘点记录中选取项目追查至存货实物，以及从存货实物中选取项目追查至盘点记录，以获取有关盘点记录准确性和完整性的审计证据。需要说明的是，注册会计师应尽可能避免让被审计单位事先了解将抽盘的存货项目。除记录注册会计师对存货盘点结果进行的测试情况外，获取管理层完成的存货盘点记录的复印件也有助于注册会计师日后实施审计程序，以确定被审计单位的期末存货记录是否准确地反映了存货的实际盘点结果。

注册会计师在实施抽盘程序时发现差异，很可能表明被审计单位的存货盘点在准确性或完整性方面存在错误。由于检查的内容通常仅仅是已盘点存货中的一部分，所以在检查中发现的错误很可能意味着被审计单位的存货盘点还存在着其他错误。一方面，注册会计师应当查明原因，并及时提请被审计单位更正；另一方面，注册会计师应当考虑错误的潜在范围和重大程度，在可能的情况下，扩大检查范围以减少错误的发生。注册会计师还可要求被审计单位重新盘点。重新盘点的范围可限于某一特殊领域的存货或特定盘点小组。

（5）需要特别关注的情况。

1）存货盘点范围。在被审计单位盘点存货前，注册会计师应当观察盘点现场，确定应纳入盘点范围的存货是否已经适当整理和排列，并附有盘点标识，防止遗漏或重复盘点。对未纳入盘点范围的存货，注册会计师应当查明未纳入的原因。

对所有权不属于被审计单位的存货，注册会计师应当取得其规格、数量等有关资料，确定是否已单独存放、标明，且未被纳入盘点范围。在存货监盘过程中，注册会计师应当根据取得的所有权不属于被审计单位的存货的有关资料，观察这些存货的实际存放情况，确保其未被纳入盘点范围。即使在被审计单位声明不存在受托代存存货的情形下,注册会计师在存货监盘时也应当关注是否存在某些存货不属于被审计单位的迹象,以避免盘点范围不当。

2)对特殊类型存货的监盘。对某些特殊类型的存货而言,被审计单位通常使用的盘点方法和控制程序并不完全适用。这些存货通常或者没有标签,或者其数量难以估计,或者其质量难以确定,或者盘点人员无法对其移动实施控制。在这些情况下,注册会计师需要运用职业判断,根据存货的实际情况,设计恰当的审计程序,对存货的数量和状况获取审计证据。注册会计师在审计实务中,应当根据被审计单位所处行业的特点、存货的类别和特点以及内部控制等具体情况,并在通用的存货监盘程序基础上,设计关于特殊类型存货监盘的具体审计程序。

(6)存货监盘结束时的工作。在被审计单位存货盘点结束前,注册会计师应当:

1)再次观察盘点现场,以确定所有应纳入盘点范围的存货是否均已盘点。

2)取得并检查已填用、作废及未使用盘点表单的号码记录,确定其是否连续编号,查明已发放的表单是否均已收回,并与存货盘点的汇总记录进行核对。注册会计师应当根据自己在存货监盘过程中获取的信息对被审计单位最终的存货盘点结果汇总记录进行复核,并评估其是否正确地反映了实际盘点结果。

如果存货盘点日不是资产负债表日,注册会计师应当实施适当的审计程序,确定盘点日与资产负债表日之间存货的变动是否已得到恰当的记录。

无论管理层通过年度实地盘点还是采用永续盘存制确定存货数量,由于实际原因,存货的实地盘点均有可能在财务报表日以外的某一天或某几天进行。无论哪种情况,针对存货变动的控制的设计、执行和维护的有效性,决定了在财务报表日以外的某一天或某几天执行的盘点程序是否符合审计目的。《中国注册会计师审计准则第 1231 号——针对评估的重大错报风险采取的应对措施》对在期中实施实质性程序做出了规定。

如果被审计单位采用永续盘存制,管理层可能执行实地盘点或其他测试方法,确定永续盘存记录中的存货数量信息的可靠性。在某些情况下,管理层或注册会计师可能识别出永续盘存记录和现有实际存货数量之间的差异,这可能表明对存货变动的控制没有有效运行。

当设计审计程序以获取关于盘点日的存货总量与期末存货记录之间的变动

是否已被适当记录的审计证据时，注册会计师考虑的相关事项包括：①对永续盘存记录的调整是否适当；②被审计单位永续盘存记录的可靠性；③从盘点获取的数据与永续盘存记录存在重大差异的原因。

三、存货计价测试

监盘程序主要是对存货的结存数量予以确认。为验证财务报表上存货余额的真实性，还必须对存货的计价进行审计，即确定存货实物数量和永续盘存记录中的数量是否经过正确地计价和汇总。存货计价测试主要是针对被审计单位所使用的存货单位成本是否正确所做的测试，当然，广义地看，存货成本的审计也可以被视为存货计价测试的一项内容。

单位成本充分的内部控制与生产和会计记录结合起来，对于确保用于期末存货计价的成本的合理性十分重要。一项重要的内部控制是使用标准成本记录来反映原材料、直接人工和制造费用的差异，它还可以用来评价生产。使用标准成本时，应设置相应程序及时反映生产过程与成本的变化。由独立于成本核算部门的雇员来复核单位成本的合理性，也是一项有用的计价控制。

1. 样本的选择

计价审计的样本，应从存货数量已经盘点、单价和总金额已经记入存货汇总表的结存存货中选择。选择样本时应着重选择结存余额较大且价格变化比较频繁的项目，同时考虑所选样本的代表性。抽样方法一般采用分层抽样法，抽样规模应足以推断总体的情况。

2. 计价方法的确认

存货的计价方法多种多样，被审计单位应结合企业会计准则的基本要求选择符合自身特点的方法。注册会计师除应了解掌握被审计单位的存货计价方法外，还应对这种计价方法的合理性与一贯性予以关注，没有足够理由，计价方法在同一会计年度内不得变动。

3. 计价测试

进行计价测试时，注册会计师首先应对存货价格的组成内容予以审核，然后按照所了解的计价方法对所选择的存货样本进行计价测试。测试时，应尽量排除被审计单位已有计算程序和结果的影响，进行独立测试。测试结果出来后，应与被审计单位账面记录对比，编制对比分析表，分析形成差异的原因。如果差异过大，应扩大测试范围，并根据审计结果考虑是否应提出审计调整建议。

在存货计价审计中，由于被审计单位对期末存货采用成本与可变现净值孰低的方法计价，所以注册会计师应充分关注其对存货可变现净值的确定及存货跌价准备的计提。

可变现净值是指企业在日常活动中，存货的估计售价减去至完工时估计将要发生的成本、估计的销售费用以及相关税费后的金额。企业确定存货的可变现净值，应当以取得的确凿证据为基础，并且考虑持有存货的目的以及资产负债表日后事项的影响等因素。

第十二章 投资与筹资循环的审计

学习目标

　　通过本章的学习，了解筹（投）资所涉及的主要业务活动和会计报表的相关项目及筹（投）资循环审计基本特点；理解筹（投）资循环的审计目标；熟悉筹（投）资循环的关键控制及控制风险评估；掌握权益类账户和投资业务的实质性测试程序；能分析具体筹（投）资环境中控制测试发现的问题。

导读案例

　　财政部曾指控华寅所在两家公司 2003 年报审计时，均"未对该公司的银行账户、应收账款有效实施函证及必要的替代审计程序"。实际上，金花股份（600080）在承认虚增银行存款 2.85 亿元的同时，隐瞒银行借款 3.17 亿元。案例表明，我国证券审计师在银行借款审计方面未能实施有效的审计程序，最大的审计缺陷怀疑是未能对贷款卡实施有效审计。

　　根据人民银行 1999 年发布的《银行信贷登记咨询管理办法（试行）》规定：银行信贷登记咨询是以银行信贷登记咨询系统为管理手段，通过对金融机构信贷业务和借款人信息登记，全面反映借款人资信情况，为金融机构提供借款人资信咨询服务，并对金融机构和借款人的信贷行为进行监控的金融监管服务制度。凡与金融机构发生信贷业务的借款人，应当向注册地中国人民银行申领贷款卡。贷款卡由借款人持有，金融机构对所办理的信贷业务，应及时、完整地在银行信贷登记咨询系统内登录有关要素、数据。

　　注册会计师一定要亲自去上市公司的开户银行或人民银行的当地分支机构

打印贷款卡。打印了贷款卡，客户的借款、抵押、担保、质押、未结保函、开出信用证等事项均将了解得一清二楚。此外，要重视银行函证、流水核对，防止类似通过一借一贷"银行存款"科目方式隐瞒银行借款。如深圳市成功通信技术有限公司 2004 年 3～5 月向银行贷款共 1 亿元，都于当日转汇给控股股东关联方深圳汇通发实业公司。在资金划拨时仅通过"银行存款"借贷方反映，未在短期借款和应收款项反映。

第一节　投资与筹资循环的特点

一、投资与筹资循环的性质

投资与筹资循环由筹资活动和投资活动的交易事项构成。投资活动主要由权益性投资交易和债权性投资交易组成。筹资活动主要由借款交易和股东权益交易组成。注册会计师应当考虑投资与筹资循环的如下性质：

（1）对一般工商企业而言，与其他循环相比，企业每年投资与筹资循环涉及的交易数量较少，而每笔交易的金额通常较大。这就决定了对该循环涉及的财务报表项目审计，更可能采用实质性方案。

（2）筹资活动在遵守国家法律、法规和相关契约的规定下进行。如债务契约可能限定借款人向股东分配利润，或规定借款单位的流动比率和速动比率不能低于某一水平。注册会计师了解被审计单位的筹资活动，可能对评估财务报表舞弊的风险、从性质角度考虑审计重要性、评估持续经营假设的适用性等有重要影响。

（3）漏记或不恰当地对一笔业务进行会计处理，会导致重大错误，从而对企业财务报表的公允反映产生较大的影响。如对于从事衍生金融工具交易的企业而言，尤为如此。公允价值的确定和交易记录的完整性等可能存在重大错报风险。

二、涉及的主要凭证与会计记录

1. 投资活动的凭证和会计记录

（1）债券投资凭证。载明债券持有人与发行企业双方所拥有的权利与义务的法律性文件，其内容一般包括：债券发行的标准；债券的明确表述；利息或利息率；受托管理人证书；登记和背书。

（2）股票投资凭证。买入凭证记载股票投资购买业务，包括购买股票数量、被投资公司、股票买价、交易成本、购买日期、结算日期、结算日应付金额合计。卖出凭证记载股票投资卖出业务，包括卖出股票数量、被投资公司、股票卖价、交易成本、卖出日期、结算日期、结算日金额合计。

（3）股票证书，载明股东所有权的证据，记录所有者持有被投资公司所有股票数量。如果被投资公司发行了多种类型的股票，也反映股票的类型，如普通股、优先股。

（4）股利收取凭证。向所有股东分发股利文件，标明股东、股利数额、每股股利、被审计单位在交易最终日期持有的总股利金额。

（5）长期股权投资协议。

（6）投资总分类账。对被投资单位所持有的投资，记录所有的详细信息，包括所获得或收取的投资收益。总分类账中的投资账户记录初始购买成本和之后的账面价值。

（7）投资明细分类账。由投资单位保存，以用来记录所有的非现金性投资交易，如期末的市场对市场调整、公允价值的反映以及记录与处置投资相关的损益。

2. 筹资活动的凭证和会计记录

（1）公司债券。公司依据法定程序发行、约定在一定期限内还本付息的有价证券。

（2）股本凭证。公司签发的证明股东所持股份的凭证。

（3）债券契约。载明债券持有人与发行企业双方所拥有的权利与义务的法律性文件，内容包括：债券发行的标准；债券的明确表述；利息或利息率；受托管理人证书；登记和背书；如系抵押债券，其所担保的财产；债券发生拖欠情况如何处理，以及对偿债基金、利息支付、本金返还等的处理。

（4）股东名册。发行记名股票的公司记载股东的凭证，内容包括：股东的姓名或者名称及住所；股东所持股份数；股东所持股票的编号；股东取得其股份的日期。发行无记名股票的，公司应当记载其股票数量、编号及发行日期。

（5）公司债券存根簿。发行记名公司债券时记载债券持有人的凭证，内容包括：债券持有人的名称及住所；债券持有人取得债券的日期及债券的编号；债券总额、债券的票面金额、债券的利率、债券还本付息的期限和方式；债券的发行日期。发行无记名债券的应当在公司的债券存根簿上记载债券总额、利率、偿还期限和方式、发行日期和债券编号。

（6）承销或包销协议。公司向社会公开发行股票或债券时，应当由依法设立的证券经营机构承销或包销，公司应与其签订承销或包销协议。

（7）借款合同或协议。公司向银行或其他金融机构借入款项时与其签订的合同或协议。

三、投资与筹资循环所涉及的主要业务活动

1. 投资所涉及的主要业务活动

针对权益性投资的购买和出售的业务活动应当包括：

（1）投资交易的发生。由管理层对所有投资交易进行授权。交易的数量越多，授权程序越正式。

对上市性投资的购买应当由交易经纪人的买入公告支持，对非上市性投资的购买应当由相关合同支持。两者都应当由董事会纪要（或其他授权文件）批准购买。高级员工应当在结算买价之前核对这些文件。本项职能应当同投资购买业务的批准和记录职能分离。

投资的销售（售出）业务一般由下列文件支持：经纪人的销售公告、合同，董事会批准非上市性投资业务销售的会议纪要，高级员工核对收据和银行存款的详细信息。这一职能应当与投资销售业务的批准和记录分开。

（2）有价证券的收取和保存。企业所收到的凭证和有价证券应当保存在其经纪人处或由企业的银行保存在保管箱里。注册会计师应当对这些凭证和有价证券的真实性以及管理层伪造或修改这些凭证和有价证券的风险保持警惕。如果注册会计师怀疑可能存在上述情况，则应当向被投资企业询证以确定投资企业是否对被审计单位真正投资。

（3）投资收益的取得。企业收到股利和利息支票时应当予以记录并追查至银行存款单。如果企业发生了大量的投资活动，企业应当设立单独的银行账户，所有的投资收益都应当存入该账户。如果企业的经纪人安全保管着其上市股票凭证，应当由经纪人直接收取股利并存入企业的银行账户。企业应当针对相关银行账户定期编制调节表。

股利收据应当在投资账户中记录，包括股利的金额和日期：宣告日期、最后行权日和支付日期。这应由高级员工定期复核，以确保所收取和记录的股利

收入的完整性。

利息收入一般应当与债务性投资合同和支付安排一致。高级员工应当确保所收到的利息计算正确且已存入。应当考虑确保利息在财务期间内截止和分摊的正确性。

（4）监控程序。管理层的定期复核应当包括：

1）定期检查持有股票凭证或有价证券的月度报表，并与投资账户余额（提供有价证券存在性的证据）相比较。

2）检查所有的购买和销售交易，如果交易的数量有限则检查授权的证据；如果企业作为经纪人拥有大量的交易，则在测试的基础上检查有价证券完整性和发生的证据。

3）检查经纪人的买入和卖出公告，如果交易的数量有限则可作为所有买入和卖出交易的支持性信息，如果企业作为经纪人拥有大量的交易，则在测试的基础上将投资清单的详细信息同总分类账相核对，以获取有价证券完整性、发生和估价的审计证据。

4）将所收到的现金或所付出的支票与相关买入、卖出交易和收益收据的授权信息相核对。

5）针对实际业绩定期制定关键业绩指标并监控，以识别不佳的业绩或回报。

进行此项复核的证据通常应当是高级管理层在相关记录或管理层会议纪要中的签字。

2. 筹资所涉及的主要业务活动

（1）审批授权。企业通过借款筹集资金需经管理层的审批，其中债券的发行每次均要由董事会授权；企业发行股票必须依据国家相关法规或企业章程的规定，报经企业最高权力机构（如董事会）及国家有关管理部门批准。

（2）签订合同或协议。向银行或其他金融机构融资须签订借款合同，发行债券须签订债券契约和债券承销或包销合同。

（3）取得资金。企业实际取得银行或金融机构划入的款项或债券、股票的融入资金。

（4）计算利息或股利。企业应按有关合同或协议的规定，及时计算利息或股利。

（5）偿还本息或发放股利。银行借款或发行债券应按有关合同或协议的规定偿还本息，对融入的股本根据股东大会的决定发放股利。

第二节 投资与筹资循环的内部控制与控制测试

一、投资活动的内部控制

一般来讲，投资活动的内部控制主要包括下列内容：

1. 合理的职责分工

这是指合法的投资业务，应在业务的授权、业务的执行、业务的会计记录以及投资资产的保管等方面都有明确的分工，不得由一人同时负责上述任何两项工作。如投资业务在企业高层管理机构核准后，可由高层负责人员授权签批，由财务经理办理具体的股票或债券的买卖业务，由会计部门负责进行会计记录和财务处理，并由专人保管股票或债券。这种合理的分工所形成的相互牵制机制有利于避免或减少投资业务中发生错误或舞弊的可能性。

2. 健全的资产保管制度

企业对投资资产（指股票和债券资产）一般有两种保管方式：一是由独立的专门机构保管，如在企业拥有较大的投资资产的情况下，委托银行、证券公司、信托投资公司等机构进行保管。这些机构拥有专门的保存和防护措施，可以防止各种证券及单据的失窃或毁损，并且由于它与投资业务的会计记录工作完全分离，可以大大降低舞弊的可能性。二是由企业自行保管，在这种方式下，必须建立严格的联合控制制度，即至少要由两名以上人员共同控制，不得一人单独接触证券。对于任何证券的存入或取出，都要将证券名称、数量、价值及存取的日期、数量等详细记录于证券登记簿内，并由所有在场的经手人员签名。

3. 详细的会计核算制度

企业的投资资产无论是自行保管还是由他人保管，都要进行完整的会计记录，并对其增减变动及投资收益进行相关会计核算。具体而言，应对每一种股票或债券分别设立明细分类账，并详细记录其名称、面值、证书编号、数量、取得日期、经纪人（证券商）名称、购入成本、收取的股息或利息等；对于联营投资类的其他投资，也应设置明细分类账，核算其他投资的投出及其投资收益和投资收回等业务，并对投资的形式（如流动资产、投资性房地产、无形资产）、投向（接受投资单位）、投资的计价以及投资收益等做出详细的记录。

4. 严格的记名登记制度

除无记名证券外，企业在购入股票或债券时应在购入的当日尽快登记于企业名下，切忌登记于经办人员名下，防止发生冒名转移并借其他名义牟取私利的舞弊行为。

5. 完善的定期盘点制度

对于企业所拥有的投资资产，应由内部审计人员或不参与投资业务的其他人员进行定期盘点，检查是否确实存在，并将盘点记录与账面记录相互核对以确认账实的一致性。

二、评估投资活动的重大错报风险

注册会计师应当考虑重大错报风险对投资活动的影响，并对被审计单位可能发生的特定风险保持警惕。与投资交易和余额相关的特定固有风险包括：

（1）管理层错误表述投资业务或衍生金融工具业务的偏见和动机，包括为了满足预算、提高绩效奖金、提高财务报表上的报告收益、确保从银行获得额外资金、吸引潜在投资购买者或影响股价以误导投资者。

（2）所取得资产的性质和复杂程度可能导致确认和计量的错误。尽管多数被审计单位可能只拥有少量的投资，并且买入和卖出的业务不频繁，交易的复杂性可能导致做出会计处理时出现错误。如果会计人员没有意识到不同类型投资计量或计价的复杂性，管理层通常不能轻易发现这些错误。

（3）所持有投资的公允价值可能难以计量。

（4）管理层凌驾于控制之上，可能导致投资交易未经授权。

（5）如果对有价证券的控制不充分，权益性有价证券的舞弊和盗窃风险可能很高，从而影响投资的存在性。

（6）关于资产的所有权以及相关权利与义务的审计证据可能难以获得。获取的权益可能很复杂，例如，在企业集团中包含有跨国公司的情形以及公司处理大量衍生金融工具交易的情形。

（7）如果负责记录投资处置业务的人员没有意识到某项投资已经卖出，则对投资的处置业务可能未经记录。这种处置业务只能通过在期末进行实物检查来发现。

注册会计师应当通过实施询问、检查文件记录或观察控制程序的执行情况等程序获取确证的信息以支持对重大错报风险的评估。在识别对财务报表特定账户余额影响的基础上，注册会计师应当设计适当的审计程序以发现并纠正任何剩余重大错报风险。

注册会计师不应低估衍生金融工具交易的复杂性，以及潜在的重大错报风险。在常见的衍生金融工具之外，注册会计师可能遇到嵌入式衍生金融工具，非常难以识别，此外还可能遇到信贷衍生金融工具以进行信贷套期，以及通货膨胀相关债券以进行通货膨胀套期。与此类衍生金融工具相关的公允价值计算及会计处理更加复杂，并且如果衍生金融工具交易包含重要种类的交易，注册会计师可能需要利用专家的工作。

三、控制测试

投资的控制测试一般包括如下内容：

1. 检查控制执行留下的轨迹

注册会计师应抽取投资业务的会计记录和原始凭证，确定各项控制程序运行情况。

2. 审阅内部盘点报告

注册会计师应审阅内部审计人员或其他授权人员对投资资产进行定期盘点的报告。应审阅其盘点方法是否恰当、盘点结果与会计记录相核对情况以及出现差异的处理是否合规。如果各期盘核报告的结果未发现账实之间存在差异（或差异不大），说明投资资产的内部控制得到了有效执行。

3. 分析企业投资业务管理报告

对于企业的长期投资，注册会计师应对照有关投资方面的文件和凭据，分析企业的投资业务管理报告。在做出长期投资决策之前，企业最高管理层（如董事会）需要对投资进行可行性研究和论证，并形成一定的纪要。投资业务一经执行，又会形成一系列的投资凭据或文件，如证券投资的各类证券，联营投资中的投资协议、合同及章程等。负责投资业务的财务经理须定期向企业最高管理层报告有关投资业务的开展情况（包括投资业务内容和投资收益实现情况及未来发展预测），即提交投资业务管理报告书，供最高管理层投资决策和控制。注册会计师应认真分析这些投资管理报告的具体内容，并对照前述有关文件和凭据资料，判断企业长期投资业务的管理情况。

第三节　长期股权投资和投资收益审计

一、长期股权投资审计

长期股权投资核算企业持有的采用权益法或成本法核算的长期股权投资，具体包括：①企业持有的能够对被投资单位实施控制的权益性投资，即对子公司的投资。②企业持有的能够与其他合营方一同对被投资单位实施共同控制的权益性投资，即对合营企业的投资。③企业持有的能够对被投资单位施加重大影响的权益性投资，即对联营企业的投资。④企业对被投资单位不具有控制、共同控制或重大影响，且在活跃市场中没有报价、公允价值不能可靠计量的权益性投资。

1. 长期股权投资的审计目标

长期股权投资的审计目标一般包括：确定资产负债表中列示的长期股权投资是否存在；确定所有应当列示的长期股权投资是否均已列示；确定列示的长期股权投资是否由被审计单位拥有或控制；确定长期股权投资是否以恰当的金额包括在财务报表中，与之相关的计价调整是否已恰当记录；确定长期股权投资是否已按照企业会计准则的规定在财务报表中做出恰当列报。

2. 长期股权投资的实质性程序

长期股权投资的实质性程序通常包括：

（1）获取或编制长期股权投资明细表，复核加计正确，并与总账数和明细账合计数核对相符；结合长期股权投资减值准备科目与报表数核对相符。

（2）根据有关合同和文件，确认股权投资的股权比例和持有时间，检查股权投资核算方法是否正确。

（3）对于重大的投资，向被投资单位函证被审计单位的投资额、持股比例及被投资单位发放股利等情况。

（4）对于应采用权益法核算的长期股权投资，获取被投资单位已经注册会计师审计的年度财务报表，如果未经注册会计师审计，则应考虑对被投资单位的财务报表实施适当的审计或审阅程序。

1）复核投资收益时，应以取得投资时被投资单位各项可辨认资产等的公允价值为基础，对被投资单位的净利润进行调整（包括实施必要的关联交易抵消）后加以确认；被投资单位采用的会计政策及会计期间与被审计单位不一致的，应当按照被审计单位的会计政策及会计期间对被投资单位的财务报表进行调整，据以确认投资损益。

2）将重新计算的投资收益与被审计单位所计算的投资收益相核对，如有重大差异，则查明原因，并提出适当的审计调整建议。

3）检查被审计单位按权益法核算长期股权投资，包括确认应分担被投资单位发生的净亏损。审计时，应检查被审计单位会计处理是否正确。

4）检查除净损益以外被投资单位所有者权益的其他变动，是否调整计入所有者权益。

（5）对于采用成本法核算的长期股权投资，检查股利分配的原始凭证及分配决议等资料，确定会计处理是否正确；对被审计单位实施控制而采用成本法核算的长期股权投资，比照权益法编制变动明细表，以备合并报表使用。

（6）对于成本法和权益法相互转换的，检查其投资成本的确定是否正确。

（7）确定长期股权投资的增减变动的记录是否完整。

1）检查本期增加的长期股权投资，追查至原始凭证及相关的文件或决议及被投资单位验资报告或财务资料等，确认长期股权投资是否符合投资合同、协议的规定，并已确实投资，会计处理是否正确。

2）检查本期减少的长期股权投资，追查至原始凭证，确认长期股权投资的收回有合理的理由及授权批准手续，并已确实收回投资，会计处理是否正确。

（8）期末对长期股权投资进行逐项检查，以确定长期股权投资是否已经发生减值。

（9）结合银行借款等的检查，了解长期股权投资是否存在质押、担保情况。如有，则应详细记录，并提请被审计单位进行充分披露。

（10）确定长期股权投资在资产负债表中已恰当列报。与被审计单位人员讨论确定是否存在被投资单位由于所在国家和地区及其他方面的影响，其向被审计单位转移资金的能力受到限制的情况。如存在，应详细记录受限情况，并提请被审计单位充分披露。

二、投资收益审计

1. 投资收益的审计目标

投资收益的审计目标一般包括：确定利润表中列示的投资收益是否已真实

赚取，且与被审计单位有关；确定所有应当列示的投资收益是否均已列示；确定与投资收益有关的金额及其他数据是否恰当记录；确定投资收益是否已反映于正确的会计期间；确定投资收益是否已记录于恰当的账户；确定投资收益是否已按照企业会计准则的规定在财务报表中做出恰当的列报。

2. 投资收益的实质性程序

投资收益的实质性程序通常包括：

（1）获取或编制投资收益分类明细表，复核加计正确，并与总账数和明细账合计数核对相符，与报表数核对相符。

（2）与以前年度投资收益比较，结合投资本期的变动情况，分析本期投资收益是否存在异常现象。如有，应查明原因，并做出适当的调整。

（3）与长期股权投资、交易性金融资产、交易性金融负债、可供出售金融资产、持有至到期投资等相关项目的审计结合，验证确定投资收益的记录是否正确，确定投资收益被计入正确的会计期间。

（4）确定投资收益已恰当列报。检查投资协议等文件，确定国外的投资收益汇回是否存在重大限制，若存在重大限制，应说明原因，并做出恰当披露。

第四节　筹资活动的内部控制和控制测试

一、筹资活动的内部控制

筹资活动主要由借款交易和股东权益交易组成。股东权益增减变动的业务较少而金额较大，注册会计师在审计中一般直接执行实质性程序。企业的借款交易涉及短期借款、长期借款和应付债券，这些内部控制基本类似。下面以应付债券为例说明筹资活动的内部控制和控制测试。

无论是否依赖内部控制，注册会计师均应对筹资活动的内部控制获得足够的了解，以识别错报的类型、方式及发生的可能性。一般来讲，应付债券内部控制的主要内容包括：

（1）应付债券的发行要有正式的授权程序，每次均要由董事会授权。

（2）申请发行债券时，应履行审批手续，向有关机关递交相关文件。

（3）应付债券的发行，要由受托管理人来行使保护发行人和持有人合法权益的权利。

(4) 每种债券发行都必须签订债券契约。

(5) 债券的承销或包销必须签订有关协议。

(6) 记录应付债券业务的会计人员不得参与债券发行。

(7) 如果企业保存债券持有人明细分类账，应同总分类账核对相符，若这些记录由外部机构保存，则须定期同外部机构核对。

(8) 未发行的债券必须由专人负责。

(9) 债券的回购要有正式的授权程序。

如果企业应付债券业务不多，注册会计师可根据成本效益原则采取实质性方案；如果企业应付债券业务繁多，注册会计师就可考虑采取综合性方案。如果决定采取综合性方案，则应进行控制测试。

二、评估重大错报风险

注册会计师应当在了解被审计单位的基础上考虑影响筹资交易的重大错报风险，并对被审计单位业务中可能出现的特别风险保持警惕。考虑到严格的监管环境和董事会针对筹资活动设计的严格控制，除非注册会计师对管理层的诚信产生疑虑，否则重大错报风险一般应当评估为低水平。

然而，有一点可能引起注册会计师的疑问，这就是企业会计准则以及监管法规对借款和权益的披露要求，可能引起完整性、计价和分摊、列报认定的潜在重大错报风险。尽管账户余额发生错报的可能性不大，仍然可能存在权利和义务被忽略或发生错报的可能，如一个集团公司用资产为另一个集团公司做抵押或担保的情况。

如果被审计单位是国际资本市场上的大型公众公司，其股票在国内和国外同时上市，其他国家的法律法规的复杂性可能影响到注册会计师对重大错报风险的评估。在这种情况下，企业可能从国外获得借款，从而应当在利润表中确认汇兑损益。这种情况下的筹资交易和余额重大错报风险可能评估为中到高水平，存在完整性和计价认定风险以及未记录负债和/或负债的风险。

在实施实质性程序之前，注册会计师应当评估权益、借款、利息、股利交易和余额在报表层次和认定层次上的重大错报风险。注册会计师应当通过询问、检查文件记录、观察控制程序等方法获得确切的信息以支持对重大错报风险的评估，识别特定账户余额的影响，并设计适当的审计程序以发现和纠正剩余重大错报风险。

三、控制测试

由于前述原因，注册会计师对股东权益、长期借款账户和余额的重大错报风险通常评估为低水平，除非筹资活动形成一种重要的交易类型，如果注册会计师拟依赖内部控制，则应实施控制测试。因此，检查风险的可接受水平较高，注册会计师应主要采用实质性分析程序和有限的细节测试。如果出现不经常出现的特别风险则应当将业务环境考虑在内。

注册会计师尝试对有限数量的筹资交易实施控制测试程序是明显无效率的，对投资和筹资环境也通常如此。如果注册会计师主要实施了实质性程序，则需要对控制活动进行记录以识别可能产生的重大错报风险，以确保实施的实质性程序能够恰当应对所识别的重大错报风险。

第五节　短期借款和长期借款审计

一、短期借款的审计

1. 短期借款的审计目标

短期借款的审计目标一般包括：确定资产负债表中列示的短期借款是否存在；确定所有应当列示的短期借款是否均已列示；确定列示的短期借款是否为被审计单位应当履行的现时义务；确定短期借款是否以恰当的金额列示在财务报表中，与之相关的计价调整是否已恰当记录；确定短期借款是否已按照企业会计准则的规定在财务报表中做出恰当列报。

2. 短期借款的实质性程序

短期借款的实质性程序通常包括：

（1）获取或编制短期借款明细表。注册会计师应首先获取或编制短期借款明细表，复核其加计数是否正确，并与明细账和总账核对相符。

（2）函证短期借款的实有数。注册会计师应当对银行借款及与金融机构往来的其他重要信息实施函证程序，除非有充分证据表明某一借款及金融机构往来的其他重要信息对财务报表不重要且与之相关的重大错报风险很低。

如果不对某一借款及与金融机构往来的其他重要信息实施函证程序，注册会计师应当在审计工作底稿中说明理由。

（3）检查短期借款的增加。对年度内增加的短期借款，注册会计师应检查借款合同和授权批准，了解借款数额、借款条件、借款日期、还款期限、借款利率，并与相关会计记录相核对。

（4）检查短期借款的减少。对年度内减少的短期借款，注册会计师应检查相关记录和原始凭证，核实还款数额。

（5）检查有无到期未偿还的短期借款。注册会计师应检查相关记录和原始凭证，检查被审计单位有无到期未偿还的短期借款，如有，则应查明是否已向银行提出申请并经同意后办理延期手续。

（6）复核短期借款利息。注册会计师应根据短期借款的利率和期限，复核被审计单位短期借款的利息计算是否正确，有无多算或少算利息的情况，如有未计利息和多计利息，应做出记录，必要时进行调整。

（7）检查外币借款的折算。如果被审计单位有外币短期借款，注册会计师应检查外币短期借款的增减变动是否按业务发生时的市场汇率或期初市场汇率折合为记账本位币金额；期末是否按市场汇率将外币短期借款余额折合为记账本位币金额；折算差额是否按规定进行会计处理；折算方法是否前后期一致。

（8）检查短期借款在资产负债表中的列报是否恰当。企业的短期借款在资产负债表中通常设“短期借款”项目单独列示，对于因抵押而取得的短期借款，应在资产负债表附注中揭示，注册会计师应注意被审计单位对短期借款项目的披露是否充分。

二、长期借款的审计

1. 长期借款的审计目标

长期借款的审计目标一般包括：确定资产负债表中列示的长期借款是否存在；确定所有应当列示的长期借款是否均已列示；确定列示的长期借款是否为被审计单位应当履行的现时义务；确定长期借款是否以恰当的金额列示在财务报表中，与之相关的计价调整是否已恰当记录；确定长期借款是否已按照企业会计准则的规定在财务报表中做出恰当列报。

2. 长期借款的实质性程序

长期借款同短期借款一样，都是企业向银行或其他金融机构借入的款项，因此，长期借款的实质性程序同短期借款的实质性程序较相似。长期借款的实质性程序通常包括：

（1）获取或编制长期借款明细表，复核其加计数是否正确，并与明细账和总账核对相符。

（2）了解金融机构对被审计单位的授信情况以及被审计单位的信用等级评估情况，了解被审计单位获得短期借款和长期借款的抵押和担保情况，评估被审计单位的信誉和融资能力。

（3）对年度内增加的长期借款，应检查借款合同和授权批准，了解借款数额、借款条件、借款日期、还款期限、借款利率，并与相关会计记录相核对。

（4）检查长期借款的使用是否符合借款合同的规定，重点检查长期借款使用的合理性。

（5）向银行或其他债权人函证重大的长期借款。

（6）对年度内减少的长期借款，注册会计师应检查相关记录和原始凭证，核实还款数额。

（7）检查年末有无到期未偿还的借款，逾期借款是否办理了延期手续，分析计算逾期借款的金额、比率和期限，判断被审计单位的资信程度和偿债能力。

（8）计算短期借款、长期借款在各个月份的平均余额，选取适用的利率匡算利息支出总额，并与财务费用的相关记录核对，判断被审计单位是否高估或低估利息支出，必要时进行适当调整。

（9）检查非记账本位币折合记账本位币时采用的折算汇率，折算差额是否按规定进行会计处理。

（10）检查借款费用的会计处理是否正确。借款费用，指企业因借款而发生的利息及其他相关成本，包括折价或溢价的摊销、辅助费用以及因外币借款而发生的汇兑差额。按照《企业会计准则第 17 号——借款费用》的规定，企业发生的借款费用，可直接归属于符合资本化条件的资产的购建或生产的，应当予以资本化，计入相关资产成本；其他借款费用，应当在发生时根据其发生额确认费用，计入当期损益。

（11）检查企业抵押长期借款的抵押资产的所有权是否属于企业，其价值和实际状况是否与抵押契约中的规定相一致。

（12）检查企业重大的资产租赁合同，判断被审计单位是否存在资产负债表外融资的现象。

（13）检查长期借款是否已在资产负债表中充分披露。长期借款在资产负债表中列示于长期负债类下，该项目应根据"长期借款"科目的期末余额扣减将于一年内到期的长期借款后的数额填列，该项扣除数应当填列在流动负债类下的"一年内到期的长期负债"项目单独反映。注册会计师应根据审计结果确定被审计单位长期借款在资产负债表中的列示是否恰当，并注意长期借款的抵押和担保是否已在财务报表附注中作了充分的说明。

第十三章 货币资金的审计

学习目标

通过本章的学习，理解货币资金与其他各交易循环的关系；了解对货币资金内部控制进行调整测试的要点；掌握货币资金的审计目标、现金和银行存款的实质性测试程序；能够分析具体的货币资金审计环境中控制测试发现的问题及实质性测试存在的问题。

导读案例

货币资金本来被人们认为是最可靠的资产，却也是上市公司造假的工具。2004 年，国家审计署沈阳特派办按照国家审计署的统一部署，对北京天职孜信会计师事务所 2003 年度审计业务质量进行检查，经对该所出具审计报告的 14 家上市公司的调查分析和工作底稿等资料审查发现，该所连续 5 年出具无保留意见审计报告的湖南天一科技股份有限公司疑点较多。特派办经过对湖南天一科技股份有限公司重点延伸检查，发现了重大问题的线索：该公司与当地的开户银行相互串通，通过伪造银行对账单方式，多计存款 1.31 亿元，少计贷款 7100 万元，并给会计师事务所出具虚假的询证回函，欺骗会计师事务所。2005 年 11 月 11 日，证监会公布了"证监罚字 [2005] 27 号"行政处罚书，指控天职孜信会计师事务所在审计天一科技股份有限公司 2003 年财务报告的过程中，未对银行存款、借款询证函的发出和收回保持有效的控制，违反了《独立审计具体准则第 27 号——函证》第 17 条、第 18 条的规定，致使出具的审计报告含有虚假内容。

第一节　货币资金审计概述

货币资金是企业资产的重要组成部分，是企业资产中流动性最强的一种资产。任何企业进行生产经营活动都必须拥有一定数额的货币资金，持有货币资金是企业生产经营活动的基本条件，关乎企业的命脉。货币资金主要来源于资本的投入和营业收入，主要用于资产的取得和费用的结付。总的来说，只有保持健康的、正的现金流，企业才能够继续生存；如果出现现金流逆转迹象，产生了不健康的、负的现金流，长此以往，企业将陷入财务困境，导致对企业的持续经营能力产生疑虑。

根据货币资金存放地点及用途的不同，货币资金分为库存现金、银行存款及其他货币资金。

一、货币资金与交易循环

货币资金与各交易循环均直接相关，如图 13-1 所示。需要说明的是，图 13-1 仅选取各业务循环中具有代表性的会计科目或财务报表项目予以列示，并未包括各业务循环中与货币资金有关的全部会计科目或财务报表项目。

二、涉及的主要凭证和会计记录

货币资金涉及的凭证和会计记录主要有：①现金盘点表；②银行对账单；③银行存款余额调节表；④有关科目的记账凭证；⑤有关会计账簿。

三、货币资金内部控制概述

由于货币资金是企业流动性最强的资产，企业必须加强对货币资金的管理，建立良好的货币资金内部控制，以确保全部应收取的货币资金均能收取，并及时正确地予以记录；全部货币资金支出是按照经批准的用途进行的，并及时正确地予以记录；库存现金、银行存款报告正确，并得以恰当保管；正确预测企业正常经营所需的货币资金收支额，确保企业有充足又不过剩的货币资金余额。

在实务中，库存现金、银行存款和其他货币资金的转换比较频繁，三者的

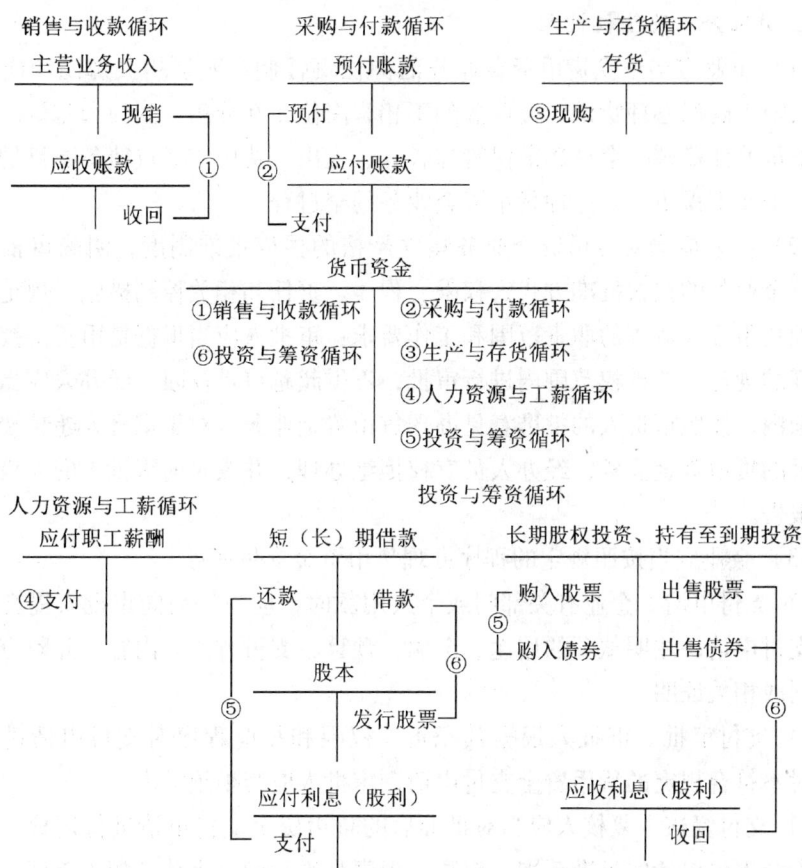

图 13-1　货币资金与交易循环的关系

内部控制目标，内部控制制度的制定与实施大致相似，因此，先统一对货币资金的内部控制作一个概述，各自内部控制的特点以及控制测试将在后面分述。一般而言，一个良好的货币资金内部控制应该达到以下几点：①货币资金收支与记账的岗位分离；②货币资金收支要有合理、合法的凭据；③全部收支及时准确入账，并且支出要有核准手续；④控制现金坐支，当日收入现金应及时送存银行；⑤按月盘点现金，编制银行存款余额调节表，以做到账实相符；⑥加强对货币资金收支业务的内部审计。

尽管由于每个企业的性质、所处行业、规模以及内部控制健全程度等不同，而使其与货币资金相关的内部控制内容有所不同，但以下要求是通常应当共同遵循的：

1. 岗位分工及授权批准

（1）企业应当建立货币资金业务的岗位责任制，明确相关部门和岗位的职责权限，确保办理货币资金业务的不相容岗位相互分离、制约和监督。出纳人员不得兼任稽核、会计档案保管和收入、支出、费用、债权债务账目的登记工作。企业不得由一人办理货币资金业务的全过程。

（2）企业应当对货币资金业务建立严格的授权批准制度，明确审批人对货币资金业务的授权批准方式、权限、程序、责任和相关控制措施，规定经办人办理货币资金业务的职责范围和工作要求；审批人应当根据货币资金授权批准制度的规定，在授权范围内进行审批，不得超越审批权限。经办人应当在职责范围内，按照审批人的批准意见办理货币资金业务。对于审批人超越授权范围审批的货币资金业务，经办人员有权拒绝办理，并及时向审批人的上级授权部门报告。

（3）企业应当按照规定的程序办理货币资金支付业务。

1）支付申请。企业有关部门或个人用款时，应当提前向审批人提交货币资金支付申请，注明款项的用途、金额、预算、支付方式等内容，并附有效经济合同或相关证明。

2）支付审批。审批人根据其职责、权限和相应程序对支付申请进行审批。对不符合规定的货币资金支付申请，审批人应当拒绝批准。

3）支付复核。复核人应当对批准后的货币资金支付申请进行复核，复核货币资金支付申请的批准范围、权限、程序是否正确，手续及相关单证是否齐备，金额计算是否准确，支付方式、支付企业是否妥当等。复核无误后，交由出纳人员办理支付手续。

4）办理支付。出纳人员应当根据复核无误的支付申请，按规定办理货币资金支付手续，及时登记库存现金和银行存款日记账。

（4）企业对于重要货币资金支付业务，应当实行集体决策和审批，并建立责任追究制度，防范贪污、侵占、挪用货币资金等行为。

（5）严禁未经授权的机构或人员办理货币资金业务或直接接触货币资金。

2. 现金和银行存款的管理

（1）企业应当加强现金库存限额的管理，超过库存限额的现金应及时存入银行。

（2）企业必须根据《现金管理暂行条例》的规定，结合本企业的实际情况，确定本企业现金的开支范围。不属于现金开支范围的业务应当通过银行办理转账结算。

（3）企业现金收入应当及时存入银行，不得用于直接支付企业自身的支出。因特殊情况需坐支现金的，应事先报经开户银行审查批准。

企业借出款项必须执行严格的授权批准程序，严禁擅自挪用、借出货币资金。

（4）企业取得的货币资金收入必须及时入账，不得私设"小金库"，不得账外设账，严禁收款不入账。

（5）企业应当严格按照《支付结算办法》等国家有关规定，加强银行账户的管理，严格按照规定开立账户，办理存款、取款和结算。

企业应当定期检查、清理银行账户的开立及使用情况，发现问题及时处理。

企业应当加强对银行结算凭证的填制、传递及保管等环节的管理与控制。

（6）企业应当严格遵守银行结算纪律，不准签发没有资金保证的票据或远期支票，套取银行信用；不准签发、取得和转让没有真实交易和债权债务的票据，套取银行和他人资金；不准无理拒绝付款，任意占用他人资金；不准违反规定开立和使用银行账户。

（7）企业应当指定专人定期核对银行账户（每月至少核对一次），编制银行存款余额调节表，使银行存款账面余额与银行对账单调节相符。如调节不符，应查明原因，及时处理。

（8）企业应当定期和不定期地进行现金盘点，确保现金账面余额与实际库存相符。发现不符，及时查明原因，做出处理。

3. 票据及有关印章的管理

（1）企业应当加强与货币资金相关的票据的管理，明确各种票据的购买、保管、领用、背书转让、注销等环节的职责权限和程序，并专设登记簿进行记录，防止空白票据的遗失和被盗用。

（2）企业应当加强银行预留印鉴的管理。财务专用章应由专人保管，个人名章必须由本人或其授权人员保管。严禁一人保管支付款项所需的全部印章。

按规定需要有关负责人签字或盖章的经济业务，必须严格履行签字或盖章手续。

4. 监督检查

（1）企业应当建立对货币资金业务的监督检查制度，明确监督检查机构或人员的职责权限，定期和不定期地进行检查。

（2）货币资金监督检查的内容主要包括：

1）货币资金业务相关岗位及人员的设置情况。重点检查是否存在货币资金业务不相容、职务混岗的现象。

2）货币资金授权批准制度的执行情况。重点检查货币资金支出的授权批准手续是否健全，是否存在越权审批行为。

3）支付款项印章的保管情况。重点检查是否存在办理付款业务所需的全部印章交由一人保管的现象。

4）票据的保管情况。重点检查票据的购买、领用、保管手续是否健全，票据保管是否存在漏洞。

（3）对监督检查过程中发现的货币资金内部控制中的薄弱环节，应当及时采取措施，加以纠正和完善。

第二节　库存现金审计

一、审计目标

库存现金包括企业的人民币现金和外币现金。现金是企业流动性最强的资产，尽管其在企业资产总额中的比重不大，但企业发生的舞弊事件大都与现金有关，因此，注册会计师应该重视库存现金的审计。

库存现金的审计目标一般应包括（括号内的为相应的财务报表认定）：

（1）确定被审计单位资产负债表的货币资金项目中的库存现金在资产负债表日是否确实存在。（存在）

（2）确定被审计单位所有应当记录的现金收支业务是否均已记录完毕，有无遗漏。（完整性）

（3）确定记录的库存现金是否为被审计单位所拥有或控制。（权利和义务）

（4）确定库存现金以恰当的金额包括在财务报表的货币资金项目中，与之相关的计价调整已恰当记录。（计价和分摊）

（5）确定库存现金是否已按照企业会计准则的规定在财务报表中做出恰当列报。（列报）

二、库存现金内部控制的测试

1. 库存现金内部控制的特点

由于现金是企业流动性最强的资产，加强现金管理对于保护企业资产安全完整、维护社会经济秩序具有重要的意义。在良好的现金内部控制下，企业的现金收支记录应及时、准确、完整；全部现金支出均按经批准的用途进行；现金得以安全保管。一般而言，一个良好的现金内部控制应该达到以下几点：①现金收支与记账的岗位分离；②现金收支要有合理、合法的凭据；③全部收入及时准确入账，全部支出要有核准手续；④控制现金坐支，当日收入现金应及时送存银行；⑤按月盘点现金，以做到账实相符；⑥加强对现金收支业务的内部审计。

2. 库存现金内部控制的测试

（1）了解现金内部控制。通常通过现金内部控制流程图来了解现金内部控制。编制现金内部控制流程图是现金控制测试的重要步骤。注册会计师在编制之前应通过询问、观察等调查手段收集必要的资料，然后根据所了解的情况编制流程图。对中小企业，也可采用编写现金内部控制说明的方法。

若以前年度审计时已经编制了现金内部控制流程图，注册会计师可根据调查结果加以修正，以供本年度审计之用。一般地，了解现金内部控制时，注册会计师应当注意检查库存现金内部控制的建立和执行情况，重点包括：

1）库存现金的收支是否按规定的程序和权限办理。

2）是否存在与被审计单位经营无关的款项收支情况。

3）出纳与会计的职责是否严格分离。

4）库存现金是否妥善保管，是否定期盘点、核对，等等。

（2）抽取并检查收款凭证。如果现金收款内部控制不强，很可能会发生贪污舞弊或挪用等情况。如在一个小企业中，出纳员同时负责登记应收账款明细账，很可能发生循环挪用货款的情况。为测试现金收款的内部控制，注册会计师应按现金的收款凭证分类，选取适当的样本量，作如下检查：

1）核对现金日记账的收入金额是否正确。

2）核对现金收款凭证与应收账款明细账的有关记录是否相符。

3）核对实收金额与销货发票是否一致，等等。

（3）抽取并检查付款凭证。为测试现金付款内部控制，注册会计师应按照现金付款凭证分类，选取适当的样本量，作如下检查：

1）检查付款的授权批准手续是否符合规定。

2）核对现金日记账的付出金额是否正确。

3）核对现金付款凭证与应付账款明细账的记录是否一致。

4）核对实付金额与购货发票是否相符，等等。

（4）抽取一定期间的库存现金日记账与总账核对。注册会计师应抽取一定期间的库存现金日记账，检查其加总是否正确无误，库存现金日记账是否与总分类账核对相符。

（5）检查外币现金的折算方法是否符合有关规定，是否与上年度一致。对于有外币现金的被审计单位，注册会计师应检查外币库存现金日记账及"财务费用"、"在建工程"等账户的记录，确定企业有关外币现金的增减变动是否采用交易发生日的即期汇率将外币金额折算为记账本位币金额，或者采用按照系统合理的方法确定的、与交易发生日即期汇率近似的汇率折算为记账本位币，选择采用汇率的方法前后各期是否一致；检查企业的外币现金的期末余额是否采用期末即期汇率折算为记账本位币金额；折算差额的会计处理是否正确。

（6）评价库存现金的内部控制。注册会计师在完成上述程序之后，即可对库存现金的内部控制进行评价。评价时，注册会计师应首先确定库存现金内部控制可信赖的程度以及存在的薄弱环节和缺点，然后据以确定在库存现金实质性程序中对哪些环节可以适当减少审计程序，对哪些环节应增加审计程序并作重点检查，以减少审计风险。

三、库存现金的实质性程序

1. 核对库存现金日记账与总账的金额是否相符，检查非记账本位币库存现金的折算汇率及折算金额是否正确

注册会计师测试现金余额的起点是，核对库存现金日记账与总账的金额是否相符。如果不相符，应查明原因，必要时应建议做出适当调整。

2. 监盘库存现金

监盘库存现金是证实资产负债表中货币资金项目下所列库存现金是否存在的一项重要审计程序。

企业盘点库存现金，通常包括对已收到但未存入银行的现金、零用金、找换金等的盘点。盘点库存现金的时间和人员应视被审计单位的具体情况而定，但现金出纳员和被审计单位会计主管人员必须参加，并由注册会计师进行监

盘。盘点和监盘库存现金的步骤与方法主要有：

（1）制定监盘计划，确定监盘时间。对库存现金的监盘最好实施突击性的检查，时间最好选择在上午上班前或下午下班时，盘点的范围一般包括被审计单位各部门经管的现金。在进行现金盘点前，应由出纳员将现金集中起来存入保险柜。必要时可加以封存，然后由出纳员把已办妥现金收付手续的收付款凭证登入库存现金日记账。如被审计单位库存现金存放部门有两处或两处以上的，应同时进行盘点。

（2）审阅库存现金日记账并同时与现金收付凭证相核对。一方面，检查库存现金日记账的记录与凭证的内容和金额是否相符；另一方面，了解凭证日期与库存现金日记账日期是否相符或接近。

（3）由出纳员根据库存现金日记账加计累计数额，结出现金结余额。

（4）盘点保险柜内的现金实存数，同时由注册会计师编制"库存现金监盘表"（见表13-1），分币种、面值列示盘点金额。

（5）将盘点金额与库存现金日记账余额进行核对，如有差异，应要求被审计单位查明原因，必要时应提请被审计单位做出调整；如无法查明原因，应要求被审计单位按管理权限批准后做出调整。

（6）若有冲抵库存现金的借条、未提现支票、未作报销的原始凭证，应在"库存现金监盘表"中注明，必要时应提请被审计单位做出调整。

（7）在非资产负债表日进行盘点和监盘时，应调整至资产负债表日的金额。

表13-1　库存现金监盘表

被审计单位：＿＿＿＿＿＿＿＿＿　　索引号：＿＿＿＿＿＿＿＿＿

项目：＿＿＿＿＿＿＿＿＿＿　　财务报表截止日/期间：＿＿＿＿＿＿＿＿

编制：＿＿＿＿＿＿＿＿＿＿　　复核：＿＿＿＿＿＿＿＿＿＿＿

日期：＿＿＿＿＿＿＿＿＿＿　　日期：＿＿＿＿＿＿＿＿＿＿＿

检查盘点记录					实有库存现金盘点记录					
项目	项次	人民币	美元	某外币	面额	人民币		美元		某外币	
						张	金额	张	金额	张	金额
上一日账面库存余额	①	8394.00			100	80	8000.00				
盘点日末记账传票收入金额	②				50	6	300.00				
盘点日末记账传票支出金额	③				10	6	60.00				
盘点日账面应有金额	④=①+②-③	8394.00			5	2	10.00				
盘点实有库存现金数额	⑤	8394.00			2	0					

	检查盘点记录				实有库存现金盘点记录						
项目		项次	人民币	美元	某外币	面额	人民币		美元		某外币	
							张	金额	张	金额	张	金额
盘点日应有与实务差异		⑥=④-⑤	0			1	24	24.00				
差异原因分析	白条抵库（张）					0.5	0					
						0.2	0					
						0.1	0					
						合计		8394.00				
追溯调整	报表日至审计日库存现金付出总额											
	报表日至审计日库存现金收入总额											
	报表日库存现金应有余额											
	报表日账面汇率											
	报表日余额折合本位币金额											
本位币合计			8394.00									

出纳员：　　　　　　会计主管人员：　　　　　　　监盘人：　　　　检查日期：

审计说明：

3. 分析被审计单位日常库存现金余额是否合理

除此之外，还要关注是否存在大额未缴存的现金。

4. 抽查大额库存现金收支

检查大额现金收支的原始凭证是否齐全、原始凭证内容是否完整、有无授权批准、记账凭证与原始凭证是否相符、账务处理是否正确、是否记录于恰当的会计期间等项内容。

5. 抽查资产负债表日前后若干天的、一定金额以上的现金收支凭证实施截止测试

被审计单位资产负债表的货币资金项目中的库存现金数额，应以结账日实有数额为准。因此，注册会计师必须验证现金收支的截止日期，以确定是否存在跨期事项、是否应考虑提出调整建议。

6. 检查库存现金是否在财务报表中做出恰当列报

根据有关规定，库存现金在资产负债表的"货币资金"项目中反映，注册会计师应在实施上述审计程序后，确定"库存现金"账户的期末余额是否恰当，进而确定库存现金是否在资产负债表中恰当披露。

第三节　银行存款审计

一、审计目标

银行存款是指企业存放在银行或其他金融机构的各种款项。按照国家有关规定，凡是独立核算的企业都必须在当地银行开设账户。企业在银行开设账户后，除按核定的限额保留库存现金外，超过限额的现金必须存入银行；除了在规定的范围内可以用现金直接支付款项外，在经营过程中所发生的一切货币收支业务，都必须通过银行存款账户进行结算。

银行存款的审计目标一般应包括（括号内的为相应的财务报表认定）：

（1）确定被审计单位资产负债表的货币资金项目中的银行存款在资产负债表日是否确实存在。（存在）

（2）确定被审计单位所有应当记录的银行存款收支业务是否均已记录完毕，有无遗漏。（完整性）

（3）确定记录的银行存款是否为被审计单位所拥有或控制。（权利和义务）

（4）确定银行存款以恰当的金额包括在财务报表的货币资金项目中，与

之相关的计价调整已恰当记录。（计价和分摊）

（5）确定银行存款是否已按照企业会计准则的规定在财务报表中做出恰当列报。（列报）

二、银行存款的控制测试

1. 银行存款内部控制的特点

一般而言，一个良好的银行存款的内部控制同现金的内部控制一样，也应达到以下几点：

（1）银行存款收支与记账的岗位分离。

（2）银行存款收支要有合理、合法的凭据。

（3）全部收支及时准确入账，全部支出要有核准手续。

（4）按月编制银行存款余额调节表，以做到账实相符。

（5）加强对银行存款收支业务的内部审计。

按照我国现金管理的有关规定，超过规定限额以上的现金支出一律使用支票。因此，企业应建立相应的支票申领制度，明确申领范围、申领批准及支票签发、支票报销等。

对于支票报销和现金报销，企业应建立报销制度。报销人员报销时应当有正常的报批手续、适当的付款凭据，有关采购支出还应具有验收手续。会计部门应对报销单据加以审核，出纳员见到加盖核准戳记的支出凭据后方可付款。

付款记录应及时登记入账，相关凭证应按顺序或内容编制会计记录的附件。

2. 银行存款的控制测试

（1）了解银行存款的内部控制。注册会计师对银行存款内部控制的了解一般与了解现金的内部控制同时进行。注册会计师应当注意的内容包括：

1）银行存款的收支是否按规定的程序和权限办理。

2）银行账户是否存在与本单位经营无关的款项收支情况。

3）是否存在出租、出借银行账户的情况。

4）出纳与会计的职责是否严格分离。

5）是否定期取得银行对账单并编制银行存款余额调节表等。

（2）抽取并检查银行存款收款凭证。注册会计师应选取适当的样本量，作如下检查：

1）核对银行存款收款凭证与存入银行账户的日期和金额是否相符。

2）核对银行存款日记账的收入金额是否正确。

3）核对银行存款收款凭证与银行对账单是否相符。

4）核对银行存款收款凭证与应收账款明细账的有关记录是否相符。

5）核对实收金额与销货发票是否一致等。

（3）抽取并检查银行存款付款凭证。为测试银行存款付款内部控制，注册会计师应选取适当的样本量，作如下检查：

1）检查付款的授权批准手续是否符合规定。

2）核对银行存款日记账的付出金额是否正确。

3）核对银行存款付款凭证与银行对账单是否相符。

4）核对银行存款付款凭证与应付账款明细账的记录是否一致。

5）核对实付金额与购货发票是否相符等。

（4）抽取一定期间的银行存款日记账与总账核对。注册会计师应抽取一定期间的银行存款日记账，检查其有无计算错误，并与银行存款总分类账核对。

（5）抽取一定期间银行存款余额调节表，查验其是否按月正确编制并经复核。为证实银行存款记录的正确性，注册师必须抽取一定期间的银行存款余额调节表，将其同银行对账单、银行存款日记账及总账进行核对，确定被审计单位是否按月正确编制并复核银行存款余额调节表。

（6）检查外币银行存款的折算方法是否符合有关规定，是否与上年度一致。对于有外币银行存款的被审计单位，注册会计师应检查外币银行存款日记账及"财务费用"、"在建工程"等账户的记录，确定有关外币银行存款的增减变动是否采用交易发生日的即期汇率将外币金额折算为记账本位币金额，或者采用按照系统合理的方法确定的、与交易发生日即期汇率近似的汇率折算为记账本位币，选择采用汇率的方法前后各期是否一致；检查企业的外币银行存款的余额是否采用期末即期汇率折算为记账本位币金额；折算差额的会计处理是否正确。

（7）评价银行存款的内部控制。注册会计师在完成上述程序后，即可对银行存款的内部控制进行评价。评价时，注册会计师首先确定银行存款内部控制可信赖的程序以及存在的薄弱环节和缺点，然后确定在银行存款实质性程序中对哪些环节可以适当减少审计程序，对哪些环节应增加审计程序并作重点检查，以减少审计风险。

三、银行存款的实质性程序

银行存款的实质性程序一般包括:

1. 获取或编制银行存款余额明细表

复核加计是否正确,并与总账数和日记账合计数核对是否相符;检查非记账本位币银行存款的折算汇率及折算金额是否正确。注册会计师测试银行存款余额的起点是核对银行存款日记账与总账的余额是否相符。如果不相符,应查明原因,必要时应建议做出适当调整。

2. 实施实质性分析程序

计算银行存款累计余额应收利息收入,分析比较被审计单位银行存款应收利息收入与实际利息收入的差异是否恰当,评估利息收入的合理性,检查是否存在高息资金拆借,确认银行存款余额是否存在,利息收入是否已经完整记录。

3. 检查银行存单

编制银行存单检查表,检查是否与账面记录金额一致,是否被质押或限制使用,存单是否为被审计单位所拥有。

(1) 对已质押的定期存款,应检查定期存单,并与相应的质押合同核对,同时关注定期存单对应的质押借款有无入账。

(2) 对未质押的定期存款,应检查开户证实书原件。

(3) 对审计外勤工作结束日前已提取的定期存款,应核对相应的兑付凭证、银行对账单和定期存款复印件。

4. 取得并检查银行存款余额对账单和银行存款余额调节表

取得并检查银行存款余额对账单和银行存款余额调节表是证实资产负债表中所列银行存款是否存在的重要程序。银行存款余额调节表通常应由被审计单位根据不同的银行账户及货币种类分别编制,其参考格式如表13-2所示。具体测试程序通常包括:

(1) 将被审计单位资产负债表日的银行存款余额对账单与银行询证函回函核对,确认是否一致,核对账面记录的存款金额是否与对账单记录一致。

(2) 获取资产负债表日的银行存款余额调节表,检查调节表中加计数是否正确,调节后银行存款日记账余额与银行对账单余额是否一致。

(3) 检查调节事项的性质和范围是否合理。

1) 检查是否存在跨期收支和跨行转账的调节事项。编制跨行转账业务明细表,检查跨行转账业务是否同时对应转入和转出,未在同一期间完成的转账业务是否反映在银行存款余额调节表的调整事项中。

2）检查大额在途存款和未付票据。检查在途存款的日期，查明发生在途存款的具体原因，追查期后银行对账单存款记录日期，确定被审计单位与银行记账时间差异是否合理，确定在资产负债表日是否需提请被审计单位进行适当调整。

检查被审计单位的未付票据明细清单，查明被审计单位未及时入账的原因，确定账簿记录时间晚于银行对账单的日期是否合理。

检查被审计单位未付票据明细清单中有记录但截至资产负债表日银行对账单无记录且金额较大的未付票据，获取票据领取人的书面说明，确认资产负债表日是否需要进行调整。

表13-2　银行存款余额调节表

年　月　日

编制人：　　　日期：　　　索引号：

复核人：　　　日期：　　　页次：

户别：

币别：

项　　　　　目
银行对账单余额（　　年　　月　　日）
加：企业已收，银行尚未入账金额
其中：1. ＿＿＿＿＿＿＿＿＿＿＿＿＿＿＿＿元
2. ＿＿＿＿＿＿＿＿＿＿＿＿＿＿＿＿元
减：企业已付，银行尚未入账金额
其中：1. ＿＿＿＿＿＿＿＿＿＿＿＿＿＿＿＿元
2. ＿＿＿＿＿＿＿＿＿＿＿＿＿＿＿＿元
调整后银行对账单金额
企业银行存款日记账金额（　　年　　月　　日）
加：银行已收，企业尚未入账金额
其中：1. ＿＿＿＿＿＿＿＿＿＿＿＿＿＿＿＿元
2. ＿＿＿＿＿＿＿＿＿＿＿＿＿＿＿＿元
减：银行已付，企业尚未入账金额
其中：1. ＿＿＿＿＿＿＿＿＿＿＿＿＿＿＿＿元
2. ＿＿＿＿＿＿＿＿＿＿＿＿＿＿＿＿元
调整后企业银行存款日记账金额

经办会计人员：（签字）　　　　　　　　　　　　　　会计主管：（签字）

检查资产负债表日后银行对账单是否记录了调节事项中银行未付票据金额。

（4）检查是否存在未入账的利息收入和利息支出。

（5）检查是否存在其他跨期收支事项，检查相应的原始交易单据或者银行收付款单据。

（6）当未经授权或授权不清支付货币资金的现象比较突出时，检查银行存款余额调节表中支付异常的领款（包括没有载明收款人）、签字不全、收款地址不清、金额较大票据的调整事项，确认是否存在舞弊。

5. 函证银行存款余额，编制银行函证结果汇总表，检查银行回函

应注意：

（1）向被审计单位在本期存过款的银行发函，包括零余额账户和在本期内注销的账户。

（2）确定被审计单位账面余额与银行函证结果的差异，对不符事项做出适当处理。

银行存款函证是指注册会计师在执行审计业务的过程中，需要以被审计单位的名义向有关单位发函询证，以验证被审计单位的银行存款是否真实、合法、完整。按照国际惯例，财政部和中国人民银行于 1999 年 1 月 6 日联合印发了《关于做好企业的银行存款、借款及往来款项函证工作的通知》（以下简称《通知》），《通知》对函证工作提出了明确的要求，并规定：各商业银行、政策性银行、非银行金融机构要在收到询证函之日起 10 个工作日内，根据函证的具体要求，及时回函并可按照国家有关的规定收取询证费用；各有关企业或单位根据函证的具体要求回函。

函证银行存款余额是证实资产负债表所列银行存款是否存在的重要程序。通过向往来银行函证，注册会计师不仅可以了解企业资产的存在，还可了解企业账面反映所欠银行债务的情况，并有助于发现企业未入账的银行借款和未披露的或有负债。

注册会计师应当对银行存款（包括零余额账户和在本期内注销的账户）及与金融机构往来的其他重要信息实施函证程序，除非有充分的证据表明某一银行存款及与金融机构往来的其他重要信息对财务报表不重要且与之相关的重大风险很低。

如果不对这些项目实施函证程序，注册会计师应当在审计工作底稿中说明理由。

注册会计师需要考虑是否对在本期内注销的账户的银行进行函证，这通常

是因为有可能存款账户已注销但仍有银行借款或其他负债存在。参考格式13-1列示了银行询证函格式，供参考。

参考格式13-1 银行询证函

编号：

××（银行）：

本公司聘请的××会计师事务所正在对本公司××年度财务报表进行审计，按照中国注册会计师审计准则的要求，询证本公司与贵行相关的信息。下列信息出自本公司记录，如与贵行记录相符，请在本函下端"信息证明无误"处签单证明；如有不符，请在"信息不符"处列明不符项目及具体内容；如存在与本公司有关的未列入本函的其他重要信息，也请在"信息不符"处列出其详细资料。回函请直接寄到××会计师事务所。

回函地址：　　　　　　　　　　　　　　　　邮编：

电话：　　　　　　　　传真：　　　　　　　联系人：

截至××年××月××日，本公司与贵行相关的信息列示如下：

1. 银行存款。

账户名称	银行账号	币种	利率	余额	起止日期	是否被质押、用于担保或存在其他使用限制	备注

除上述列示的银行存款外，本公司并无在贵行的其他借款。

注："起止日期"一栏仅适用于定期存款，如为活期或保证金存款，可只填写"活期"或"保证金"字样。

2. 银行借款。

借款人名称	币种	本息余额	借款日期	到期日期	利率	借款条件	抵（质）押品担保人	备注

除上述列示的银行借款外，本公司并无自贵行的其他借款。

注：此项仅函证截至资产负债表日本公司尚未归还的借款。

3. 截至函证日之前 12 个月内注销的账户。

账户名称	银行账号	币种	注销账户日期

除上述列示的账户外，本公司并无截至函证日之前 12 个月内在贵行注销的其他账户。

4. 委托存款。

账户名称	银行账号	借款方	币种	利率	余额	存款起止日期	备注

除上述列示的委托存款外，本公司并无通过贵行办理的其他委托存款。

5. 委托贷款。

账户名称	银行账号	资金使用方	币种	利率	本金	利息	贷款起止日期	备注

除上述列示的委托贷款外，本公司并无通过贵行办理的其他委托贷款。

6. 担保。

（1）本公司为其他单位提供的、以贵行为担保受益人的担保。

被担保人	担保方式	担保金额	担保期限	担保事由	担保合同编号	被担保人与贵行就担保事项往来的内容（借款等）	备注

除上述列示的担保外，本公司并无其他以贵行为担保受益人的担保。

注：如采用抵押或质押方式提供担保的，应在备注中说明抵押物或质押物

情况。

（2）贵行向本公司提供的担保。

被担保人	担保方式	担保金额	担保期限	担保事由	担保合同编号	被担保人与贵行就担保事项往来的内容（借款等）	备注

除上述列示的担保外，本公司并无贵行提供的其他担保。

7. 本公司名称为出票人且由贵行承兑而尚未支付的银行承兑汇票。

银行承兑汇票	票面金额	出票日	到期日

除上述列示的银行承兑汇票外，本公司并无由贵行承兑而尚未支付的其他银行承兑汇票。

8. 本公司向贵行已贴现而尚未到期的商业汇票。

商业汇票号码	付款人名称	承兑人名称	票面金额	票面利率	出票日	到期日	贴现日	贴现率	贴现净额

除上述列示的商业汇票外，本公司并无向贵行已贴现而尚未到期的其他商业汇票。

9. 本公司为持票人且由贵行托收的商业汇票。

商业汇票号码	承兑人名称	票面金额	出票日	到期日

除上述列示的商业汇票外，本公司并无由贵行托收的其他商业汇票。

10. 本公司为申请人，由贵行开具的、未履行完毕的不可撤销信用证。

信用证号码	受益人	信用证金额	到期日	未使用金额

除上述列示的不可撤销信用证外，本公司并无由贵行开具的、未履行完毕的其他不可撤销信用证。

11. 本公司与贵行之间未履行完毕的外汇买卖合约。

类　别	合约号码	买卖币种	未履行的合约买卖金额	汇率	交收日期
贵行卖予本公司					
本公司卖予贵行					

除上述列示的外汇买卖合约外，本公司并无与贵行之间未履行完毕的其他外汇买卖合约。

12. 本公司存放于贵行的有价证券或其他产权文件。

有价证券或其他产权文件名称	产权文件编号	数量	金额

除上述列示的有价证券或其他产权文件外，本公司并无存放于贵行的其他有价证券或其他产权文件。

注：此项不包括本公司存放在贵行保管箱中的有价证券或其他产权文件。

13. 其他重大事项。

注：此项应填列注册会计师认为重大且应予函证的其他事项，如信托存款等；如无则应填写"不适用"。

（公司盖章）

年　月　日

<table>
<tr><td colspan="1" align="center">以下仅供被询证银行使用</td></tr>
</table>

结论: 1. 信息证明无误。
(银行盖章)
经办人: 　　　　　　年 月 日
2. 信息不符,请列示不符项目及具体内容(对于在本函前述第 1 项至第 13 项中漏列的其他重要信息,请列出详细资料)。
(银行盖章)
经办人: 　　　　　　年 月 日

6. 确定银行账户存款人

检查银行存款账户存款人是否为被审计单位,若存款人非被审计单位,应获取该账户户主和被审计单位的书面声明,确认资产负债表日是否需要提请被审计单位进行调整。

7. 关注是否存在质押、冻结等对变现有限制或存在境外的款项

如果存在,是否已提请被审计单位作必要的调整和披露。

8. 对不符合现金及现金等价物条件的银行存款的处理

对不符合现金及现金等价物条件的银行存款在审计工作底稿中予以列明,以考虑对现金流量表的影响。

9. 检查大额银行存款

抽查大额银行存款收支的原始凭证,检查原始凭证是否齐全、记账凭证与原始凭证是否相符、账务处理是否正确、是否记录于恰当的会计期间等项内容。检查是否存在非营业目的的大额货币资金转移,并核对相关账户的进账情况;如有与被审计单位生产经营无关的收支事项,应查明原因并作相应的记录。

10. 检查银行存款收支的截止是否正确

选取资产负债表日前后若干张、一定金额以上的凭证实施截止测试,关注业务内容及对应项目,如有跨期收支事项,应考虑是否提请被审计单位进行调整。

11. 检查银行存款是否在财务报表中做出恰当列报

根据有关规定，企业的银行存款在资产负债表的"货币资金"项目中反映，所以，注册会计师应在实施上述审计程序后，确定银行存款账户的期末余额是否恰当，进而确定银行存款是否在资产负债表中恰当披露。此外，如果企业的银行存款存在抵押、冻结等使用限制情况或者潜在回收风险，注册会计师应关注企业是否已经恰当披露有关情况。

第十四章　审计报告

学习目标

　　通过本章的学习，理解和掌握审计报告的作用、种类、基本内容和格式、审计意见类型的选择；熟悉审计报告编制等的工作及其编制要求与步骤，在对审计结果评价的基础上掌握发表不同意见类型审计报告的出具条件；能够分析具体环境中应该出具什么类型的审计报告，进而能够根据具体环境分析审计报告中存在的问题。

导读案例

　　按双方达成的协议，金氏资源有限公司将以成本价（通常包含7%~8%的利润率）向共同基金管理公司出售自然资源产业。共同基金管理股份有限公司从金氏资源有限公司处购买的石油和天然气产业价值，1969年底已达1亿多美元，为此还专门设立了自然资源资本账户来加以管理。安达信是共同基金管理股份有限公司和金氏资源有限公司双方的审计师，安达信丹佛办事处既对总部设在丹佛的金氏资源有限公司进行审计，也负责共同基金管理股份有限公司的自然资源资本账户的审计。

　　事实是，金氏资源有限公司经常买进一些廉价的石油和天然气产业，然后立即以甚至高于原始成本30倍的高昂价格出售给共同基金管理股份有限公司，还精心安排霍克斯—拉芙交易、麦坎交易、布莱克利—沃尔科特交易等欺诈性的价值重估交易（第三方以远高于公允市价的价格购买某处石油和天然气产业10%左右的一小部分产权，但按照与金氏资源有限公司秘密签订的"附属协议"，第三方不会遭受实际损失），使共同基金管理股份有限公司确信自然资源资本账户在增值。

为了避免承担不必要的责任，安达信对没有把握的资产升值，对1969年共同基金管理股份有限公司的财务报表以保留意见的方式予以回避："类似以前年度，有些投资，在缺乏明确的市场价格的情况下，已由董事会按照会计相关方法进行了估价。我们复核了这些评估，确认他们是按照既定方法进行的。但是由于我们不具备评估这些投资价值的专业能力，我们不准备对估价表示审计意见。"但是，美国法院仍然认为注册会计师没有使报告使用者避免实质上的损失，以报告使用者的实际损失而非审计收费的多少倍为标准，1981年判决注册会计师赔偿8079万美元，1982年改判减少损失赔偿金约1000万美元。

通过案例可知：①保密性原则的贯彻，使注册会计师有了与被审计单位自由交流信息的特权，然而，审计的最根本目的，就是要充分揭露它对财务报表的判断，不能过于强调保密性原则而忽视了审计的根本目的；②保留意见审计报告并不能减轻法律责任，它与知情不报，或想通过不表态来逃避责任，是完全不同的两回事；③管理层声明书并不能减免注册会计师的法律责任，在所有的证据中最没有证据力，它充其量不过提醒管理部门负有会计责任。

第一节　审计报告概述

一、审计报告的含义

审计报告是指注册会计师根据审计准则的规定，在执行审计工作的基础上，对财务报表发表审计意见的书面文件。

审计报告是注册会计师在完成审计工作后向委托人提交的最终产品，具有以下特征：

1. 注册会计师应当按照审计准则的规定执行审计工作

审计准则是用以规范注册会计师执行审计业务的标准，包括一般原则与责任、风险评估与应对、审计证据、利用其他主体的工作、审计结论与报告以及特殊领域审计六个方面的内容，涵盖了注册会计师执行审计业务的整个过程和各个环节。

2. 注册会计师在实施审计工作的基础上才能出具审计报告

注册会计师应当实施风险评估程序，通过了解被审计单位及其环境，识别和评估由于舞弊或错误导致的重大错报风险，以此作为评估财务报表层次和认定层次重大错报风险的基础。风险评估程序本身并不足以为发表审计意见提供充分、适当的审计证据，注册会计师还应当对评估的风险设计和实施恰当的应对措施。注册会计师通过实施上述审计程序，获取充分、适当的审计证据，得出合理的审计结论，作为形成审计意见的基础。

3. 注册会计师通过对财务报表发表意见履行业务约定书约定的责任

财务报表审计的目标是注册会计师通过执行审计工作，针对财务报表是否在所有重大方面按照财务报告编制基础编制并实现公允反映发表审计意见。因此，在实施审计工作的基础上，注册会计师需要对财务报表形成审计意见，并向委托人提交审计报告。

4. 注册会计师应当以书面形式出具审计报告

审计报告具有特定的要素和格式，注册会计师只有以书面形式出具报告，才能清楚表达对财务报表发表的审计意见。

注册会计师应当根据由审计证据得出的结论，清楚表达对财务报表的意见。财务报表是指对企业财务状况、经营成果和现金流量的结构化表述，至少应当包括资产负债表、利润表、所有者（股东）权益变动表、现金流量表和财务报表附注。无论是出具标准审计报告，还是非标准审计报告，注册会计师一旦在审计报告上签名并盖章，就表明对其出具的审计报告负责。

审计报告是注册会计师对财务报表是否在所有重大方面按照财务报告编制基础编制并实现公允反映发表审计意见的书面文件，因此，注册会计师应当将已审计的财务报表附于审计报告之后，以便财务报表使用者正确理解和使用审计报告，并防止被审计单位替换、更改已审计的财务报表。

二、审计报告的作用

注册会计师签发的审计报告，主要具有鉴证、保护和证明三方面的作用。

1. 鉴证作用

注册会计师签发的审计报告，不同于政府审计和内部审计的审计报告，是以超然独立的第三者身份，对被审计单位财务报表合法性、公允性发表意见。这种意见具有鉴证作用，得到了政府及其各部门和社会各界的普遍认可。政府有关部门，如财政部门、税务部门等了解、掌握企业的财务状况和经营成果的主要依据是企业提供的财务报表。财务报表是否合法、公允，主要依据注册会计师的审计报告做出判断。股份制企业的股东，主要依据注册会计师的审计报告来判断被投资企业的财务报表是否公允地反映了财务状况和经营成果，以进行投资决策等。

2. 保护作用

注册会计师通过审计，可以对被审计单位财务报表出具不同类型审计意见的审计报告，以提高或降低财务报表使用者对财务报表的信赖程度，能够在一定程度上对被审计单位的财产、债权人和股东的权益及企业利害关系人的利益起到保护作用。如投资者为了减少投资风险，在进行投资之前，需要查阅被投资企业的财务报表和注册会计师的审计报告，了解被投资企业的经营情况和财务状况。投资者根据注册会计师的审计报告做出投资决策，可以降低其投资风险。

3. 证明作用

审计报告是对注册会计师审计任务完成情况及其结果所作的总结，它可以表明审计工作的质量并明确注册会计师的审计责任。因此，审计报告可以对审计工作质量和注册会计师的审计责任起证明作用。通过审计报告，可以证明注册会计师在审计过程中是否实施了必要的审计程序，是否以审计工作底稿为依据发表审计意见，发表的审计意见是否与被审计单位的实际情况相一致，审计工作的质量是否符合要求。通过审计报告，可以证明注册会计师对审计责任的履行情况。

第二节　审计报告的类型

一、审计意见的形成

注册会计师应当就财务报表是否在所有重大方面按照适用的财务报告编制基础编制并实现公允反映形成审计意见。为了形成审计意见，针对财务报表整体是否不存在由于舞弊或错误导致的重大错报，注册会计师应当得出结论，确定是否已就此获取合理保证。

在得出结论时，注册会计师应当考虑下列方面：

1. 按照《中国注册会计师审计准则第 1231 号——针对评估的重大错报风险采取的应对措施》的规定，是否已获取充分、适当的审计证据

在得出总体结论前，注册会计师应当根据实施的审计程序和获取的审计证据，评价对认定层次重大错报风险的评估是否仍然适当。在形成审计意见时，注册会计师应当考虑所有相关的审计证据，无论该证据与财务报表认定相互印证还是相互矛盾。

如果对重大的财务报表认定没有获取充分、适当的审计证据，注册会计师应当尽可能获取进一步的审计证据。

2. 按照《中国注册会计师审计准则第 1251 号——评价审计过程中识别出的错报》的规定，未更正错报单独或汇总起来是否构成重大错报

在确定时，注册会计师应当考虑：

（1）相对特定类别的交易、账户余额或披露以及财务报表整体而言，错报的金额和性质以及错报发生的特定环境。

（2）与以前期间相关的未更正错报对相关类别的交易、账户余额或披露以及财务报表整体的影响。

3. 评价财务报表是否在所有重大方面按照适用的财务报告编制基础编制

注册会计师应当依据适用的财务报告编制基础特别评价下列内容：

（1）财务报表是否充分披露了选择和运用的重要会计政策。

（2）选择和运用的会计政策是否符合适用的财务报告编制基础，并适合被审计单位的具体情况。

（3）管理层作出的会计估计是否合理。会计估计通常是指被审计单位以最近可利用的信息为基础对结果不确定的交易或事项所作的判断。由于会计估计的主观性、复杂性和不确定性，管理层做出的会计估计发生重大错报的可能性较大。因此，注册会计师应当判断管理层做出的会计估计是否合理，确定会计估计的重大错报风险是否是特别风险，是否采取了有效的措施予以应对。

（4）财务报表列报的信息是否具有相关性、可靠性、可比性和可理解性。

（5）财务报表是否作出充分披露，使财务报表预期使用者能够理解重大交易和事项对财务报表所传递的信息的影响。

（6）财务报表使用的术语（包括每一财务报表的标题）是否适当。

在评价财务报表是否在所有重大方面按照适用的财务报告编制基础编制时，注册会计师还应当考虑被审计单位会计实务的质量，包括表明管理层的判断可能出现偏向的迹象。

4. 评价财务报表是否实现公允反映

在评价财务报表是否实现公允反映时，注册会计师应当考虑下列内容：①财务报表的整体列报、结构和内容是否合理；②财务报表（包括相关附注）是否公允地反映了相关交易和事项。

5. 评价财务报表是否恰当提及或说明适用的财务报告编制基础

二、审计报告的类型

审计报告分为标准审计报告和非标准审计报告。

标准审计报告是指不含有说明段、强调事项段、其他事项段或其他任何修饰性用语的无保留意见的审计报告。其中，无保留意见是指当注册会计师认为财务报表在所有重大方面按照适用的财务报告编制基础编制并实现公允反映时发表的审计意见。包含其他报告责任段，但不含有强调事项段或其他事项段的无保留意见的审计报告也被视为标准审计报告。

非标准审计报告，是指带强调事项段或其他事项段的无保留意见的审计报告和非无保留意见的审计报告。非无保留意见的审计报告包括保留意见的审计报告、否定意见的审计报告和无法表示意见的审计报告。

第三节　审计报告的基本内容

审计报告应当包括下列要素：①标题；②收件人；③引言段；④管理层对财务报表的责任段；⑤注册会计师的责任段；⑥审计意见段；⑦注册会计师的签名和盖章；⑧会计师事务所的名称、地址和盖章；⑨报告日期。

一、标题

审计报告应当具有标题，统一规范为"审计报告"。

考虑到这一标题已广为社会公众所接受，因此，我国注册会计师出具的审计报告的标题没有包含"独立"两个字，但注册会计师在执行财务报表审计业务时，应当遵守独立性的要求。

二、收件人

审计报告的收件人是指注册会计师按照业务约定书的要求致送审计报告的对象，一般是指审计业务的委托人。审计报告应当按照审计业务的约定载明收件人的全称。

注册会计师应当与委托人在业务约定书中约定致送审计报告的对象，以防止在此问题上发生分歧或审计报告被委托人滥用。针对整套通用目的财务报表出具的审计报告，审计报告的致送对象通常为被审计单位的股东或治理层。

三、引言段

审计报告的引言段应当包括下列方面：①指出被审计单位的名称；②说明财务报表已经审计；③指出构成整套财务报表的每一财务报表的名称；④提及财务报表附注（包括重要会计政策概要和其他解释性信息）；⑤指明构成整套财务报表的每一财务报表的日期或涵盖的期间。

将上述方面加以概括，引言段应当说明：注册会计师审计了后附的被审计单位的财务报表，包括指明适用的财务报告编制基础规定的构成整套财务报表的每一财务报表的名称、日期或涵盖的期间以及重要会计政策概要和其他解释性信息。

如果知悉已审计财务报表将包括在含有其他信息的文件（如年度报告）中，在列报格式允许的情况下，注册会计师可以考虑指出已审计财务报表在该文件中的页码。这有助于财务报表使用者识别与审计报告相关的财务报表。

此外，审计意见应当涵盖由适用的财务报告编制基础所确定的整套财务报表。在许多通用目的编制基础中，财务报表包括资产负债表、利润表、所有者权益变动表、现金流量表以及重要会计政策概要和其他解释性信息。补充信息也可能被认为是财务报表的必要组成部分。

四、管理层对财务报表的责任段

审计报告应当包含标题为"管理层对财务报表的责任"的段落，用以描述被审计单位中负责编制财务报表的人员的责任。管理层对财务报表的责任段应当说明，编制财务报表是管理层的责任，这种责任包括：①按照适用的财务报告编制基础编制财务报表，并使其实现公允反映；②设计、执行和维护必要的内部控制，以使财务报表不存在由于舞弊或错误导致的重大错报。

五、注册会计师的责任段

审计报告应当包含标题为"注册会计师的责任"的段落。注册会计师的责任段应当说明下列内容：

1. 注册会计师的责任是在执行审计工作的基础上对财务报表发表审计意见
2. 注册会计师按照中国注册会计师审计准则的规定执行了审计工作

中国注册会计师审计准则要求注册会计师遵守中国注册会计师职业道德守则，计划和执行审计工作以对财务报表是否不存在重大错报获取合理保证。

3. 审计工作涉及实施审计程序，以获取有关财务报表金额和披露的审计证据

选择的审计程序取决于注册会计师的判断，包括对由于舞弊或错误导致的财务报表重大错报风险的评估。在进行风险评估时，注册会计师考虑与财务报表编制和公允列报相关的内部控制，以设计恰当的审计程序，但目的并非对内部控制的有效性发表意见。审计工作还包括评价管理层选用会计政策的恰当性和做出会计估计的合理性，以及评价财务报表的总体列报。

4. 注册会计师相信获取的审计证据是充分、适当的，为其发表审计意见提供了基础

如果结合财务报表审计对内部控制的有效性发表意见，注册会计师应当删除上述第 3 项中"但目的并非对内部控制的有效性发表意见"的措辞。

六、审计意见段

审计意见段应当说明：财务报表是否在所有重大方面按照适用的财务报告编制基础编制，是否公允反映了被审计单位的财务状况、经营成果和现金流量。

七、注册会计师的签名和盖章

审计报告应当由注册会计师签名并盖章。注册会计师在审计报告上签名并盖章，有利于明确法律责任。

八、会计师事务所的名称、地址和盖章

审计报告应当载明会计师事务所的名称和地址，并加盖会计师事务所公章。

九、报告日期

审计报告应当注明报告日期。审计报告日不应早于注册会计师获取充分、适当的审计证据（包括管理层认可对财务报表的责任且已批准财务报表的证据），并在此基础上对财务报表形成审计意见的日期。在确定审计报告日时，注册会计师应当确信已获取下列两方面的审计证据：①构成整套财务报表的所有报表（包括相关附注）已编制完成；②被审计单位的董事会、管理层或类似机构已经认可其对财务报表负责。

审计报告的日期向审计报告使用者表明，注册会计师已考虑其知悉的、截至审计报告日发生的事项和交易的影响。注册会计师对审计报告日后发生的事项和交易的责任，在《中国注册会计师审计准则第 1332 号——期后事项》中做出的规定。因此，审计报告的日期非常重要。注册会计师对不同时段的财务报表日后事项有着不同的责任，而审计报告的日期是划分时段的关键时点。由于审计意见是针对财务报表发表的，并且编制财务报表是管理层的责任，所以，只有在注册会计师获取证据证明构成整套财务报表的所有报表（包括相关附注）已经编制完成，并且管理层已认可其对财务报表的责任的情况下，注册会计师才能得出已经获取充分、适当的审计证据的结论。在实务中，注册会计师在正式签署审计报告前，通常把审计报告草稿和已审计财务报表草稿一同提交给管理层。如果管理层批准并签署已审计财务报表，注册会计师即可签署审计报告。注册会计师签署审计报告的日期通常与管理层签署已审计财务报表的日期为同一天，或晚于管理层签署已审计财务报表的日期。

第四节　标准审计报告

一、标准审计报告

标准审计报告，是指注册会计师出具的无保留意见审计报告，该报告不附加说明段、强调事项段或任何修饰性用语。

根据《审计准则第 1501 号——审计报告》规定，如果认为财务报表符合下列所有条件，注册会计师应当出具无保留意见的审计报告：①财务报表已经按照适用的会计准则和相关会计制度的规定编制，在所有重大方面公允反映了被审计单位的财务状况、经营成果和现金流量；②注册会计师已经按照中国注册会计师审计准则的规定计划和实施审计工作，在审计范围未受到限制。

当出具无保留意见的审计报告时，注册会计师应当以"我们认为"作为意见段的开头，并使用"在所有重大方面"、"公允反映"等术语。

二、标准审计报告范例

参考格式 14-1　对按照企业会计准则编制的财务报表出具的标准审计报告

审 计 报 告

ABC 股份有限公司全体股东：

一、对财务报表出具的审计报告

我们审计了后附的 ABC 股份有限公司（以下简称 ABC 公司）财务报表，包括 20×1 年 12 月 31 日的资产负债表，20×1 年度的利润表、股东权益变动表和现金流量表以及财务报表附注。

（一）管理层对财务报表的责任

编制和公允列报财务报表是 ABC 公司管理层的责任，这种责任包括：（1）按照企业会计准则的规定编制财务报表，并使其实现公允反映；（2）设计、执行和维护必要的内部控制，以使财务报表不存在由于舞弊或错误导致的重大错报。

（二）注册会计师的责任

我们的责任是在执行审计工作的基础上对财务报表发表审计意见。我们按照中国注册会计师审计准则的规定执行了审计工作。中国注册会计师审计准则要求我们遵守中国注册会计师职业道德守则，计划和执行审计工作以对财务报表是否不存在重大错报获取合理保证。

审计工作涉及实施审计程序，以获取有关财务报表金额和披露的审计证据。选择的审计程序取决于注册会计师的判断，包括对由于舞弊或错误导致的财务报表重大错报风险的评估。在进行风险评估时，注册会计师考虑与财务报表编制和公允列报相关的内部控制，以设计恰当的审计程序，但目的并非对内部控制的有效性发表意见。审计工作还包括评价管理层选用会计政策的恰当性和做出会计估计的合理性，以及评价财务报表的总体列报。

我们相信，我们获取的审计证据是充分、适当的，为发表审计意见提供了基础。

（三）审计意见

我们认为，ABC 公司财务报表在所有重大方面按照企业会计准则的规定编制，公允反映了 ABC 公司 20×1 年 12 月 31 日的财务状况以及 20×1 年度的经营成果和现金流量。

二、按照相关法律法规的要求报告的事项

（本部分报告的格式和内容，取决于相关法律法规对其他报告责任的规定。）

××会计师事务所　　　　　　　　　中国注册会计师：×××

　（盖章）　　　　　　　　　　　　　（签名并盖章）

　　　　　　　　　　　　　　　　　中国注册会计师：×××

　　　　　　　　　　　　　　　　　　（签名并盖章）

中国××市　　　　　　　　　　　　二〇×二年×月×日

第五节　非标准审计报告

一、非无保留意见的审计报告

1. 非无保留意见的含义

非无保留意见是指保留意见、否定意见或无法表示意见。当存在下列情形之一时，注册会计师应当在审计报告中发表非无保留意见：

（1）根据获取的审计证据，得出财务报表整体存在重大错报的结论。财务报表的重大错报可能源于：

1）选择的会计政策的恰当性。在选择的会计政策的恰当性方面，当出现下列情形时，财务报表可能存在重大错报：①选择的会计政策与适用的财务报告编制基础不一致。②财务报表（包括相关附注）没有按照公允列报的方式反映交易和事项。

财务报告编制基础通常包括对会计处理、披露和会计政策变更的要求。如果被审计单位变更了重大会计政策，且没有遵守这些要求，财务报表可能存在重大错报。

2）对所选择的会计政策的运用。在对所选择的会计政策的运用方面，当出现下列情形时，财务报表可能存在重大错报：①管理层没有按照适用的财务报告编制基础的要求一贯运用所选择的会计政策，包括管理层未在不同会计期间或对相似的交易和事项一贯运用所选择的会计政策（运用的一致性）；②不当运用所选择的会计政策（如运用中的无意错误）。

3）财务报表披露的恰当性或充分性。在财务报表披露的恰当性或充分性方面，当出现下列情形时，财务报表可能存在重大错报：①财务报表没有包括适用的财务报告编制基础要求的所有披露；②财务报表的披露没有按照适用的财务报告编制基础列报；③财务报表没有做出必要的披露以实现公允反映。

（2）无法获取充分、适当的审计证据，不能得出财务报表整体不存在重大错报的结论。下列情形可能导致注册会计师无法获取充分、适当的审计证据，也称审计范围受到限制：

1）超出被审针单位控制的情形。超出被审计单位控制的情形：①被审计单位的会计记录已被毁坏；②重要组成部分的会计记录已被政府有关机构无限期地查封。

2）与注册会计师工作的性质或时间安排相关的情形。与注册会计师工作的性质或时间安排相关的情形：①被审计单位需要使用权益法对联营企业进行核算，注册会计师无法获取有关联营企业财务信息的充分、适当的审计证据以评价是否恰当地运用了权益法；②注册会计师接受审计委托的时间安排，使注册会计师无法实施存货监盘；③注册会计师确定仅实施实质性程序是不充分的，但被审计单位的控制是无效的。

3）管理层施加限制的情形。管理层对审计范围施加的限制致使注册会计师无法获取充分、适当的审计证据的情形：①管理层阻止注册会计师实施存货监盘；②管理层阻止注册会计师对特定账户余额实施函证。

管理层施加的限制可能以审计产生其他影响，如注册会计师对舞弊风险的评估和对业务保持的考虑。

2. 确定非无保留意见的类型

注册会计师确定恰当的非无保留意见类型，取决于下列事项：①导致非无保留意见的事项的性质，是财务报表存在重大错报，还是在无法获取充分、适当的审计证据的情况下，财务报表可能存在重大错报；②注册会计师就导致非无保留意见的事项对财务报表产生或可能产生影响的广泛性做出的判断。

广泛性是描述错报影响的术语，用以说明错报对财务报表的影响，或者由于无法获取充分、适当的审计证据而未发现的错报（如存在）对财务报表可能产生的影响。根据注册会计师的判断，对财务报表的影响具有广泛性的情形包括：①不限于对财务报表的特定要素、账户或项目产生影响；②虽然仅对财务报表的特定要素、账户或项目产生影响，但这些要素、账户或项目是或可能是财务报表的主要组成部分；③当与披露相关时，产生的影响对财务报表使用者理解财务报表至关重要。

表 14-1 列示了注册会计师对导致发生非无保留意见的事项的性质和这些事项对财务报表产生或可能产生影响的广泛性做出的判断，以及注册会计师的判断对审计意见类型的影响。

表 14-1 审计意见类型的判断

导致发生非无保留意见的事项的性质	这些事项对财务报表产生或可能产生影响的广泛性	
	重大但不具有广泛性	重大且具有广泛性
财务报表存在重大错报	保留意见	否定意见
无法获取充分、适当的审计证据	保留意见	无法表示意见

（1）发表保留意见。当存在下列情形之一时，注册会计师应当发表保留意见：

1）在获取充分、适当的审计证据后，注册会计师认为错报单独或汇总起来对财务报表影响更大，但不具有广泛性。

注册会计师在获取充分、适当的审计证据后，只有当认为财务报表就整体而言是公允的，但还存在对财务报表产生重大影响的错报时，才能发表保留意见。如果注册会计师认为错报对财务报表产生的影响极严重且具有广泛性，则应发表否定意见。因此，保留意见被视为注册会计师在不能发表无保留意见情况下最不严厉的审计意见。

2）注册会计师无法获取充分、适当的审计证据以作为形成审计意见的基础，但认为未发现的错报（如存在）对财务报表可能产生的影响重大，但不具有广泛性。

注册会计师因审计范围受到限制而发表保留意见还是无法表示意见，取决于无法获取的审计证据对形成审计意见的重要性。注册会计师在判断重要性时，应当考虑有关事项潜在影响的性质和范围以及在财务报表中的重要程度。只有当未发现的错报（如存在）对财务报表可能产生的影响重大但不具有广泛性时，才能发表保留意见。

（2）发表否定意见。在获取充分、适当的审计证据后，如果认为错报单独或汇总起来对财务报表的影响重大且具有广泛性，注册会计师应当发表否定意见。

（3）发表无法表示意见。如果无法获取充分、适当的审计证据以作为形成审计意见的基础，但认为未发现的错报（如存在）对财务报表可能产生的影响重大且具有广泛性，注册会计师应当发表无法表示意见。在极其特殊的情况下，可能存在多个不确定事项，即使注册会计师对每个单独的不确定事项获取了充分、适当的审计证据，但由于不确定事项之间可能存在相互影响，以及可能对财务报表产生累积影响，注册会计师不可能对财务报表形成审计意见。在这种情况下，注册会计师应当发表无法表示意见。

在确定非无保留意见的类型时还需注意以下两点：

1）在承接审计业务后，如果注意到管理层对审计范围施加了限制，且认为这些限制可能导致对财务报表发表保留意见或无法表示意见，注册会计师应当要求管理层消除这些限制。如果管理层拒绝消除限制，除非治理层全部成员参与管理被审计单位，注册会计师应当就此事项与治理层沟通，并确定能否实施替代程序以获取充分、适当的审计证据。如果无法获取充分、适当的审计证据，注册会计师应当通过下列方式确定其影响：①如果未发现的错报（如存在）可能对财务报表产生的影响重大，但不具有广泛性，应当发表保留意见；②如果未发现的错报（如存在）可能对财务报表产生的影响重大且具有广泛性，以至于发表保留意见不足以反映情况的严重性，应当在可行时解除业务约定（除非法律法规禁止）。当然，注册会计师应当在解除业务约定前，与治理层沟通在审计过程中发现的、将导致发表非无保留意见的所有错报事项；如果在出具审计报告之前解除业务约定被禁止或不可行，应当发表无法表示意见。

在某些情况下，如果法律法规要求注册会计师继续执行审计业务，则注册会计师可能无法解除审计业务约定。这种情况可能包括：①注册会计师接受委托审计公共部门实体的财务报表；②注册会计师接受委托审计涵盖特定期间的财务报表，或若接受一定期间的委托，在完成财务报表审计前或在受托期间结束前，不允许解除审计业务约定，在这些情况下，注册会计师可能认为需要在审计报告中增加其他事项段。

2）如果认为有必要对财务报表整体发表否定意见或无法表示意见，注册会计师不应在同一审计报告中对按照相同财务报告编制基础编制的单一财务报表或者财务报表特定要素、账户或项目发表无保留意见。在同一审计报告中包含无保留意见，将会与对财务报表整体发表的否定意见或无法表示意见相矛盾。

当然，对经营成果、现金流量（如相关）发表无法表示意见，而对财务状况发表无保留意见，这种情况可能是被允许的。因为在这种情况下，注册会计师并没有对财务报表整体发表无法表示意见。

3．非无保留意见的审计报告的格式和内容

（1）导致非无保留意见的事项段。

1）审计报告格式和内容的一致性。如果对财务报表发表非无保留意见，除在审计报告中包含《中国注册会计师审计准则第 1501 号——对财务报表形成审计意见和出具审计报告》规定的审计报告要素外，注册会计师还应当直接在审计意见段之前增加一个段落，并使用恰当的标题，如"导致保留意见的事项"、"导致否定意见的事项"或"导致无法表示意见的事项"，说明导致发表非无保留意见的事项。审计报告格式和内容的一致性有助于提高使用者的理解和识别存在的异常情况。因此，尽管不可能统一非无保留意见的措辞和对导致非无保留意见的事项的说明，但仍有必要保持审计报告格式和内容的一致性。

2）量化财务影响。如果财务报表中存在与具体金额（包括定量披露）相关的重大错报，注册会计师应当在导致非无保留意见的事项段中说明并量化该错报的财务影响。举例来说，如果存货被高估，注册会计师就可以在审计报告的导致非无保留意见的事项段中说明该重大错报的财务影响，即量化其对所得税、税前利润、净利润和股东权益的影响。如果无法量化财务影响，注册会计师应当在导致非无保留意见的事项段中说明这一情况。

3）存在与叙述性披露相关的重大错报。如果财务报表中存在与叙述性披露相关的重大错报，注册会计师应当在导致非无保留意见的事项段中解释该错报错在何处。

4）存在与应披露而未披露信息相关的重大错报。如果财务报表中存在与应披露而未披露信息相关的重大错报，注册会计师应当：①与治理层讨论未披露信息的情况；②在导致非无保留意见的事项段中描述未披露信息的性质；

③如果可行并且已针对未披露信息获取了充分、适当的审计证据，在导致非无保留意见的事项段中包含对未披露信息的披露，除非法律法规禁止。

如果存在下列情形之一，则在导致非无保留意见的事项段中披露遗漏的信息是不可行的：①管理层还没有做出这些披露，或管理层已做出但注册会计师不易获取这些披露；②根据注册会计师的判断，在审计报告中披露该事项过于庞杂。

5）无法获取充分、适当的审计证据。如果因无法获取充分、适当的审计证据而导致发表非无保留意见，注册会计师应当在导致非无保留意见的事项段中说明无法获取审计证据的原因。

6）披露其他事项。即使发表了否定意见或无法表示意见，注册会计师也应当在导致非无保留意见的事项段中说明注意到的、将导致发表非无保留意见的所有其他事项及其影响。这是因为，对注册会计师注意到的其他事项的披露可能与财务报表使用者的信息需求相关。

（2）审计意见段。

1）标题。在发表非无保留意见时，注册会计师应当对审计意见段使用恰当的标题，如"保留意见"、"否定意见"或"无法表示意见"。审计意见段的标题能够使财务报表使用者清楚注册会计师发表了非无保留意见，并能够表明非无保留意见的类型。

2）发表保留意见。当由于财务报表存在重大错报而发表保留意见时，注册会计师应当根据适用的财务报告编制基础在审计意见段中说明：注册会计师认为，除了导致保留意见的事项段所述事项产生的影响外，财务报表在所有重大方面按照适用的财务报告编制基础编制，并实现公允反映。

当无法获取充分、适当的审计证据而导致发表保留意见时，注册会计师应当在审计意见段中使用"除……可能产生的影响外"等措辞。

当注册会计师发表保留意见时，在审计意见段中使用"由于上述解释"或"受……影响"等措辞是不恰当的，因为这些措辞不够清晰或没有足够的说服力。

3）发表否定意见。当发表否定意见时，注册会计师应当根据适用的财务报告编制基础在审计意见段中说明：注册会计师认为，由于导致否定意见的事项段所述事项的重要性，财务报表没有在所有重大方面按照适用的财务报告编制基础编制，未能实现公允反映。

4）发表无法表示意见。当由于无法获取充分、适当的审计证据而发表无法表示意见时，注册会计师应当在审计意见段中说明：由于导致无法表示意见的事项段所述事项的重要性，注册会计师无法获取充分、适当的审计证据以为发表审计意见提供基础，因此，注册会计师不对这些财务报表发表审计意见。

（3）非无保留意见对审计报告要素内容的修改。当发表保留意见或否定意见时，注册会计师应当修改对注册会计师责任的描述，以说明：注册会计师相信，注册会计师已获取的审计证据是充分、适当的，为发表非无保留意见提供了基础。

当由于无法获取充分、适当的审计证据而发表无法表示意见时，注册会计师应当修改审计报告的引言段，说明注册会计师接受委托审计财务报表。注册会计师还应当修改对注册会计师责任和审计范围的描述，并仅能做出如下说明："我们的责任是在按照中国注册会计师审计准则的规定执行审计工作的基础上对财务报表发表审计意见。但由于导致无法表示意见的事项段中所述的事项，我们无法获取充分、适当的审计证据以为发表审计意见提供基础。"

4. 非无保留意见的审计报告的参考格式

（1）参考格式14-2列示了由于财务报表存在重大错报而出具保留意见的审计报告。

参考格式14-2　由于财务报表存在重大错报而出具保留意见的审计报告

审 计 报 告

ABC股份有限公司全体股东：

一、对财务报表出具的审计报告

我们审计了后附的ABC股份有限公司（以下简称ABC公司）财务报表，包括20×1年12月31日的资产负债表，20×1年度的利润表、现金流量表和股东权益变动表以及财务报表附注。

（一）管理层对财务报表的责任

编制和公允列报财务报表是ABC公司管理层的责任，这种责任包括：(1) 按照企业会计准则的规定编制财务报表，并使其实现公允反映；(2) 设计、执行和维护必要的内部控制，以使财务报表不存在由于舞弊或错误导致的重大错报。

（二）注册会计师的责任

我们的责任是在执行审计工作的基础上对财务报表发表审计意见。我们按照中国注册会计师审计准则的规定执行了审计工作。中国注册会计师审计准则要求我们遵守职业道德守则，计划和执行审计工作以对财务报表是否不存在重大错报获取合理保证。

审计工作涉及实施审计程序，以获取有关财务报表金额和披露的审计证据。选择的审计程序取决于注册会计师的判断，包括对由于舞弊或错误导致的财务报表重大错报风险的评估。在进行风险评估时，注册会计师考虑与财务报表编制和公允列报相关的内部控制，以设计恰当的审计程序，但目的并非对内部控制的有效性发表意见。审计工作还包括评价管理层选用会计政策的恰当性和做出会计估计的合理性，以及评价财务报表的总体列报。

我们相信，我们获取的审计证据是充分、适当的，为发表保留意见提供了基础。

（三）导致保留意见的事项

ABC 公司 20×1 年 12 月 31 日资产负债表中存货的列示金额为×元。管理层根据成本对存货进行计量，而没有根据成本与可变现净值孰低的原则进行计量，这不符合企业会计准则的规定。公司的会计记录显示，如果管理层以成本与可变现净值孰低来计量存货，存货列示金额将减少×元。相应地，资产减值损失将增加×元，所得税、净利润和股东权益将分别减少×元、×元和×元。

（四）保留意见

我们认为，除"（三）导致保留意见的事项"段所述事项产生的影响外，ABC 公司财务报表在所有重大方面按照企业会计准则的规定编制，公允反映了 ABC 公司 20×1 年 12 月 31 日的财务状况以及 20×1 年度的经营成果和现金流量。

二、按照相关法律法规的要求报告的事项

（本部分报告的格式和内容，取决于相关法律法规对其他报告责任的规定。）

××会计师事务所	中国注册会计师：×××
（盖章）	（签名并盖章）
	中国注册会计师：×××
	（签名并盖章）
中国××市	二○×二年×月×日

（2）参考格式14-3列示了由于财务报表存在重大错报而出具否定意见的审计报告。

参考格式14-3 由于财务报表存在重大错报而出具否定意见的审计报告

审 计 报 告

ABC股份有限公司全体股东：

一、对合并财务报表出具的审计报告

我们审计了后附的ABC股份有限公司（以下简称ABC公司）的合并财务报表，包括20×1年12月31日的合并资产负债表，20×1年度的合并利润表、合并现金流量表和合并股东权益变动表以及财务报表附注。

（一）管理层对合并财务报表的责任

编制和公允列报合并财务报表是ABC公司管理层的责任，这种责任包括：（1）按照企业会计准则的规定编制合并财务报表，并使其实现公允反映；（2）设计、执行和维护必要的内部控制，以使合并财务报表不存在由于舞弊或错误导致的重大错报。

（二）注册会计师的责任

我们的责任是在执行审计工作的基础上对合并财务报表发表审计意见。我们按照中国注册会计师审计准则的规定执行了审计工作。中国注册会计师审计准则要求我们遵守职业道德守则，计划和执行审计工作以对合并财务报表是否不存在重大错报获取合理保证。

审计工作涉及实施审计程序，以获取有关合并财务报表金额和披露的审计证据。选择的审计程序取决于注册会计师的判断，包括对由于舞弊或错误导致的合并财务报表重大错报风险的评估。在进行风险评估时，注册会计师考虑与合并财务报表编制和公允列报相关的内部控制，以设计恰当的审计程序，但目的并非对内部控制的有效性发表意见。审计工作还包括评价管理层选用会计政策的恰当性和做出会计估计的合理性，以及评价合并财务报表的总体列报。

我们相信，我们获取的审计证据是充分、适当的，为发表否定意见提供了基础。

（三）导致否定意见的事项

如财务报表附注×所述，20×1年ABC公司通过非同一控制下的企业合并获得对XYZ公司的控制权，因未能取得购买日XYZ公司某些重要资产和负债的公允价值，故未将 XYZ 公司纳入合并财务报表的范围，而是按成本法核算对公司的股权投资。ABC 公司的这项会计处理不符合企业会计准则的规定。如果将 XYZ 公司纳入合并财务报表的范围，ABC 公司合并财务报表的多个报表项目将受到重大影响，但我们无法确定未将 XYZ 公司纳入合并范围对财务报表产生的影响。

（四）否定意见

我们认为，由于"（三）导致否定意见的事项"段所述事项的重要性，ABC 公司的合并财务报表没有在所有重大方面按照企业会计准则的规定编制，未能公允反映 ABC 公司及其子公司 20×1 年 12 月 31 日的财务状况以及 20×1 年度的经营成果和现金流量。

二、按照相关法律法规的要求报告的事项

（本部分报告的格式和内容，取决于相关法律法规对其他报告责任的规定。）

×× 会计师事务所　　　　　　　中国注册会计师：×××
　（盖章）　　　　　　　　　　　（签名并盖章）

　　　　　　　　　　　　　　　中国注册会计师：×××
　　　　　　　　　　　　　　　　（签名并盖章）

中国 ×× 市　　　　　　　　　　二○×二年 × 月 × 日

（3）参考格式 14-4 列示了由于注册会计师无法获取充分、适当的审计证据而出具保留意见的审计报告。

参考格式 14-4　由于注册会计师无法获取充分、适当的审计证据而出具保留意见的审计报告

审 计 报 告

ABC 股份有限公司全体股东：

一、对财务报表出具的审计报告

我们审计了后附的 ABC 股份有限公司（以下简称 ABC 公司）财务报表，包括 20×1 年 12 月 31 日的资产负债表，20×1 年度的利润表、现金流量表和股东权益变动表以及财务报表附注。

（一）管理层对财务报表的责任

编制和公允列报财务报表是 ABC 公司管理层的责任，这种责任包括：（1）按照企业会计准则的规定编制财务报表，并使其实现公允反映；（2）设计、执行和维护必要的内部控制，以使财务报表不存在由于舞弊或错误导致的重大错报。

（二）注册会计师的责任

我们的责任是在执行审计工作的基础上对财务报表发表审计意见。我们按照中国注册会计师审计准则的规定执行了审计工作。中国注册会计师审计准则要求我们遵守职业道德守则，计划和执行审计工作以对财务报表是否不存在重大错报获取合理保证。

审计工作涉及实施审计程序，以获取有关财务报表金额和披露的审计证据。选择的审计程序取决于注册会计师的判断，包括对由于舞弊或错误导致的财务报表重大错报风险的评估。在进行风险评估时，注册会计师考虑与财务报表编制和公允列报相关的内部控制，以设计恰当的审计程序，但目的并非对内部控制的有效性发表意见。审计工作还包括评价管理层选用会计政策的恰当性和做出会计估计的合理性，以及评价财务报表的总体列报。

我们相信，我们获取的审计证据是充分、适当的，为发表保留意见提供了基础。

（三）导致保留意见的事项

如财务报表附注×所述，ABC 公司于 20×1 年取得了 XYZ 公司 30% 的股权，因能够对 XYZ 公司施加重大影响，故采用权益法核算该项股权投资，于 20×1 年度确认对 XYZ 公司的投资收益×元，截至 20×1 年 12 月 31 日该项股权投资的账面价值为×元。由于我们未被允许接触 XYZ 公司的财务信息、管理层和执行 XYZ 公司审计的注册会计师，我们无法就该项股权投资的账面价值以及 ABC 公司确认的 20×1 年度对 XYZ 公司的投资收益获取充分、适当的审计证据，也无法确定是否有必要对这些金额进行调整。

（四）保留意见

我们认为，除"（三）导致保留意见的事项"段所述事项可能产生的影响外，ABC 公司财务报表在所有重大方面按照企业会计准则的规定编制，公允反映了 ABC 公司 20×1 年 12 月 31 日的财务状况以及 20×1 年度的经营成果和现金流量。

二、按照相关法律法规的要求报告的事项

（本部分报告的格式和内容，取决于相关法律法规对其他报告责任的规定。）

××会计师事务所	中国注册会计师：×××
（盖章）	（签名并盖章）
	中国注册会计师：×××
	（签名并盖章）
中国××市	二〇×二年×月×日

（4）参考格式14-5列示了由于注册会计师无法针对财务报表多个要素获取充分、适当的审计证据而出具无法表示意见的审计报告。

参考格式14-5 由于注册会计师无法针对财务报表多个要素获取充分、适当的审计证据而出具无法表示意见的审计报告

审 计 报 告

ABC股份有限公司全体股东：

一、对财务报表出具的审计报告

我们接受委托，审计后附的ABC股份有限公司（以下简称ABC公司）财务报表，包括20×1年12月31日的资产负债表，20×1年度的利润表、现金流量表和股东权益变动表以及财务报表附注。

（一）管理层对财务报表的责任

编制和公允列报财务报表是ABC公司管理层的责任，这种责任包括：（1）按照×国财务报告准则的规定编制财务报表，并使其实现公允反映；（2）设计、执行和维护必要的内部控制，以使财务报表不存在由于舞弊或错误导致的重大错报。

（二）注册会计师的责任

我们的责任是在按照中国注册会计师审计准则的规定执行审计工作的基础上对财务报表发表审计意见。但由于"（三）导致无法表示意见的事项"段中所述的事项，我们无法获取充分、适当的审计证据以为发表审计意见提供基础。

（三）导致无法表示意见的事项

我们于 20×2 年 1 月接受 ABC 公司的审计委托，因而未能对 ABC 公司 20×1 年年初金额为×元的存货和年末金额为×元的存货实施监盘程序。此外，我们也无法实施替代审计程序获取充分、适当的审计证据。并且，ABC 公司于 20×1 年 9 月采用新的应收账款电算化系统，由于存在系统缺陷导致应收账款出现大量错误。截至审计报告日，管理层仍在纠正系统缺陷并更正错误，我们也无法实施替代审计程序，以对截至 20×1 年 12 月 31 日的应收账款总额×元获取充分、适当的审计证据。因此，我们无法确定是否有必要对存货、应收账款以及财务报表其他项目做出调整，也无法确定应调整的金额。

（四）无法表示意见

由于"（三）导致无法表示意见的事项"段所述事项的重要性，我们无法获取充分、适当的审计证据以为发表审计意见提供基础，因此，我们不对 ABC 公司财务报表发表审计意见。

二、按照相关法律法规的要求报告的事项

（本部分报告的格式和内容，取决于相关法律法规对其他报告责任的规定。）

××会计师事务所　　　　　　　　中国注册会计师：×××
　　（盖章）　　　　　　　　　　　　　（签名并盖章）

　　　　　　　　　　　　　　　　中国注册会计师：×××
　　　　　　　　　　　　　　　　　　（签名并盖章）

中国××市　　　　　　　　　　　二○×二年×月×日

二、审计报告的强调事项段

1. 强调事项段的含义

审计报告的强调事项段是指审计报告中含有的一个段落，该段落提及已在财务报表中恰当列报或披露的事项，根据注册会计师的职业判断，该事项对财务报表使用者理解财务报表至关重要。

2. 增加强调事项段的情形

如果认为有必要提醒财务报表使用者关注已在财务报表中列报或披露，且根据职业判断认为对财务报表使用者理解财务报表至关重要的事项，注册会计师在已获取充分、适当的审计证据证明该事项在财务报表中不存在重大错报的条件下，应当在审计报告中增加强调事项段。

注册会计师可能认为需要增加强调事项段的情形举例如下：

（1）异常诉讼或监管行动的未来结果存在不确定性。

（2）提前应用（在允许的情况下）对财务报表有广泛影响的新会计准则。

（3）存在已经或持续对被审计单位财务状况产生重大影响的特大灾难。

强调事项段的过多使用会降低注册会计师沟通所强调事项的有效性。此外，与财务报表中的列报或披露相比，在强调事项段中包括过多的信息，可能隐含着这些事项未被恰当列报或披露。因此，强调事项段应当仅提及已在财务报表中列报或披露的信息。

3. 在审计报告中增加强调事项段时注册会计师采取的措施

如果在审计报告中增加强调事项段，注册会计师应当采取下列措施：①将强调事项段紧接在审计意见段之后；②使用"强调事项"或其他适当标题；③明确提及被强调事项以及相关披露的位置，以便能够在财务报表中找到对该事项的详细描述；④指出审计意见没有因该强调事项而改变。

由于增加强调事项段是为了提醒财务报表使用者关注某些事项，并不影响注册会计师的审计意见，为了使财务报表使用者明确这一点，注册会计师应当在强调事项段中指明，该段内容仅用于提醒财务报表使用者关注，并不影响已发表的审计意见。具体讲，增加强调事项段不能代替下列情形：①根据审计业务的具体情况，注册会计师需要发表保留意见、否定意见或无法表示意见（见《中国注册会计师审计准则第 1502 号——在审计报告中发表非无保留意见》）；②适用的财务报告编制基础要求管理层在财务报表中做出的披露。

参考格式 14-6 列示了带强调事项段的保留意见审计报告的示例。

参考格式 14-6　带强调事项段的保留意见的审计报告

审　计　报　告

ABC 股份有限公司全体股东：

一、对财务报表出具的审计报告

我们审计了后附的 ABC 股份有限公司（以下简称 ABC 公司）财务报表，包括 20×1 年 12 月 31 日的资产负债表，20×1 年度的利润表、现金流量表和股东权益变动表以及财务报表附注；

（一）管理层对财务报表的责任

编制和公允列报财务报表是 ABC 公司管理层的责任，这种责任包括：（1）按照企业会计准则的规定编制财务报表，并使其实现公允反映；（2）设计、执行和维护必要的内部控制，以使财务报表不存在由于舞弊或错误导致的重大错报。

（二）注册会计师的责任

我们的责任是在执行审计工作的基础上对财务报表发表审计意见。我们按照中国注册会计师审计准则的规定执行了审计工作。中国注册会计师审计准则要求我们遵守中国注册会计师职业道德守则，计划和执行审计工作以对财务报表是否不存在重大错报获取合理保证。

审计工作涉及实施审计程序，以获取有关财务报表金额和披露的审计证据。选择的审计程序取决于注册会计师的判断，包括对由于舞弊或错误导致的财务报表重大错报风险的评估。在进行风险评估时，注册会计师考虑与财务报表编制和公允列报相关的内部控制，以设计恰当的审计程序，但目的并非对内部控制的有效性发表意见。审计工作还包括评价管理层选用会计政策的恰当性和做出会计估计的合理性，以及评价财务报表的总体列报。

我们相信，我们获取的审计证据是充分、适当的，为发表保留意见提供了基础。

（三）导致保留意见的事项

ABC 公司于 20×1 年 12 月 31 日资产负债表中反映的交易性金融资产为 ×元，ABC 公司管理层对这些交易性金融资产未按照公允价值进行后续计量，而是按照其历史成本进行计量，这不符合企业会计准则的规定。如果按照公允价值进行后续计量，ABC 公司 20×1 年度利润表中公允价值变动损失将增加 ×元，20×1 年 12 月 31 日资产负债表中交易性金融资产将减少 ×元，相应地，所得税、净利润和股东权益将分别减少 ×元、×元和 ×元。

（四）保留意见

我们认为，除"（三）导致保留意见的事项"段所述事项产生的影响外，ABC 公司财务报表在所有重大方面按照企业会计准则的规定编制，公允反映了 ABC 公司 20×1 年 12 月 31 日的财务状况以及 20×1 年度的经营成果和现金流量。

（五）强调事项

我们提醒财务报表使用者关注，如财务报表附注×所述，截至财务报表批准日，XYZ 公司对 ABC 公司提出的诉讼尚在审理当中，其结果具有不确定性。本段内容不影响已发表的审计意见。

二、按照相关法律法规的要求报告的事项

（本部分报告的格式和内容，取决于相关法律法规对其他报告责任的规定。）

×× 会计师事务所　　　　　　　中国注册会计师：×××
　　（盖章）　　　　　　　　　　　（签名并盖章）
　　　　　　　　　　　　　　　中国注册会计师：×××
　　　　　　　　　　　　　　　　（签名并盖章）

中国 ×× 市　　　　　　　　　二〇×二年×月×日

参考文献

［1］中国注册会计师协会．审计．北京：经济科学出版社，2013.

［2］中华人民共和国财政部．中国注册会计师执业准则．北京：经济科学出版社，2010.

［3］中华人民共和国财政部．中国注册会计师执业准则应用指南．北京：中国财政经济出版社，2010.

［4］财政部会计司编写组．企业会计准则讲解．北京：人民出版社，2009.

［5］中华人民共和国财政部．企业内部控制规范．北京：中国财政经济出版社，2010.

［6］刘明辉．审计.4 版．大连：东北财经大学出版社，2011.

［7］孙伟龙．审计学教程与案例．杭州：浙江大学出版社，2011.

［8］胡中艾．审计.3 版．大连：东北财经大学出版社，2011.

［9］李若山，刘大贤．审计学——案例与教学．北京：经济科学出版社，2000.

［10］秦荣生，卢春泉．审计学.7 版．北京：中国人民大学出版社，2011.

［11］朱锦余．会计报表审计案例．北京：高等教育出版社，2004.

［12］李凤鸣．审计学原理．上海：复旦大学出版社，2006.

［13］朱荣恩．审计学.3 版．北京：高等教育出版社，2008.

［14］刘明辉．高级审计理论与实务．大连：东北财经大学出版社，2010.

［15］李晓葱．审计学·实务与案例.2 版．北京：中国人民大学出版社，2011.

［16］叶陈刚．审计学．北京：机械工业出版社，2011.